名师工程
《基础教育课程》丛书

教育部基础教育课程教材发展中心
《基础教育课程》杂志社组编

基于核心素养的跨学科学习

JIYU HEXIN SUYANG DE
KUA XUEKE XUEXI

总 主 编　付宜红
本册主编　李文辉

西南大学出版社
国家一级出版社　全国百佳图书出版单位

图书在版编目（CIP）数据

基于核心素养的跨学科学习 / 李文辉主编. — 重庆：
西南大学出版社，2022.5
　名师工程
　ISBN 978-7-5697-1361-9

Ⅰ.①基⋯　Ⅱ.①李⋯　Ⅲ.①课程改革-研究-中国
Ⅳ.①G423.07

中国版本图书馆CIP数据核字（2022）第051648号

基于核心素养的跨学科学习
JIYU HEXIN SUYANG DE KUA XUEKE XUEXI
李文辉　主编

责任编辑：黄丽玉
责任校对：赵　洁
出版发行：西南大学出版社（原西南师范大学出版社）
　　　　　　地址：重庆市北碚区天生路2号
　　　　　　邮编：400715　市场营销部电话：023-68868624
经　　销：新华书店
印　　刷：重庆升光电力印务有限公司
成品尺寸：170mm×240mm
印　　张：16.5
字　　数：323千字
版　　次：2022年5月　第1版
印　　次：2024年12月　第5次印刷
书　　号：ISBN 978-7-5697-1361-9
定　　价：58.00元

若有印装质量问题，请联系出版社调换
版权所有　翻印必究

foreword 序

　　本丛书是由教育部基础教育课程教材发展中心《基础教育课程》杂志社策划编辑的系列教师读本。丛书中提炼的主题以及精选的文章聚焦当前教育重点、热点话题，体现了《基础教育课程》杂志的办刊理念，浓缩了《基础教育课程》杂志近年来的出刊精华，汇聚了全国一流专家学者、特级教师，以及教育行政、教研人员的科研成果与实践智慧。

　　课程是国家意志的体现，基础教育课程承载着国家对人才培养的目标、期盼与路径设计。2004年，由教育部主管、教育部基础教育课程教材发展中心主办的《基础教育课程》杂志创刊，国务院前副总理李岚清同志亲笔题写刊名。当时的杂志从教育部为各课程改革实验区编发的《基础教育课程改革通讯》改编而来。十几年来，杂志秉承"专业引领、服务实践"的办刊理念，以全面贯彻新时期党和国家教育方针，坚守素质教育阵地，弘扬课程改革主旋律，落实立德树人根本任务为宗旨，聚焦基础教育课程改革的推进，记录、跟踪基础教育课程改革发展历程，权威发布并深度解读国家基础教育改革及课程教材建设相关政策文件，提炼报道地方及学校改革经验和动态，宣传推广基础教育课程教材、教学教研及评价领域最新成果。如今,《基础教育课程》杂志已成为国内一流的课程教学专业期刊,是国家课程教材专业研究机构——课程教材研究所指定期刊,全国中文核心期刊,中国人民大学复印报刊资料重要转载来源,为中国核心期刊(遴选)数据库、中国学术期刊网络出版总库全文收录。

近年来,《基础教育课程》杂志聚焦教育部主责主业,依托国家教材委员会,教育部基础教育课程教材专家咨询委员会,国家课程方案、各学科课程标准以及中高考命题改革等权威专家力量,在学生核心素养发展、国家课程方案、课程标准、新教材解读以及教学研究、考试评价制度改革、深度学习教学改进、高中育人模式变革等方面做了系列重点报道,已成为地方、学校执行国家课程方案,探索育人模式变革,落实立德树人根本任务的高端交流与展示平台。为使期刊近年来策划组织的相关重大选题和文章发挥更大的辐射作用,在西南大学出版社的支持下,我们策划编撰了此丛书。

此丛书共有两个系列,分别是"基于核心素养的新时代课程建设系列"和"基于核心素养的教学改进系列"。"基于核心素养的新时代课程建设系列"包含《新时代的劳动教育》《新时代的校本课程建设》《新时代的主题教育课程》和《新时代的教研工作》四个分册。"基于核心素养的教学改进系列"涵盖《基于核心素养教学改进的落地导引》《基于核心素养的大单元和大概念教学》《基于核心素养的深度学习》《基于核心素养的项目式学习》《基于核心素养的跨学科学习》《基于核心素养的任务驱动与问题解决式学习》及《基于核心素养、着眼未来的学习》等热点教学策略。此外,"基于核心素养的教学改进系列"还聚焦普通高中新课程标准(2017年版2020年修订)和新高考,涉及语文、数学、英语、思想政治、历史、地理、物理、化学、生物学9个学科的新课标、新教材及其对应的新教学策略与教学设计和考试评价等内容。

有别于名家、名师的个人专著,本丛书具有作者众多,研究视角多样,案例丰富、典型,特别是导向前瞻,既有理论指导性又有实践可操作性等鲜明特点,希望能为广大教师在落实立德树人根本任务,构建"五育"并举的学校课程体系,开展基于核心素养的教学以及探索新中高考改革的路上提供切实的引导与帮助!

《基础教育课程》杂志社主编　付宜红

Preface 前 言

分科割裂了学科间的联系，跨学科促进真实问题情境的理解。"分科"容易割裂学科间的联系，学生难以建立对事物的整体、深入认识。由于受应试教育影响，分科知识的记忆造成了学生单一的思维方式，并且导致学科知识与日常生活脱节，学生无法有效地将学科知识与现实生活连接，进一步导致学生对现实问题的忽视与漠视。现实的生活情境中，很多的问题解决需要多学科知识和思维。这种多学科理解并不是几个学科的叠加或机械混合，而是通过学科整合而诞生新的理解——跨学科理解。也因为多学科的视角是复合视角，能够帮助我们更全面、更深入地理解现实问题，甚至会发现单一学科不能发现的问题，跨学科显然有益于现实问题的解决。

跨学科促进学科间的知识迁移，进而能够产生新的知识。每一个单一的学科都有自己的独特概念和学科思维，这些概念和思维在学科间可以进行迁移，能够不断促进新知识的生成。例如，资本的概念最早由马克思在经济学领域提出，此后社会学家将资本概念引入社会学领域，诞生了社会资本、文化资本等概念，增加了社会学科的深度和广度。不同学科间本身就应该是相辅相成、互为前提的，一门学科要想不断深化、不断创新、不断发展，唯有创新运用相关学科的观念和方法,才能诞生新知识。对于中小学而言,所谓的"新知识生产"就是探究式学习、项目式学习,是学生探究学科知识创新的过程,而非记忆、背诵。

跨学科能够发现学科间的大概念。对于某些学科而言,由于世界本身存在内在联系,一些学科的大概念可以在不同学科内使用。例如,能量守恒在物理、化学、生物等学科都有自己的所指,采用跨学科视角能够使学生对这个大概念的内涵和外延的理解更加深入。跨学科需要根据不同问题情境的需要,将各学科的观念和思维方式基于其内在联系实现整合,这种学科内容的整合与情境化是跨学科学习的核心。

李文辉[①]

[①] 李文辉,教育部基础教育课程教材发展中心、课程教材研究所博士后。

Contents 目 录

第一章　跨学科学习的内涵

论理解本位的跨学科学习／张　华 1
跨学科概念"尺度"的含义及特征／靳冬雪　刘恩山 9
跨学科学习领域课程的建设／周　波 17

第二章　跨学科的实施策略

跨学科实践性研究型课程开设的几点思考／王云生 24
核心素养的跨学科整合教学探索／蒲春燕　谢云静 32
中小学课程统整：含义解析与设计策略／王淑娟 37
义务教育阶段学校课程统整的实践范型构建／王新奇 47
架构多样课程协调发展的学校整体课程体系／黄津成 58
"五育融合"背景下的国家课程校本化实施／庞君芳 64
跨学科研究的国际视野及教师跨学科教学设计的模型建构／胡庆芳 73

第三章 跨学科的实施案例

第一节 单一学科的跨学科实施 /79

  中学美术跨学科交叉综合教学模式的实施路径 / 黄耿东 79

  基于单学科的跨学科素养培养

    ——以高中思想政治为例 / 桂立成 86

  统编小学语文教材融合劳动教育的实施建议 / 蒋晓飞 93

  学科教学中渗透劳动教育的逻辑起点探析

    ——以小学科学为例 / 冯　毅 99

  低年级《道德与法治》教学中的劳动教育 / 王苏萍 106

  多学科整合理念下的数学绘本教学

    ——以数学绘本《嘀嗒嘀嗒当当当》教学为例 / 徐明旭 110

  借力美术　拓延历史

    ——历史与社会和美术课程整合初探 / 王楚阳 115

  从"单学科"到"全素养",构建儿童全息阅读课程 / 徐燕娟 118

第二节 研学课程的跨学科实施 /127

  研学旅行与综合实践活动课程 / 冯新瑞 127

  研学旅行的校本表达与演绎

    ——以北京中学"中华文化寻根之旅"研学课程为例 / 余国志 134

  基于核心素养的研学旅行课程分类及设计 / 余发碧　杨德军 144

  研学东渡　扬帆启航

    ——《东渡之路》研学课程的设计与实施 / 黄利锋　郭小磊

     钱颖萍 152

  愚公移山精神研学课程体系的建构与实践 / 杨保健　杨国顺 159

第三节 跨学科课程的创新实施 /165

  家国乡情,在研学课程中哺育

    ——以大运河(常州段)乡土文化研学旅行课程为例 / 刘加凤 165

  跨学科课程的设计与实施 / 寿　延　亓玉田 173

学科融合背景下综合实践活动课程的设计与实施
——以北京市中关村中学"一带一路"课程开发为例／朱　军
　　马　珏　孟　宇 179

在节日课程中体认传统文化种子
——"与月亮牵手"主题节日统整课程的实践／蒋银慧 187

依托低碳教育课程基地，实现跨学科综合学习／葛志强 193

打破空间藩篱　创建"ILOVE"活动课程／李　军 198

激活密码　创生活力
——薛瑞萍中国故事课程的开发信念与讲述策略／何春光 205

项目统整视野下班本课程的美第奇效应
——以三年级班本课程《奔跑吧，小鸡》为例／陈　益 209

"未来学校设计"项目式学习的师生实践／罗晓航　吴舒意
　　王冀艳 216

发生在学习社区里的学习
——小学课程整合的另一种探索／柴曙瑛 220

第四节　跨学科课程的国际实施／227

从"动物园保护区项目"看澳洲跨学科教育的推进／方凌雁 227

美国英语课程跨学科整合设计的改革动向与启示／庄燕泽　吴刚平 232

美国中学物理教材中"跨学科实践"栏目的编排特点和启示
——基于对美国《物理：原理与问题》教材的分析／骆　波 243

第一章

跨学科学习的内涵

论理解本位的跨学科学习

张 华[①]

信息时代即"创造力爆炸"时代：人人都是创造者，世界在创造中发展，创业精神成为社会的首要精神。由于信息技术被日益广泛和深入地使用，每一个人成为创造者不仅是必要的，而且将成为现实与可能。创造力和创业精神成为信息时代的最高核心素养之一，这在人类史上是第一次。为促进人的创造力和创业精神的发展，"跨学科学习"成为世界中小学和大学教育改革的重要内容和发展趋势之一。

一、何谓跨学科学习？

"跨学科"（interdisciplinarity）既是一个涉及所有学科领域的学术史与学术研究问题，又是一个特殊的教育问题、课程与教学问题。前者一般称为"跨学科研究"（interdisciplinary research），后者一般称为"跨学科学习"（interdisciplinary learning）。

尽管作为一种思想或理念的"跨学科"源远流长，可追溯至中国先秦时期和西方的古希腊哲学，但作为一个特殊的知识领域却直至 20 世纪下半叶才被正

[①] 张华，杭州师范大学教育科学研究院教授。

式确立起来。美国研究"跨学科"问题的重要学者克莱因（Julie T. Klein）写道："自19世纪末开始，西方理智传统中的知识分类学即被由划分为专门探究领域的分科体系所主导。然而，自20世纪后半叶开始，分科体系受到挑战并被日益增多的跨学科活动所补充。"[1]第一本主要的"跨学科"类型学著作诞生于1972年，这便是由埃普斯特尔（L. Apostel）等人主编的《跨学科：大学教学与研究问题》。[2]本书源于由经济合作与发展组织联合赞助并于1970年在巴黎召开的国际会议的论文集。时任国际教育局局长的皮亚杰（Jean Piaget）参加了此次盛会，并提交了《跨学科关系的知识论》论文，推动了跨学科运动的发展。晚年的皮亚杰在接受访谈时多次批评大学的院系割裂现象，认为这是阻碍知识创造和大学创造性人才发展的体制根源之一。皮亚杰本人是"跨学科"研究的典范：将生物学、数学、哲学、心理学、教育学等领域紧密融为一体，由此在发生认识论、儿童心理学、教育学等领域做出了划时代贡献。2010年，经过长达10年的国际性跨学科努力，《牛津跨学科手册》正式出版，标志着国际"跨学科"运动发展到新阶段。总之，"跨学科"既是一种知识与生活、科学与人文、不同学科领域之间彼此融合的价值追求与时代精神，又是一种强调互动建构、合作探究知识的学科研究的知识论与方法论。

在教育领域，由于教育问题和学生发展的综合性，"跨学科"或"课程整合"的理念与实践诞生并确立的时间要早些。据研究，英国哲学家斯宾塞（Herbert Spenser）于1855年就将"整合"（integration）确立为心理学的重要原则，而美国哲学家詹姆士（William James）于1896年也将"整合"用于其《心理学原理》第一卷中。而教育学者伯特兰（Alexis Bertrand）更是于1898年提出了"整合教学"（integrated instruction）理论。"跨学科学习"或"课程整合"的正式确立者当为赫尔巴特（Johann F. Herbart）及其弟子齐勒（T. Ziller）等人。他们在启蒙运动和启蒙理性的背景下，以学生的道德或意志自由为中心，将各门学科关联、统合起来，确立了所谓课程整合的"相关原理"（doctrine of correlations，强调学科之间的"自然联系"）或"中心原理"（doctrine of concentration，强调围绕"中心"统合课程）。在20世纪初的进步教育运动或教育民主化运动中，"跨学科学习"与"课程整合"获得了新的生命力且有了新的发展方向。以杜威（John Dewey）、克伯屈（William Heard Kilpatrick）、陶行知为代表的民主教育思想或生活教育思想，从根本上超越了赫尔巴特主义，让"跨学科学习"与"课程整合"建基于教育民主的理想，实现儿童经验、社会生活和学科知识的融合，植根于探究学习与项目方法（project method）。这为"跨学科学习"与"课程整合"指出了永恒的方向与愿景。[3]在如今的信息时代，"跨学科学习"与"课程整合"成为培养"21世纪素养"的重要举措，日益成为"协作式问题解决"的过程，与深度学习、项目学习化为一体。

何谓"跨学科学习"？美国哈佛大学"零点项目"（Project Zero）的首席专家鲍克斯－曼斯勒（Veronica Boix Mansilla）将之界定如下：跨学科学习是个人和群体将两个或两个以上学科或已确立的领域中的观点和思维方式整合起来的过程，旨在促进其对一个主题（a subject）的基础性和实践性理解，该理解超越单一学科的范围。……跨学科学习者将信息、资料、技术、工具、观点、概念和/或源自两个或两个以上学科的理论加以整合，以创造产品、解释现象或解决问题，所运用的方式是单一学科不可能做到的。[4]

这里的核心观点是：通过"跨学科学习"，促进学生的"跨学科理解"。所谓"跨学科理解"，就是运用多个学科的观念与方法解决问题、形成解释、创造产品。

鲍克斯－曼斯勒的观点深深影响了国际文凭组织的课程建设。该组织目前是世界范围内倡导"跨学科学习"的主要机构之一。它给出的定义是："跨学科学习是这样一个过程，即学生对两个或两个以上学科或学科组的知识体和认识方法产生理解，并对它们加以整合，从而创造出新的理解。[5]"国际文凭组织进而指出"跨学科学习"的3个特点，这也构成衡量一项课程或活动是否真正是"跨学科学习"的3个标准：[5]

第一，它以产生跨学科理解为目的。在真实的问题情境中，当任何单一学科无法解决此问题时，需要运用两种或两种以上学科的观念与方法解决它，并由此产生新的理解。"跨学科学习"不是几门学科的简单叠加或机械混合，而是通过学科整合而诞生新的理解——跨学科理解。"整合各学科的观点本身并不是目的，而只是加深学生对周围世界的理解，并帮助他们增强理解能力的一种手段。""当跨学科方面的努力目的不够明确时，就很可能出现臆造的联系和零散的学习。"[5]在实践中，"跨学科学习"面临的主要问题或挑战是缺乏真问题、没有新理解，由此导致臆造的学科联系和散乱的学习过程，致使学生学习态度散漫、兴趣分散和思维肤浅。这种所谓的"跨学科学习"，对学生发展非但无益，反而有害。

第二，它植根于学科思维。跨学科理解与学科思维互为前提、相辅相成。唯有具备跨学科视野，一门学科的理解才能不断深化。唯其植根于学科思维，运用相关学科的观念与方法，跨学科理解才能产生并发展。"忽视学科文化的课程整合必将导致肤浅的教学计划，对任何学科都无意义。"[6] 真正的"跨学科学习"强调：（1）学科思维的充分应用；（2）让学生像学科专家一样去思考。是否深度运用学科思维，是检验"跨学科学习"质量的又一标准。

第三，它实现学科整合。每一门学科都是理解世界的一种独特思维方式，不同学科构成理解世界的丰富性与多样性。但由于世界本身存在内在联系，不同学科之间也有可能建立内在联系。岩石、树木、诗歌、社会关系彼此之间的差异显而易见，矿物学、植物学、文学、社会学必然存在差异。但是，树木生长离不开岩石与土壤，诗歌可以讴歌树木与岩石，社会关系的建立又受到自然环境的影响。因此，不同学科之间存在整合的基础。"跨学科学习"需要根据不同问题情境的需要，将各学科的观念和思维方式基于其内在联系实现整合，由此帮助学生创造性解决问题、发展理解力。仅仅围绕主题将不同学科知识杂乱无章地罗列出来，不叫"跨学科学习"。"跨学科"的核心是学科内容的整合与情境化。"跨学科学习要求教师和学生整合各学科的观点，并使他们的整合工作目的明确、富有成果。"[5]

由此观之，"跨学科学习"是整合两种或两种以上学科的观念、方法与思维方式以解决真实问题、产生跨学科理解的课程与教学取向。它具有目的与手段的双重特性。从目的意义看，它旨在培养学生的自由人格、跨学科意识和创造性解决问题的能力。从手段意义看，它是选择、综合各种信息、知识、手段、方法以解决复杂问题的策略，以及将学科知识情境化的策略。产生跨学科理解、运用学科思维、实现学科整合是"跨学科学习"的基本特点和判断标准，是谓"理解本位跨学科学习"。

二、跨学科学习有哪些类型？

由于学科知识日益激增，个人问题、社会问题和自然环境日益复杂化，无论一般学术领域中的"跨学科研究"，还是教育领域中的"跨学科学习"，其类型日益复杂多样。对世界的理解是多元的，因而学科发展是开放的；理解世界的方式是互动、协作的，因而学科之间是互动、整合的。

为促进学术研究和教育创新，"跨学科分类学"已成为一个专门课题，所获得的结论也极其丰富。总结既有研究成果，着眼于发展学生的"跨学科理解力"和教师的"跨学科"课程创造，我们可依据学科之间的整合程度和特性，将广义的"跨学科学习"区分为3类："多学科学习""跨学科学习"（狭义）与"超学科学习"。

1. 多学科学习

所谓"多学科学习"（multidisciplinary learning），即保留学科界限，用多个学科的视角、观念和方法，探究一个问题或主题，由此发展"多学科理解"。不同学科之间可以并列关联，亦可先后关联，以探究问题或主题为核心，实现学科知识的情境化。"多学科学习"的特点是：既保持学科原有的逻辑体系，又能在学科之间建立联系；既发展学科理解，又发展"跨学科理解"；只要存在两种或两种以上学科，就有可能走向"多学科"（multidisciplinarity），因而设计起来相对容易。其不足之处在于学科之间整合不够充分，"跨学科理解"的发展也自然受到限制。

就学校课程体系而言，只要学生的抽象思维发展到一定阶段，学生就可以探究学科逻辑、发展学科理解。只要学生开始探究学科逻辑，就可以同时从事"多学科学习"、发展"多学科理解"。因此，"多学科学习"可以自初中阶段开始，一直持续到大学本科和研究生阶段。

在我国教育体系中，由于学科之间建立联系的机制和制度尚未建立，"多学科"意识极其淡薄，严重阻碍了教育的创新水平和学生的"多学科理解力"与创造力发展。

2. 跨学科学习

广义的"跨学科学习"涵盖所有学科整合的方式与形态。狭义的"跨学科学习"是指两种或两种以上学科融合起来，模糊其学科界限，生成新的"跨学科逻辑"，进而探究问题或主题，发展学生的"跨学科理解"。如我国基础教育课程体系中的"艺术"即是音乐、美术、戏剧、舞蹈等学科围绕主题而展开的设计，从小学持续到高中；"科学"则融合了物理、化学、生物、技术等领域，自一年级持续到九年级；"道德与法治"融合了哲学、文化学、政治学、经济学、社会学等内容，从小学持续到高中。国际文凭组织中学阶段典型的"跨学科"课程包括：科学、人文（含经济学、地理学与历史）、设计（含数码设计与产品设计）、表演艺术（含音乐、戏剧和舞蹈）、视觉艺术（含视觉艺术与媒体），等等。

"跨学科学习"的显著特点是：它使部分学科的界限消失，由此深入探究问题、理解世界。它不仅体现学科发展的综合创新趋势，而且在培养学生的"跨学科理解力"和综合创造力方面迈出重要步伐。它面临的最大危险是：容易导致"学科拼盘"、零散学习和肤浅思维。超越这种危险的基本出路是：根据学生的年龄特点和学科特点，聚焦真实问题，持续开展基于项目的跨学科深度学习，让学生在发展"跨学科理解力"的过程中运用学科思维，实现学科理解与跨学科理解的"互惠双赢"。

3. 超学科学习

所谓"超学科学习"（transdisciplinary learning），即超越或跨越所有学科的界限，围绕共同的"超学科主题"展开探究，将所有学科在探究过程中融合起来，在解决问题的过程中发展学生的"超学科理解"。它是所有"跨学科学习"中综合程度最高的类型。在我国基础教育课程体系中，自小学一年级至高中三年级持续开展的综合实践活动课程即是典型的"超学科学习"：它基于学生的真实需要和生活经验，从人与人、人与社会、人与自然三大生活领域选择有价值的探究和活动主题，让学生将所有学科知识融合起来，运用学科思维解决问题、形成解释并创造产品，由此发展生活理解力与创造力。[7] 在这里，学科界限消失了，"超学科理解力"和生活创造力得到前所未有的发展。

"超学科学习"的特点是：所有学科的边界消失，学科整合程度高，学科创造能力强。在这里，课程、教学与学习的教育价值得到最高体现。但"超学科学习"也存在风险，那就是漠视学科思维和学科价值，让"超学科"沦为"非学科""反学科"，由此让探究流于简单化与常识化。超越这种风险的基本策略是：让学生在探究"超学科"主题的过程中，对内运用学科思维，向外形成物化产品。

在幼儿园和小学阶段，由于儿童的经验尚未分化，抽象思维和逻辑思维尚在形成过程中，这个阶段宜以"超学科学习"为主，这是通行的国际惯例。如国际文凭组织的小学、幼儿园阶段就以"超学科主题"课程为主。伴随儿童年龄的增长，可逐步增加"多学科学习"与"跨学科学习"，同时辅以"超学科"主题探究。当人进入职业世界和社会生活后，"超学科学习"的比例则会增加，同时辅以"多学科"与"跨学科"探究。这可能就是人的终身学习的大致轮廓。

三、怎样实施跨学科学习?

我国当前基础教育课程改革的根本任务是构建信息时代的课程体系。走向"跨学科学习"将是本次课程改革的重点与"亮点"。为此确立如下3个行动策略:

第一,课程重构。阻碍我国课程进步和学生发展的顽疾是"分科主义"。这既有封建意识形态的渊源,又有功利主义的近因,二者的结和便是"应试教育"课程价值观。确立跨学科意识,走向"跨学科学习",重构课程体系,是今日课程改革的关键。为此需要做到:(1)让所有学科回归生活;(2)建立学科之间的联系;(3)实现学科整合,重构课程内容。具体言之,在幼儿园、小学阶段,逐步消除学科界限,走向围绕生活主题展开探究的"超学科学习";初中与高中阶段,在帮助学生开展学科探究、发展学科理解的同时,渗透"多学科学习"与"跨学科学习",同时使"超学科"探究不断升华。

第二,跨学科教学。教师教学的"分科管理"体制与"绩效责任制"不仅给学生发展带来严重阻碍,而且使教师自身不堪重负。走向"跨学科学习"的课程体系必然要求教师从事"跨学科教学"(interdisciplinary teaching)。这意味着:(1)不同学科的教师协同开发课程、制定教学计划;(2)不同学科的教师协同上课;(3)不同学科的教师协同进行探究教学;(4)不同学科的教师形成跨学科专业发展共同体;(5)建立"跨学科教师"的发展机制;等等。总之,学生从事"跨学科学习"的前提是教师走向"跨学科教学"。

第三,项目学习。"分科主义"课程体系和教师的灌输式教学必然导致学生机械、被动的"储蓄式学习"。"跨学科学习"的根本目的是实现学生的个性自由和创造性的发展,这必然要求学生从事以协作式问题解决为特点的"项目学习"。这种学习将知识的发明、创造和应用方式转化为学生的学习方式,让学生在真实的问题解决中发展综合性跨学科思维、批判意识和创造能力。

总之,跨学科学习实现之日,即是学生精神获得自由之时。

参考文献:

[1] Julie T. Klein. A Taxonomy of Interdisciplinary[M]//Robert Frodeman. (ed.) The Oxford Handbook of Interdisciplinarity. Oxford:Oxford University Press,2010.

[2] L. Apostel,Berger G.,Briggs A.,and Michaut G. (eds.) Interdisciplinarity:Problems of

Teaching and Research in Universities［M］. Paris：Organization for Economic Cooperation and Development, 1972.

［3］张华. 关于综合课程的若干理论问题［J］. 教育理论与实践, 2001（6）：35 - 40.

［4］Mansiua V. B. Learning to Synthesize：the Development of Interdisciplinary Understanding［M］//Robert Frodeman（ed.）The Oxford Handbook of Interdisciplinarity［M］. Oxford：Oxford University Press, 2010.

［5］维诺尼卡·博伊克斯 - 曼塞拉. 中学项目跨学科教学与学习指南［M］. 卡迪夫：国际文凭组织出版社, 2010.

［6］Wineburg S., Grossman P.（eds.）. Interdisciplinary Curriculum：Challenges to Implementation［M］. New York：Teachers College Press, 2000.

［7］张华. 体现时代精神的综合实践活动课程：理念与实践［J］. 人民教育, 2017（22）：40 - 43.

跨学科概念"尺度"的含义及特征

靳冬雪[①] 刘恩山[②]

在21世纪初期,跨学科的合作研究已经十分普遍,它所催生的创造与创新正在深刻地影响着社会的发展与进步。为了指导科学教学向真实的科研工作环境靠近,美国在《K—12科学教育框架》(*A Framework For K-12 Science Education*)中将跨学科概念作为三维学习中的一个维度加以强调,将整合思想贯穿始终。在我国的理科课程改革中,《普通高中生物学课程标准(2017年版)》指出,要加强学科间的横向联系,促进学生理解跨学科的科学概念和过程。此外,正在研制中的义务教育理科课程标准不仅关注各学科领域的核心素养和大概念,也将强调跨学科概念的教学。在《K—12科学教育框架》指出的7条跨学科概念中,"尺度(Scale)"概念侧重于从定量的角度描述、分析和解释结构及现象,是科学理解的出发点:"在研究现象时,需要知道不同大小、时间和能量尺度间的关联,以及尺度变化时不同数量间的比例关系"。[1]理解尺度概念对我国基础教育课程、教材的开发,对中小学课程建设和课堂教学的展开,以及教研工作的进行等具有积极的指导意义。

对尺度的理解是掌握科学概念——例如细胞及其大小、生物进化时长、地质年代,以及原子反应等——的先决条件。[2]尺度在科学研究领域极为重要,无论从事何种与尺度相关的工作,均要建立在对其的深入理解上。[3]尺度作为理解科学现象和进行研究工作的核心因素,[4]明确引入到科学教育中后,已在美国多个课程文件中有所强调。而我国中小学理科学习阶段中,虽然也几乎处处涉及尺度概念,但并未进行明确、具体的阐释。研究也表明,在超出人类肉眼可视的尺度上,学生理解现象比较困难,[4][5]对较小尺度上的科学知识进行概念化就更加困难了。[4]因此,有必要对尺度的含义进行阐释,明确尺度变化对现象和过程产生的影响,帮助教师理解尺度概念融入理科教学的思路,促进学生对尺度的学习和跨学科思维的形成。

---

① 靳冬雪,北京师范大学生命科学学院课程与教学论博士研究生。
② 刘恩山,北京师范大学生命科学学院教授。

一、尺度是自然界的空间、时间或能量量度

尺度,在汉典中释义为计量长度的定制,或规定的限度,引申为准则、法度,在社会生活中常被理解为看待事物的标准。

在自然科学领域内,某些物体、事件和过程中会涉及不同的物理维度,诸如大小、时间、速度等,它们都具有相当大的量级范围。[6][7]例如,能够直接观察的宏观水平(人类自身、地球上的建筑、山川河流),不能直接观察的极小或极快水平(分子、细胞、化学反应进程),以及不能直接观察的极大或极慢水平(天体的运动、物种的演化过程)。[8]对于这个极大的量级范围,我们可以用数量级对它进行具体的表征,[6]即为科学研究确定与其对应的尺度。梅丽莎·琼斯(Melissa G. Jones)等人就将尺度宽泛地描述为所测量事物的任何一个定量属性。[9]科学领域内的尺度概念比较难把握,因为它往往容易定义却难以操作,导致对于尺度的界定有些模糊。[10]许多学者依据其研究领域的特点和需要,会从诸如量度、相对大小、比率或分析水平等角度来描述尺度的含义。[5][10][11]尽管表述方式不同,但它们所指向的尺度的本质含义是一致的。

丹妮尔·马索(Danielle J. Marceau)认为,尺度是指用来观察和表征实体、模式和过程的空间上的大小。[11]邬建国指出,从研究者的角度来讲,尺度是指在研究某一物体或现象时所采用的空间或时间单位。[12]类似地,亚历杭德拉·马加纳(Alejandra J. Magana)将尺度定义为由度量单位界定的物体的定量属性。[13]伊莉斯·雷斯克(Ilyse Resnick)等人将尺度描述为一个度量系统,可以用来比较相对大小,例如跟地球的46亿年(作为基准)形成史相比,恐龙与人类之间相距的2.25亿年就十分近了。[5]加里·洛克(Gary Lock)等人将尺度作为分析用的量尺,并认为这种方式对于考古学收集、分类和阐释的基础工作是十分恰当且重要的。[10]这些表述都表明,尺度是我们人为划分的、作为基准用的一个度量单位,能帮助我们从定量的角度来观察和分析研究对象。

此外,除了上述所提到的不同空间大小以及不同时间跨度,系统和过程还涉及流经了不同总量的能量。[8]综上,我们将尺度定义为研究某一物体、现象或过程时所采用的空间、时间或能量单位。

二、事物的意义取决于其发生的尺度

尺度分为绝对尺度和相对尺度，二者互补，从而让尺度的含义完整。[11]以空间尺度为例，绝对尺度是指事物存在或发生的空间水平的具体数值，例如细胞是在6—10m的水平上，而天体则是在108m或更大的水平上。绝对尺度是可操作的，例如，使用标准比例尺制图，定义地理遥感分辨率，划分人口普查的调查单元等[11]，都用到了绝对尺度。

从绝对尺度的角度来讲，自然界中的事物都有其存在或发生的尺度，我们不仅要知道它们在什么尺度上是有意义的，也要在恰当的尺度上去理解和研究它们。[8]例如，在原子尺度上考虑"固体"的概念是不正确的，而在天体的尺度上利用"光年"来度量距离就比较恰当。[8]再如，壁虎的脚趾上生有数百万根细小刚毛，每根刚毛的末端又分叉形成上千根更细小的、尖端呈铲状的绒毛，这些细微的结构与物体表面形成范德华力，为壁虎提供足够的附着力，使它几乎可以攀爬任何东西。而其中涉及的范德华力，只有在非常小的尺度上才会变得显著。[14]

在以合适尺度去理解事物的基础上，我们可以将科学研究划分为3等尺度：人类肉眼可视的宏观尺度，不能直接观察的极小或极快尺度，以及不能直接观察的极大或极慢尺度。[8]由于后两者超出了人类视觉能够直接感知的范围，且可能会出现一些新的、在人类肉眼可视的尺度上并不存在的现象，所以在学习和理解时会有一定的困难。[4][5][15]

但随着人类探索自然界的技术与知识不断更新和丰富，人们陆续创造出更有力的工具去研究极端尺度上的科学现象。例如，对于极小尺度，可以利用扫描电子显微镜看清花粉凹凸不平的表面；对于极大尺度，可以利用天文望远镜拍摄距地球百亿光年的星系；对于极快尺度，可以利用高速摄像技术看清蜻蜓飞行时4只翅膀的不同扇动方向；对于极慢尺度，可以利用延时摄影技术完整记录植物生长过程中的变化。所以，当研究对象超出了肉眼可视的尺度，我们可以利用技术工具进行间接的观察和探索。[1]

三、自然界的不同方面随着尺度变化而变化

除绝对尺度外，还有相对尺度。相对尺度如更小与更大，更长与更短，更快与更慢等，是与被研究的物体、现象或过程等有内在关联的变量。[11]

《科学素养基准》（Benchmarks for Science Literacy）中指出："除了要理解尺度的含义，还要知道自然界运转的机理会随着尺度的变化而发生变化"。《美国国家科学教育标准》（National Science Education Standards）中也写到："当尺度发生变化时，系统的特征、属性，以及其中的相互作用都会发生变化"。例如，对于分子形式的蔗糖来说是不具有"味道"这一属性的，但宏观尺度上的蔗糖却是有甜味的。又如，我们在地月系统中观察到的月球运动轨迹为椭圆形，但当观察的尺度变大，在太阳系中会看到月球的运动轨迹呈现出螺旋的特征。再如，在细胞尺度上观察，精子与卵细胞是通过接触的方式完成识别的，当缩小到分子尺度，会发现精卵识别依靠的是细胞膜表面糖蛋白的相互作用。再举个例子，想要设计出一款质量更轻的自行车，若是通过减少不必要的部件来达到目的，则是从宏观尺度出发的考虑，若是选择密度更小的材料以实现减重，则是从微观尺度出发的考虑。所以，随着尺度的变化，自然界的不同方面，包括事物的性质、事物间的关系、现象背后的机制等也在以不同速率发生变化。[15]

从上述内容我们可以发现，对一个现象的描述、解释或研究可以从不同尺度来进行。[6]将尺度作为变量时，在一个尺度上得出的结论可能会比在另一个尺度上得出的结论更为具体。[11]例如，对于植物具有向光性这一现象，在宏观尺度上可以得出光照方向会影响植物生长方向的结论，而当研究尺度变小时，人们会发现是光照影响了生长素在植物体内的分布，从而影响了植物的生长方向。但是，在一个尺度上得出的结论也有可能在另一个尺度上是无效的。[11]例如，在原子尺度上发生的化学反应，反应前后原子数守恒，但对于原子核尺度上发生的核反应来说，守恒的是质子与中子数之和，而非原子数。所以，科学研究在不同尺度间进行相关和外推时，需要注意尺度变化给结果和结论带来的影响。

综上，由于尺度具有"变量"的特性，在不同的尺度上探索会得到不同的结果，所以选择合适的尺度对科学研究工作的设计、实施和分析等十分重要。不过对研究者来讲，实际上并没有可以遵循的、既定的用于选择合适研究尺度的原则和方法，当然也没有一个单一的、"万能的"尺度足以应对所有的研究。[11]我们可以概括地说，尺度的选择取决于所观察的现象和研究的问题，但是细化到具体的研究内容上则各有侧重，还需研究者依据实际情况和经验对尺度进行选择。这也正是之前所提到的尺度难以把握、界定模糊的原因。

四、一些事物在尺度间是相关联的

我们面临的许多事物,例如全球变暖、乱砍滥伐、区域水资源管理等环境问题,是无法仅在一个尺度上得到解决的,因此在探究一个复杂现象时,需要在不同尺度间作转换,理解其跨尺度的关联。[11]《面向全体美国人》(Science for All Americans)中也指出:"……我们可以用数量级来表示它们(尺度),并探究不同量级之间的关联"。[6]这样的关联可以帮助我们从另一尺度理解事物的本质,或者作出预测。例如,在化学学科中,学习者对物质及物质间相互作用的理解来源于两个尺度:实验中接触和学习到的物质,即宏观尺度;电子、分子、原子等微粒,即微观尺度。学生需要用键线结构、分子式、化学方程式等符号在这两个尺度间建立起关联。[16]这种在空间尺度上的关联可以使学生从微观上理解化学反应的本质,也可以依据微观的相互作用来预测宏观尺度上发生的变化。在实际的社会生活中,人们已经在利用这种尺度间的关联推动人类多项事业的进展。例如,我们可以通过原子/分子水平上的实验技术,鉴定体内病变细胞释放出的"信号分子",在早期就判断出疾病的发生,而不是病变细胞积累已久、在个体水平上表现出病征后再采取治疗措施。

物体、现象和过程不仅在同种尺度的不同水平间存在关联,其本身所涉及的不同种尺度间也存在着关联。对于科学领域中的事物来说,当我们所考察的空间尺度发生改变,其时间尺度也会随之改变。[8]例如,对大空间尺度的山脉变化的考察,需要在大的时间尺度上进行,但研究小空间尺度上的细胞时,其时间尺度往往也很小。[8]此外,在小的空间尺度或时间尺度上发生的改变,可能会造成大空间尺度上的长期影响。[8]例如,在"生物风化作用"作用下,岩石受到动植物的机械破坏和植物、微生物的生物化学腐蚀,久而久之,地貌也会发生长期的改变。

五、理科教学需重视尺度概念的渗透

研究表明,无论是绝对尺度还是相对尺度,都与学生科学和数学学习成就的提升呈显著相关。[2]而在影响学生理解尺度概念的因素中,仅有"教学干预"一项处于教师可以着力改变的范围内,所以应当重视通过教学的方式来促进学生对尺度概念的理解。[3]虽然"尺度"概念在我国中小学阶段并未外显化，但它对于学习者来说并非是全然陌生的知识。人类对相对大小的感知（Approximate Number Systems，ANS）是一种天生的能力，这种能力的继续发展会随着年龄增加逐渐停止，与此同时，对抽象概念（例如单位）的学习会使人们越来越多地理解绝对尺度。[2]因此在低年级时，学生更多地依赖相对尺度（例如大和小、快和慢等）来学习科学知识，之后会学习并认识到统一测量单位的重要性，年级再高一些时，学习用"近似值"的方式理解跨尺度和跨背景的知识。[4][8]所以，尺度概念的教学其实是在学生已经对"尺度"有一些印象和初步认识的基础上，再对其进行明确地界定、归纳和强调的。

尺度概念与"建立并使用模型"的实践相关，模型是理解尺度的最佳方式。[1]教师在进行尺度概念教学时，可以根据学生的知识和能力基础，与其他跨学科概念和实践进行结合。此外，研究还发现，使用与学生相关的活动和主题，并融合数学（例如指数、比例推理）的方式进行教学，可以很好地帮助学生掌握尺度概念，从而使他们理解在不同尺度上观察到的科学现象。[3]

六、结语

随着技术的升级，人类能够探索的领域逐渐扩大，人们已经在愈小或者愈大的尺度上开辟了新的研究领域，例如纳米尺度上的材料科学与生物工程的新产品。[4]但在实际的科学教学中，尺度概念并未得到像在科研领域中那样同等的重视。[9]想要进行真正的跨学科整合，前提是要对学科知识形成深刻的理解，[17]反过来，掌握了尺度概念之后，也会对学科知识有更好的理解。[1]目前，我国仍以分科教学为主，因此想要将尺度概念融入理科教学中，不仅要求不同学科教师之间加强交流和学习，开发支持学生进行尺度学习的课程和活动，也需要学生从学科思维向跨学科思维转换，综合多个学科的知识进行总结和归纳。

参考文献：

[1] NGSS Lead States. Next Generation Science Standards: For States, By States [M]. Washington, DC: The National Academies Press, 2013.

[2] Katherine Chesnutt, Melissa G. Jones, Elysa N. Corin. Crosscutting concepts and achievement: Is a sense of size and scale related to achievement in science and mathematics? [J]. Journal of Research in Science Teaching, 2019, 56 (3): 302 – 321.

[3] Katherine Chesnutt, Melissa G. Jones, Rebecca Hite. Next generation crosscutting themes: Factors that contribute to students' understandings of size and scale [J]. Journal of Research in Science Teaching, 2018, 55 (6): 876-900.

[4] M. Gail Jones, Amy Taylor, James Minogue, et. al. Understanding Scale: Powers of Ten [J]. Journal of Science Education and Technology, 2007, 16 (2): 191-202.

[5] Ilyse Resnick, Alexandra Davatzes, Nora S. Newcombe, et al. Using Relational Reasoning to Learn About Scientific Phenomena at Unfamiliar Scales [J]. Educational Psychology Review, 2017, 29 (1): 11-25.

[6] American Association for the Advancement of Science. Science for All Americans: A Project 2061 Report on Literacy Goals in Science, Mathematics, and Technology [M]. Washington, DC: AAAS, 1989.

[7] College Board. Science College Board Standards for College Success [M]. New York: The College Board, 2010.

[8] National Research Council. A Framework for K-12 Science Education: Practices, Crosscutting Concepts, and Core Ideas [M]. Washington, DC: The National Academies Press, 2011.

[9] Melissa G. Jones, Amy R. Taylor. Developing a Sense of Scale: Looking Backward [J]. Journal of Research in Science Teaching, 2009, 46 (4): 460-475.

[10] Gary Lock, Brian L. Molyneaux. Confronting Scale in Archaeology: Issues of Theory and Practice [M]. Berlin: Springer, 2006.

[11] Danielle J. Marceau. The Scale Issue in Social and Natural Sciences [J]. Canadian Journal of Remote Sensing, 1999, 25 (4): 347-356.

[12] 邬建国. 景观生态学——格局、过程、尺度与等级（第二版）[M]. 北京: 高等教育出版社, 2007.

[13] Alejandra J. Magana, Sean P. Brophy, Lynn A. Bryan. An Integrated Knowledge Framework to Characterize and Scaffold Size and Scale Cognition (FS2C) [J]. International Journal of Science Education, 2012, 34 (14): 2181-2203.

[14] Thomas R. Tretter, M. Gail Jones, Thomas Andre, et. al. Conceptual Boundaries and Distances: Students' and Experts' Concepts of the Scale of Scientific Phenomena [J]. Journal of Research in Science Teaching, 2006, 43 (3): 282-319.

[15] American Association for the Advancement of Science. Benchmarks for ScienceLiteracy: Project 2061 [M]. New York: Oxford University Press, 1994.

[16] David F. Treagust, Gail Chittleborough, Thapelo L. Mamiala. The role of submicroscopic and symbolic representations in chemical explanations [J]. International Journal of Science

Education, 2003, 25 (11): 1353 – 1368.

[17] Ji Shen, Shannon Sung, Dongmei Zhang. Toward an Analytic Framework of Interdisciplinary Reasoning and Communication (IRC) Processes in Science [J]. International Journal of Science Education, 2015, 37 (17): 2809 – 2835.

跨学科学习领域课程的建设

周 波[①]

一、跨学科及相关概念辨析

"跨学科"（interdisciplinarity，亦译为"交叉学科"）一词最早出现于20世纪20年代中期的西方文献中，指的是超越单一的学科边界而进行的涉及两个或两个以上学科的知识创造与传播活动。一般而言，跨学科教育（IDE）可以分为两类：一是学科的生长点，体现了学科发展的内在逻辑，如物理化学、生物化学，可称为基础研究领域的IDE；二是解决自然、社会现实问题的着力点，横跨了自然科学、社会科学等领域，如环境法学、环境社会学、环境生态学等，可称为应用研究领域的IDE。基础研究领域的IDE注重的是内在思维逻辑，应用研究领域的IDE注重的是外在行为逻辑。

形成"跨学科"概念的前提是，在单一学科领域内已经无法解决某些具体的问题，而且随着时间的推移，这些问题越来越多。

1. 跨学科课程与学科课程

对人类活动经验进行抽象、概括、分类整理，并从中确立某一特定的知识领域，按其内在的逻辑体系加以组织，就形成了学科。学科课程以此为中心来编定教学组织的形式，因此往往是相对独立、自成体系的。逻辑性、系统性和简约性是学科课程最大的特点。

撇开具体的内容，学科课程同基础研究领域的IDE具有某种相似性，但同应用研究领域内的IDE差异较大。形成差异的关键因素在于，组织的逻辑体系（线索）是注重内在思维逻辑还是外在行为逻辑。目前，基础教育阶段的跨学科课程主要是基础研究领域的IDE，而非应用研究领域的IDE。简单地讲，除去内容，基础教育阶段的学科课程与跨学科课程没有本质的差异。

2. 跨学科课程与拓展型课程

拓展型课程以培育学生的主体意识、完善学生的认知结构、提高学生的

[①] 周波，上海市长宁区教育学院教师教育教研员，中学高级教师。

自我规划和自主选择能力为宗旨，着眼于培养、激发和发展学生的兴趣爱好，开发学生的潜能，促进学生个性的发展和学校办学特色的形成，是一种体现不同基础要求、具有一定开放性的课程。在上海市"二期课改"的课程结构设计中，拓展型课程由限定拓展课程和自主拓展课程两部分组成：（1）限定拓展课程主要由综合实践学习领域的学校文化活动与班团队活动、自我服务与公益劳动、社区服务与社会实践等各类活动，以及国家规定的各类专题教育组成，是全体学生限定选择修习的课程。（2）自主拓展课程主要由基础型课程延伸的学科课程内容和满足学生个性发展需要的其他学习活动组成，是学生自主选择修习的课程。从中可见，自主拓展课程依然属于学科课程范畴，而限定拓展课程则具有跨学科性。

3. 跨学科课程与 STEM 课程

STEM 是科学（Science）、技术（Technology）、工程（Engineering）、数学（Mathematics）4 门学科的英文首字母缩写，其中科学在于认识世界、解释自然界的客观规律，技术和工程是在尊重自然规律的基础上改造世界、实现对自然界的控制和利用、解决社会发展过程中遇到的难题，数学则是技术与工程学科的基础工具。由此可见，生活中发生的大多数问题需要应用多种学科的知识来共同解决。

STEM 是代表科学、技术、工程和数学等学科的统整的知识领域，它们存在于真实世界中，彼此不可或缺、互相联系。在 STEM 教育中，教育者不再将重点放在某个特定学科或者过于关注学科界限，而是将重心放在特定问题上，强调利用科学、技术、工程和数学等学科相互关联的知识解决问题，实现跨越学科界限、从多学科知识综合应用的角度提高学生解决实际问题的能力的教育目标。因此，STEM 课程真正实现了跨学科。

4. 跨学科课程与学习领域课程

1996 年，负责制订德国职业学校课程标准的"德国各州文教部长联席会议"颁布了新的《职业学校职业专业教育框架教学计划编制指南》。该指南用"学习领域"课程方案取代沿用多年的以分科课程为基础的综合课程方案。所谓学习领域，是一个由学习目标描述的主题学习单元，是建立在教学论基础上的、由学校制定的学习行动领域，它包括实现该专业目标的全部学习任务，并通过行动导向的学习情境使其具体化。目前，基础教育正在积极建设和实践学习领域课程。学习领域课程是真正意义上的、比较完整的、可操作的跨学科课程。

二、跨学科学习领域课程的建设

学习领域课程的开发，是以项目任务和实践步骤为导向的。先根据具体实践活动，对开展这些活动需要具备的能力和包含的行为进行深入细致的分析，再根据分析的结果选择具有综合能力和技能的典型实践行为构建学习领域，并以书面形式加以陈述，对于实践行为能力的陈述要体现可观察和可测量的特点。最后，本着先易后难、由浅入深的原则，结合实践活动及其联系，采用若干个学习单元完成学习领域课程的构建。学习领域课程开发流程及要素之间的关系如图 1 所示。

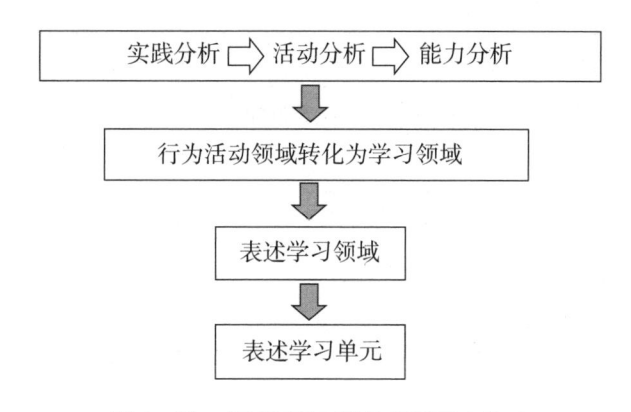

```
实践分析 ⇨ 活动分析 ⇨ 能力分析
              ⇩
    行为活动领域转化为学习领域
              ⇩
         表述学习领域
              ⇩
         表述学习单元
```

图 1　学习领域课程开发流程及要素关系

（一）实践和活动分析

基础教育中的学生实践活动与职业实践活动不同，不是基于企业或社会的需要，而是在相当大的程度上依据学生生理与心理的发展水平而设定的。学生的实践和活动分析是随着学生年龄的增长，由己及人、由里及外、由表及里的过程，是由学生决定实践的范围和活动的内容。

（二）实践能力、学习能力和创新能力分析

现在有一个概念叫"学科能力"，它被界定为：教育学中，从学科知识与技能的学习、表达和应用出发的探究学科知识的能力、表达学科知识的能力、应用学科技能的能力、解决学科问题的能力。而在现实生活中，能力必定是跨学科的，被限制在某一门学科中的能力几乎是不可能存在的。因此，在基础教育中，学生能力的分析依据的是学生成长的过程，是学生生理与心理发

展的社会性表现,学生能力是不以学科为界的综合性能力。

学生实践能力、学习能力和创新能力培育的过程是学生实践和活动分析的主要内容,是学习领域课程设计的思路。学生成长过程与3大能力的目标分析如表1所示。

表1 学生成长过程与3大能力目标分析

项目\年龄		0-6岁	6-12岁	12-14岁	14-15岁	15-18岁	18岁以后
教育阶段		学龄前	小学	初中(1)	初中(2)	高中	大学及以后
神经系统发育		↑↑	↑	→	→	→	→
身体骨骼发育		↑↑	↑	↑↑	↑↑	↑	→
生殖系统发育		↑	→	↑	↑↑	↑	→
能力分析	实践能力	心智协调简单操作	心智协调意志操作	理性支配实践能力			协调实践
				明确目标	步骤清晰	反思清晰	实践应用
	学习能力	被动学习		趋于主动学习			主动学习
		能力显现	思维想象	理解表达	体验思维	创造思维	决策思维
	创新能力	无意识		创新意识	创新思维		创新技能
教育目标		习惯养成		学习能力		实践能力	综合能力

(三)学习领域选定

在基础教育中,目前比较常用的学习领域设定是以学科章节为框架,即以一章为一个学习领域,以一节为一个学习单元,设计的依据就是学科教学的目标。学习领域是以行为为导向的课程,所以学习领域课程的设计是以能力为主线的课程设计。为便利起见,这种设计可以以现有的学科章节为线索,但是应该注入相应的其他学科的教学内容。在学习单元的划定中,必须将其他学科的知识内容、技能要求融合其中,学科本位的界限必须被全盘打破。打破学科本位界限,要以思维的逻辑过程、能力的呈现过程、实践的次序过程为主线,以便同时将其串联成一个完整的学习领域。

(四)学习领域课程设计

学习领域课程的设计见表2。

表 2　学习领域课程的设计

学习名称		班级		学生数	
使用教材			授课时间		
设计依据					
教学方法					
教学装备					
目标分析	一级指标		二级指标		

单元划分	单元序号	单元名称	各单元的关系
	单元目标（1）		串联型
	单元目标（2）		耦联型
	单元目标（3）		并联型
	……		铆联型

	单元目标（1）	任务陈述	活动设计
知识	以活动内容为基点		利用……设备
经验	以学生阅历为基点		采用……方法
技能	以生理发育为基点		设计……活动
情感	以心理成熟为基点		达成……目标

	单元目标（2）	任务陈述	活动设计
知识			
经验			
技能			
情感			

	单元目标（3）	任务陈述	活动设计
	……		

该表主要说明几个问题：

1. 各单元的关系

各个单元的关系可以大致分为串联型、耦联型、并联型和铆联型（图2）。所谓串联型，是指各个单元是严格按照 1→2→3→4 的顺序先后连接起来，每个单元之间的次序是不能被打破的。学科课程往往是按部就班地进行这种连接的。由于学习型领域课程需要渗透其他学科的相关教学内容，为使连接更加顺畅，必须在两个单元之间通过简短的耦合，形成耦联型的连接。并联型连接中，各个学习单元之间没有明显的先后次序，相对独立的各个学习单元在一个学习领域的结束阶段通过简要的单元综合，形成完整的学习领域。铆联型连接是一种复杂的连接形式，各个单元之间既有串联又有并联，也可以有耦合。铆联型连接类似于采用黏合剂和铁钉将各个单元拼接在一起。

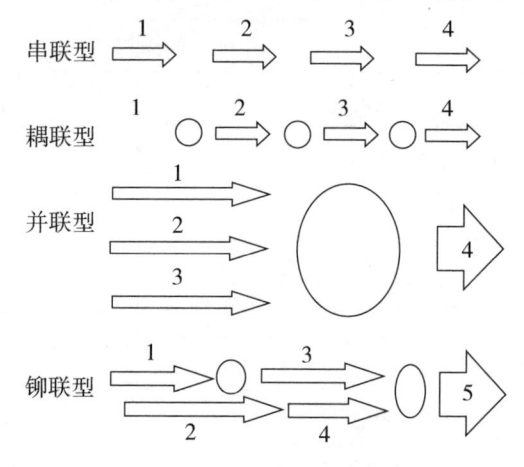

图2　学习领域中各单元的关系

2. 单元目标的内涵

学习领域课程的教学目标往往涉及知识、经验、技能与情感4个方面。其中知识目标以活动内容为基点，经验目标以学生阅历为基点，技能目标以生理发育为基点，情感目标以心理成长为基点。在这4个方面中，"技能目标以生理发育为基点"可能比较有争议。由于学习领域课程是从职业教育学习借鉴而来，职业教育的技能目标是从学生不断的实践积累中获取的，而在基础教育中，学生的身心尚处于不稳定的发展阶段，学生的实践活动主要受制于身心发育状况的限制，学生的技能目标必须量力而定，并非绝对地服从于社会或企业的需求，所以在基础教育中，技能目标还是以生理发育为基点的。

3．活动的设计

概括地讲，学习领域的活动设计就是"利用……设备，采用……方法，设计……活动，达成……目标"，具体如表3所示。

表3　学习领域的活动设计

序号	内容	职业教育	基础教育
1	利用……设备	企业真实设备为主，仿真设备为辅	教学实验设备为主，多媒体仿真为辅
2	采用……方法	实践过程导向，真实反映岗位需求	行为过程导向，反映学生技能形成过程
3	设计……活动	活动是岗位实践的课堂化	活动是学生体能、智力的发展过程的课堂化
4	达成……目标	现实的需求目标	虚拟的过程目标

从表3可见，职业教育的活动设计往往是从现实出发，归于岗位；基础教育的活动设计是从学生出发，归于课堂。

目前，基础教育中学习领域课程的实施存在一些问题：现有中小学学科型的学习领域课程阻碍了学习领域课程的发展。学生学业的评价、升学的依据依然是以学科知识为主，学习领域课程中的所谓能力依然是"学科能力"，学科知识成为基础教育中挥之不去的重中之重。因此，需要培养一支熟悉行为导向课程建设的专家型队伍，加强基础教育与职业教育的沟通，积极学习职业教育的"行为导向学习领域课程"建设，努力摆脱学科课程的局限，使学生在跨学科的学习领域中得到综合发展与能力提升。

第二章

跨学科的实施策略

跨学科实践性研究型课程开设的几点思考

王云生[①]

随着课程改革的深入发展，我国基础教育阶段的课程设置、开发，进入多元化时代。国家颁布的义务教育课程设置方案，有综合课程、分科课程、地方课程、校本课程等。高中阶段设置了必修课程、选择性必修课程、选修课程。此外，在有关研究专家的推介下，国外的许多新形态的课程，如项目式学习、STEM/STEAM 课程、研究型课程等，也开始在中小学实践。这类课程具有跨学科、实践性、研究型的特征。为讨论方便，姑且把它们统称为跨学科实践性研究型课程。在我国统一执行国家课程方案的背景下，如何看待跨学科实践性研究型课程，如何开展这类课程的实验性实施，是课程改革深入发展过程中需要研究的课题。

一、基础教育阶段分科课程与综合课程的互补性

许多专家的研究成果和我国的教育实践表明，基础教育阶段分科课程与综合课程具有互补性，有益于学生打好基础，更好地适应个人和社会发展的

[①] 王云生，福建教育学院化学研究所研究员、特级教师，福建师范大学基础教育课程中心研究员。

需要。

分科课程以学科知识及其发展趋势为基点，以学科知识为本，形成知识结构相对完整的课程体系。分科课程较好地体现了课程的专业性、学术性和结构性。各个学科在以不同视角向学生阐述人类对自然、社会发展的基本认识的过程中，让他们从分科课程中了解不同学科的思维框架，形成稳固的知识结构，从而有效提高学生对自然、人类社会发展和人的生产、生活实践活动的认识，为后续的专业学习和专门技能的培养、训练打好基础。基础教育阶段的基础性，决定了中小学的自然科学和社会科学教育应遵循物理、化学、信息、生命科学等学科的规律，实施基础的学科核心知识、观念和方法的教育。以分科课程为主的课程设置，以分科教学的形式组织教学，与中小学生的心理发展程度和认知能力水平是相适应的；并且，分科课程易于组织教学，易于评价实施，有利于提高教学效率。

但是，分科课程强调本学科的知识系统和结构，不同学科彼此割裂，容易造成学生忽视学科间的联系；每个学科对一些问题仅从本学科的视角作出诠释，在一定程度上容易限制学生的视野，束缚学生思维的广度，影响学生对现实中的事物和问题的理解。分科教学过分强调学科文本知识的学习，也在一定程度上容易忽视社会生产、生活的现实需要，以及学生经验和生活实际、认识和能力发展的需要，不利于学生发展核心素养的培育。随着社会的发展和科学技术的进步，各门类科学间不断交叉、融合与渗透；同时，学科的划分也进一步细化、更加专业化。在基础教育阶段，不可能也没必要随着学术分科的细化，把分科课程进一步细化。基于各门类科学更多地交叉、融合与渗透的现实，为了打好学生全面发展的基础，帮助学生更好地认识和解决现实生活中互相关联的具体问题，分科教学应注意学科间的联系与融合，密切联系社会中的实际问题，帮助学生将不同学科的知识融会贯通，灵活、综合运用不同学科的思维方式和研究方法分析、解决问题，提高学生的高阶思维能力。因此，分科课程在内容的选择、组织上，要注重与社会生活实践的互动，注意与相关学科的融合，使课程内容跨越学科之间的鸿沟，体现知识的"整体"面貌；要加强课程内容与学生生活以及现代社会和科技发展的联系，强调在实施分科课程的同时，注意综合课程的设置，创造条件开设若干跨学科实践性研究型课程。

综合课程，有的以现行的学科界限为基础，在保持原学科独立性的前提下，以学科之间的共同点为纽带，把各学科内容组合成相互联系、相互照应、穿插进行的系统知识；有的不考虑学科界限，而是根据新的理念重构课程框架，将若干相互关联的学科整合成一门有着较为广泛的共同领域的课程。综合课程需要进行跨学科教学，教师应在现行分科教学的基础上，以涉及多门学科、较为复杂的综合性的现实问题为中心设计教学，基于问题的分析、探索和解决，寻找学科间的本质联系，融合不同学科的知识、思维方式和研究方法，解决综合性的问题。例如，英国《21世纪科学教程：GCSE高阶科学》和《21世纪科学教程：GCSE高阶科学（拓展）》，按科学教育要求，把物理、化学、生物、地球和空间科学4个学科的内容组合重整，以生物、物理、化学学科为基本组块，把地球和空间科学的学习内容作为生物、物理、化学学习的情景素材，融入基本组块中，构成科学课程。《21世纪科学教程：GCSE高阶科学》由9个学习课题组成：人和基因，空气质量，宇宙中的地球，保持健康，选择材料，辐射和生命，地球上的生命，我们生活中的化学物质——利益和风险，可持续能源。这9个课题，分别从生物、化学、物理学科在社会生活中的应用出发，选择和编写学科的学习内容。各个课题的学习内容虽有其所侧重的学科，但也包含了综合运用各个学科知识的内容。

综合课程，还可以根据学生兴趣、特长发展的需要，从社会生产、生活和科技发展中选择探索研究的问题，设计和组织实践活动，让学生学习、运用两种或多种学科的思维方式、研究方法和学科基础知识，以研究课题的解决作为学习的成果。例如，我国在2001年开始设置的综合实践活动课程，突破了学科的壁垒，有助于提高学生的综合应用能力。

基础教育阶段采用的教育、教学模式，是与教育对象身心发展情况、学习基础、学习能力、发展要求和目标相适应的。由于学校的组织架构、校园环境、分科教学等有其特殊性，学校教育教学和社会生产生活实际间存在一定的差距和隔阂，这是学校教育的固有缺陷。但是，不能因为存在这样的缺陷就取消分科课程，把学校社会化，让学生完全通过社会生产、生活的实践来学习，这是不可能也是不必要的。活动课程的局限性，即难以帮助学生系统掌握学科的核心知识，决定了它不能取代分学科学习。

分科课程与综合课程，分科教学（学习）与跨学科教学（学习）不是相互排斥的，而是可以相互包容的。"跨学科学习"建立在分科学习的基础上，学生通过一门或几门学科的学习，经历了解、理解与掌握等多个学习阶段，发展、提高学科的理解力。通过跨学科课程的学习，学生可以突破学科的边界，在多个学科间迁延、扩展对问题的思考；可以用联系的观点、综合的方法思考和分析问题，完整地理解某个自然或生产生活中的事物，促成问题的解决。一门学科只有与其他学科及生活建立了联系，这门学科的认识和创造价值才能真正得到体现。

分科课程与综合课程蕴含着基础与提高的因素。各个学科的知识结构、基本技能和独特的思维框架、研究方法，为综合课程中问题的解决提供了思路和方法，是综合课程教学的基础。综合课程可以帮助学生建立不同学科知识间的关联，融合不同学科的知识、技能，在知识的迁移应用和问题解决的过程中，提高综合运用知识解决问题的能力。

二、跨学科实践性研究型课程的特点与开发误区

综合实践活动课程本质上是跨学科实践性课程，它的设置有利于缩小学校教育教学和社会生产生活实际的距离。随着社会的发展和基础教育课程改革的深入，一些学校借鉴国外基础教育课程设置的做法，开展了项目式学习、STEM/STEAM 课程、研究型课程等跨学科实践性研究型课程的讨论和探索实践。这些课程的引入丰富了跨学科、综合实践类课程，扩大了基础教育领域的课程设置门类，为改善分科课程的固有弊端提供了更多的思路和途径。

虽然各种形式的跨学科实践性研究型课程都有其侧重点，实施的难度也不同，但都具有如下几个特点：

1. 属于研究性学习

它们都是从社会生产生活与科学发展中的现实问题中选择和设置学习课题，在对问题进行剖析和尝试解决的过程中，开展探究性学习，给出合理的解释或结论，或者以某种成品展现学习的成果。

2. 具有跨学科学习的特征

它们都要求学生运用两个或更多学科的知识、技能、方法分析和解决问题。"跨学科学习"的本质特征是从多个学科及学科关联的视角理解世界，帮助学生意识到，同一个事物、同一个问题可以从多个视角去分析。生产生活中的许多问题都具有整体性，一个极小的问题，都可能需要运用到多个学科的知识、技能和方法去协同解决，因此基于生产生活实际的学习必然是"跨学科学习"。杜威曾指出，综合学习必然是建立起学科与生活的内在联系的学

习。局限于学科领域内部的学习，往往会割断学科与生活的联系。

3. 实践性强

它们通常要求学生通过各种既要动脑也要动手的学习活动，运用包括现代信息技术手段的观察、游戏、社会调查、实验、设计制作、宣讲等活动开展学习。这类课程的目标不仅指向某几项知识内容的习得，而且注重各种知识的综合实践探究过程和学习研究成果的物化。例如，以设计制作的成品呈现学习成果，用图、文、数据呈现研究过程与结论，旨在促进学生探究意识、探究精神、实践能力和探究能力的发展，帮助学生获得综合探究的情感体验。

4. 以开展合作探究活动为主要学习方式

学生的学习既有独立的学习活动，也有合作与交流，需要学生与同伴一起完成活动任务，分享学习成果。

5. 在学业评价上，把过程性评价和实践研究成果评价结合起来

它们不仅观察、评价学生在探究性学习实践活动中的表现，还借助科技手段制作成果评估学习成效。这样的学业评价，不仅有助于了解学生对学科知识的理解、运用情况，而且由于注重过程性评价，从学生的学习活动表现、学习活动成果上对学生的意识、能力、情感体验进行综合评价，也有助于了解学生在核心素养上的发展情况，并及时给予指导和提升。

6. 具有较大的开放性和弹性

不同的学校可以根据所在地区的地理、经济、文化条件和学情，开发符合学校实际教育条件和具体特点的课程。学生在探究过程中所要达到的知识技能习得目标也是开放的，不同地区、不同学校、不同班级，甚至不同的学习小组，都可以有不同的学习目标、学习内容、学习要求和学习方式。

实施跨学科实践性研究型课程，要防止某些片面的看法和做法。（1）跨学科课程不是仅仅把与问题相关的几门课程的内容拼凑到一起，各讲各话。如果没有真正融合各门学科本质上的共通点，将无助于问题的分析和解决。（2）跨学科教学不是要传授所谓的"跨学科知识"，而是要整合或融合两个或更多学科的知识、技能、方法，使之有利于学生综合分析、解决实际问题。抛开原有的学科知识去传授虚无的"跨学科知识"，不仅加重了学生无谓的学习负担，还会造成学生知识结构的混乱。（3）跨学科教学也不是"多学科教学"。各个学科的教师分别从自己的学科背景、立场和视角出发，对同一个问题做不同的讲述，对于基础教育阶段的学生来说，是不合适的。（4）要防

把跨学科学习简单化。不能简单以学生感兴趣的某个话题代替有研究价值的课题，要纠正用网络资料和常识性知识拼凑出学习、研究报告的虚假学习。这些错误的学习方式，既没有运用学科的知识技能、学科的思维方式和学科的研究方法促进学生对问题的理解，也不可能让学生形成新的认识、独特的理解和创见。

要防止以功利的眼光看待跨学科实践性研究型课程的开发与实施，用跨学科课程的开发与实施来"呈现"课程改革的成果；防止在课程的实施上依然用灌输、训练、刷题等方式来"教"与"学"，使跨学科实践性研究型课程的实施变成"两张皮"和"一校两制"。

三、探索跨学科实践性研究型课程的开发与实施

跨学科实践性研究型课程的开发，需要依托恰当的课题（问题）和一定的条件。跨学科课题的设计是跨学科教学的关键。跨学科课题的难易程度、学生的知识基础、解决问题所需的学科知识间的内在逻辑和相关性、教师的知识结构和指导水平等众多因素，都影响着跨学科教学的有效开展。

在开发跨学科实践性研究型课程的过程中，应提出与学生知识水平、学习能力相适应的问题，设计能帮助学生提出问题、分析问题的思路，从而让学生认识问题的核心，初步提出解决问题的设想，这是课题实施的前提。此外，并不要求所设计的课题全部来自生产生活实际中的问题，学生在解决问题过程中能学到的知识都可以开发成课题。这就要求，课程的编制者不仅要对问题本身，对解决问题所需的相关课程知识、方法、思维方式有较深入的认识，还要对课题是否符合学生的认知水平和实际需要有仔细的考量。如果只凭对这类课程的一般性认识，从理论上做课程设置与实施的设想，是不行的。

例如，美国国家科学委员会在1986年首次提出STEM教育概念，为的是帮助学生在科学、技术、工程和数学各领域综合发展，形成4个方面的科学素养，提升未来栋梁之材的科技能力。STEM教育的核心是工程设计、决策制定、物化实现和思维培养。后又加入艺术，形成STEAM教育。

STEM/STEAM教育让学生在真实的、较为复杂的情境或条件下，学习、更新知识，培养实践意识与实践能力、创新意识与创新思维；帮助学生更好地理解STEM/STEAM课程知识与生活的联系和在实际生活中的价值，培养其

好奇心、进取心与社会责任感，以及不怕错误和失败、坚韧不拔的品质。

加强中小学 STEM/STEAM 教育，让现在的中小学生能适应未来社会的需要是非常必要的。"在我国推进 STEM 教育不仅有助于我们抓住第四次工业革命机遇，促进制造业的智能升级；有助于我们抓住信息技术和互联网革命带来的契机，在新兴产业领域抢占先机，实现经济上的飞跃和赶超；更有助于我国公民科学素养的培养和劳动者就业能力的提升，促进就业，维护社会和谐稳定。"[1] 2016 年以来，教育部多次要求有条件的地区要积极探索信息技术在"众创空间"、跨学科学习（STEM/STEAM 教育）、创客教育等新的教育模式中的应用。2018 年 1 月，新颁布的《普通高中课程标准》中，很多学科也都明确渗透或倡导了 STEM/STEAM 教育思想。因此，在开好、开足规定的分科课程、综合课程（包括综合实践活动课程），努力创造条件开设选修课程（包括校本课程），尤其是在落实综合实践活动课程的基础上，进一步探索跨学科实践性研究型课程的开发与实施是必要的，也正当其时。

四、倡导在分学科教学中渗透跨学科学习

在探索跨学科实践性研究型课程的开发与实施的同时，倡导在分科教学中渗透跨学科学习，也是非常必要的。

自 2001 年第八次基础教育课程改革启动以来，中学各个学科教材的学习内容已经发生了很大变化，增加了较多与现实生活密切联系的素材，这些素材涉及自然资源开发与利用、环境质量与环境保护、健康卫生与疾病防治、自然灾害及其防范、科技发展与应用等领域中的许多问题。在分科教学中渗透跨学科学习时，可以以学科教学中的某个内容为切入点，把与教学内容有密切联系的现实问题作为综合主题或学习任务，融入学科主题教学中；也可以整合多个学科的学习内容，体现不同学科之间的有机联系，让学生在研究、解决问题的过程中，学会运用多学科知识，从多学科视角理解世界、解决问题，发展跨学科意识和跨学科学习能力。这种教学方式可以帮助学生更好地理解学科与世界的联系、学科知识的应用价值，提高学生理论联系实际的能力；有利于实现对学科知识的深度理解，促进学习方式和教学方式的变革。

例如，在高中《化学（必修 1）》第三单元"金属及其化合物"的教学中，可以结合金属矿物、金属冶炼、常见金属的性质、金属材料的有关化学知识的学习，让学生以"怎样更合理地开发、利用金属资源"为课题，进行跨学科学习，就下列问题开展学习活动：

我国国土的岩石圈、水圈中蕴含哪些重要的金属资源？

这些金属资源各以什么形式存在？分别举例说明从水圈、岩石圈中获得的金属镁、金属铁在化学原理、冶炼技术、能源消耗、产品质量上有什么差异。

我国历史上最早开采、利用的是哪种金属，使用的是哪种冶炼方法？

为什么现代广泛应用的金属铝，在世界上的开采与利用要比铜和铁晚许多？

为什么昂贵的金要比便宜的铁得到更早的利用？

我国稀土金属资源丰富，查阅资料了解，我国在稀土金属的开采与利用方面取得了哪些引人注目的成就？

岩石圈的金属矿物的开采、冶炼和应用对人类社会的可持续发展有哪些影响？列举理由说明金属材料循环利用的重要性与途径。

为什么世界上金的循环利用接近100%，而铁的循环利用只有50%左右？不同金属的化学性质、物理性能和实际应用有很大差异，以钢、铝合金、铜为例，尝试从它们的原子结构、晶体结构方面进行说明。

此外，在分科教学中，还可以加强通识、通法的教育，帮助学生掌握研究科学的基本观念和基本方法。在教学自然科学学科时，对观察、描述、比较、推断、说明、证明、讨论、估算、计算、预测、评价等基本研究方法，以及运用函数图像、频度图表、数学模型、统计等基本技能的教学，都是极其重要的。

参考文献：

[1] 田慧生. 加强中小学 STEM 教育恰逢其时 [J]. 基础教育课程，2018（07）.

核心素养的跨学科整合教学探索

蒲春燕[①]　谢云静[②]

近10年来，成都市娇子小学的课题研究始终围绕"整合"二字，它既是一种思想，又是一种实施方式。学校在课程体系的开发与建设中，将国家课程与校本课程、课程类型与课程内容整合起来，直接指向学生综合、整体的发展，培养学生的核心能力与核心素养。自中国学生发展核心素养成果发布以来，我们更加注重两条线培养学生核心素养：一是聚焦学科本质，实施国家课程在学科内的整合式教学；二是探索项目学习的跨学科整合教学。

一、教学理念：整合学科关联内容，让学生在真实的综合实践中学习

学生对所学知识的"活学活用"主要体现在问题解决的过程中，特别是在解决不合理的学科结构及跨学科问题的过程中。基于此，我们将相关学科内容转化为贴近学生生活的真实问题。这个贴近学生真实生活的问题来自于教师对内容的挖掘，主要包括两个方面的含义：一是，教师依据学生的兴趣需要挖掘某一学科教材中的内容，并整合其他学科的相关内容，进行适当拓展，形成具有探究意义的主题；二是，教师从多门学科教材中选择相关联的主题，并结合生活实际筛选、挖掘、重组多学科教材中的相关内容，进行深入挖掘并重新设计成问题或项目，形成可供探究的主题。其核心宗旨在于，让学生在真实的综合实践活动中学习，给予学生足够运用所学知识的机会，进而为学生核心素养的发展奠定坚实的基础。

例如，《丝绸之路》跨学科整合课：围绕我校校本课程《蜀蚕吐绣》的一个主题——"探究丝绸之路"，整合四年级《语文》第十单元主体课文《丝绸之路》、四年级《信息技术》第十四课《利用网络制作旅游行程路线图》以及五年级《品德与社会》上册中的《古老的丝绸之路》的内容。

[①] 蒲春燕，四川省成都市娇子小学校长。
[②] 谢云静，四川省成都市娇子小学教科室主任。

二、核心目标：聚焦学科核心素养，落实学生发展核心素养

为什么要整合？依托学科教学，走进学科本质，进行深度学习，培养学生的学科核心素养，是我们在学科教学中进行探究、实践的目的。培养学生发展核心素养，不能仅仅依靠单一学科，因为这是综合的、实践的、持久性的教育教学活动，是多学科共育的结果。学校在这方面探索已久，主要是融合《品德与生活》《品德与社会》《生命・生态・安全》而成的《君子安雅》校本课程，和以年级为团队、各学科共育的 6 个特色课程。在课程融合、共育的过程中，异质性教师团队多次集中研讨，使得教师们的合作意识逐渐增强。教师将这种意识延展到自己的学科教学中，根据教学任务、教学内容，敏锐地发现某一个知识点或能力点在本学科和其他学科间的联系，主要是在学科核心素养培养方面有相通或相近之处，主动合作探究，实现跨学科的学习（图1）。

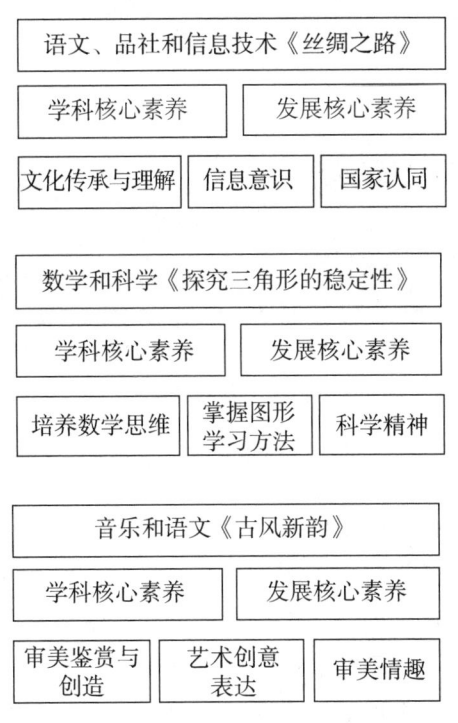

```
┌─────────────────────────────────┐
│  语文、品社和信息技术《丝绸之路》  │
└─────────────────────────────────┘
  ┌──────────┐    ┌──────────┐
  │ 学科核心素养 │    │ 发展核心素养 │
  └──────────┘    └──────────┘
  ┌──────────┐ ┌──────┐ ┌──────┐
  │ 文化传承与理解 │ │信息意识│ │国家认同│
  └──────────┘ └──────┘ └──────┘

┌─────────────────────────────────┐
│  数学和科学《探究三角形的稳定性》  │
└─────────────────────────────────┘
  ┌──────────┐    ┌──────────┐
  │ 学科核心素养 │    │ 发展核心素养 │
  └──────────┘    └──────────┘
  ┌────────┐ ┌────────┐ ┌──────┐
  │培养数学思维│ │掌握图形学习方法│ │科学精神│
  └────────┘ └────────┘ └──────┘

┌─────────────────────────────────┐
│      音乐和语文《古风新韵》        │
└─────────────────────────────────┘
  ┌──────────┐    ┌──────────┐
  │ 学科核心素养 │    │ 发展核心素养 │
  └──────────┘    └──────────┘
  ┌────────┐ ┌────────┐ ┌──────┐
  │审美鉴赏与创造│ │艺术创意表达│ │审美情趣│
  └────────┘ └────────┘ └──────┘
```

图 1　不同学科合作探究培养学生核心素养

三、具体目标：围绕学校育人目标，制定课程学习目标

我们进行课程整合，源于学校的育人目标——"博雅"：博是基础厚、能力强，雅表现为品行正、气质雅。它其实是学生发展核心素养的具体化。以我校一节语文和音乐跨学科整合课《古风新韵·但愿人长久》为例来看课时目标的制定：它在小学音乐六年级下册教材中属于音乐欣赏课，是在老师的有效引导下，学生共同参与音乐欣赏的教学活动，旨在令学生获取对音乐的审美体验，培养音乐兴趣爱好，形成较高的音乐鉴赏能力，帮助学生建立音乐与人生的密切联系，为终身学习和享受音乐奠定基础。在教学五年级语文拓展类课程《诗词诵读》中的《水调歌头》这首词时，教师从《古风新韵》入手，把六年级音乐和五年级语文整合起来，以培养审美鉴赏与创造、审美情趣这一个两门学科共有的学科核心素养为目标，制定课程的学习目标（图2）。

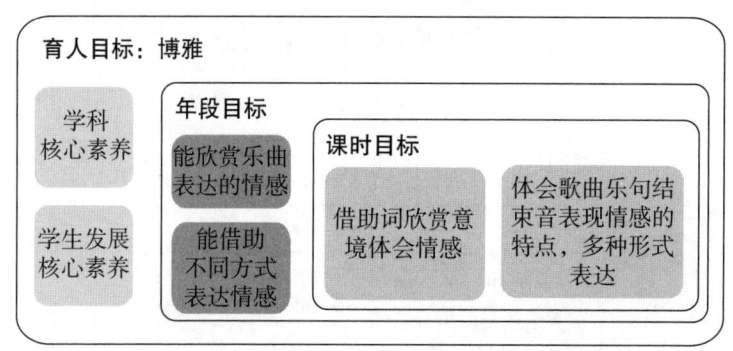

图2 《古风新韵·但愿人长久》学习目标

四、核心内容：聚焦学科思想方法的综合理解与运用

每个学科都具有相对固定的知识体系，这也给我们挖掘学科本质提供了基础。然而，与学科课堂教学不同，跨学科教学并没有像学科教学那样稳定的知识体系，因此，跨学科教学教什么的问题亟待解决。聚焦学科本质的跨学科教学的核心内容究竟是什么呢？我们认为，它在于对学科思想方法的综合理解与运用，包括两个层面的含义：一是，对学生在学科课堂上所学到的思想方法的综合运用，比如，在音乐欣赏课《但愿人长久》中，学生要运用在语文课堂所学到的方法来欣赏这首歌的词意，感受作者的处境，体会作者

的心情，等等；二是，学生对已有认知结构中的思想方法的运用，这不仅能加深对该思想方法的理解，而且有利于促进学生的灵活迁移。

五、基本过程：定下目标、整合内容、尝试解决

各学科组和教科室老师经过一年多孜孜不倦的探究，形成了跨学科整合设计的基本过程。

1. 理顺内容，厘清目标

在梳理出教学内容后，跨学科的教师再次对每一项内容在本学科需要达成的目标进行了探讨，从学科核心素养目标和学生发展核心素养目标入手，分析各个学科内容要共同达成的目标，从而厘清目标。以目标作为整合的中心点，为后续的整合式实施奠定基础。整合教材，重组内容。

2. 确定方案，尝试解决

学生确定方案的过程就是学生调动已知，运用所学思想方法解决问题的过程。由于跨学科教学中的主题不再隶属于某一个学科，具有较强的综合性，所以，这就需要学生在理解的基础上灵活运用所学到的思想方法。运用制定的方案尝试解决问题的过程也就是学生经历、验证的过程。

六、实践模式：4个环节、3种策略

学生运用所学知识解决问题的过程是一个由尝试逐步向创生发展的过程。因为只有在经历过尝试解决问题的阶段，才有可能向具有更高层级的创生式解决问题阶段发展。实践中，我们探索出了聚焦核心素养的跨学科整合学习实践模式，包括4个环节、3种策略。

1. 4个环节

自然学科（重在探究知识本质与规律）：

观察猜想⇨验证解释⇨得出结论⇨拓展运用

人文学科（重在培养评价与鉴赏能力）：

创设情景⇨问题驱动⇨交流评价⇨个性创作

2. 3种策略

（1）问题驱动策略：问题驱动是通过对所研究的事物或现象的渐次追问和探究，逐步揭示事物或现象的本质，其中的渐次追问就是对学习主题或者研究任务提出一系列由浅入深、由表及里，具有启发性的问题。这些问题能

够帮助学生深入思考，促使学生思维模式发生变化或者产生适当跳跃，帮助学生重新构建知识结构，对原来的问题能够进行重新认识。课堂上所设计的学科问题是促进学生深度参与的驱动器，它能直指学科本质，触及学生心灵深处。帮助学生持续建构学科核心问题和有层次的子问题，能够驱动学生从思维到行为的深度参与。

（2）阶梯建构策略：所谓阶梯建构，其核心主旨在于遵循学生认知规律，引导学生的学习由浅入深（即具有深度）、由表及里（触及本质）、由此及彼（迁移运用），进而促进学生深度理解。我们依据学生的认知规律，为学生的学习搭建阶梯。在课堂上，学生的学习活动一般包括个体的感知与体会、发现与归纳、集体的对话与交流三个阶段。

（3）微课整合策略：在跨学科的整合式教学中，考虑到两个或多个学科的老师在讲台上共同执教，可能造成学生注意力分散。而一个学科教师有时不具备将隐藏在另一个学科中的知识加以有效引导的跨学科专业能力，因此，引入微课适时整合这种方式的优势就凸显出来。聚焦核心素养，开展跨学科整合式学习的实践探究，极大地促进了学生综合素养的发展。跨学科整合更关注学生的主人翁作用，关注目标更加明确，关注学习活动的推动，让学生享受课堂的乐趣，变被动为主动。学生不仅得到了学业的提升、身心的健康发展，他们的整合式学习能力、知识习得能力、思辨能力也得到显著提高。

中小学课程统整：含义解析与设计策略

王淑娟[①]

近年来，课程统整（curriculum integration，也可译为课程整合、课程综合化等）成为基础教育课程改革实践领域的热点词汇。国内涌现出很多进行课程统整的优秀学校案例，尤其是小学阶段，很多学校都在持续跟进、跃跃欲试。但是，为什么我们需要对现有的学校课程与教学进行统整设计？课程统整的本质含义到底是什么？中小学如何进行课程统整方案的设计与实施？本文试图在中外课程统整理论研究的基础上，尝试对这些基本问题进行回答。

一、中小学课程为何需要进行统整设计

课程统整之所以能够成为我国基础教育课程改革领域的一个热点，主要有以下3个方面的原因。

（一）基于现有学校课程结构中存在的问题

当前，我国中小学课程结构的不理想突出表现为分科课程过多和经验/活动课程过于松散。首先，分科课程过多容易带来一些问题。具体表现为：人为的"分科"容易割裂学科间的有机联系，学生难以建立对事物的整体、深入认识；以知识的逻辑体系为核心组织起来的学科课程容易导致轻视学生的需要和经验，脱离生活实际，造成学生实际动手动脑能力下降；可能造成并行课程过多，加重学生负担。其次，经验/活动课程过于松散。从表面上看，虽然现在学校开展的各种班队活动、德育活动、体育活动很丰富，但深入分析后我们会发现，很多活动是片段、临时、形式化、学生被动参与的，与学科教学缺乏关联。这就亟须用课程统整的思想对活动类课程和学科类课程进行关联、融合设计。

（二）学生学习是一个多方面联结的过程

杜威认为，将学校课程依照成人世界的逻辑或通则划分为不同的学科或科目，虽然有利于系统知识的教学或学习，但忽略了个人的生活世界，尤其

[①] 王淑娟，北京教育学院教育管理系主任，副教授，博士。

是不符合儿童的认知结构和生活经验。如果学科题材未能与儿童的生活相结合,那么将出现3种典型的缺失:[1](1)学科内容与儿童的感受或经验缺乏有机联结,变成纯粹的形式或符号,这是空洞而无用的,只会阻碍心灵的发展;(2)由外加诸的学科教材,导致儿童缺乏旧经验以吸收新经验,使儿童失去求知的欲望和需要,进而失去学习的动机;(3)学科教材要符合逻辑系统,若以外加的或继承的方式呈现给儿童,就会丧失原来的品质。另外,关于大脑的研究也表明,人类的学习是以"组块"的方式进行的,是大脑、个体经验、社会交往共同塑造的复杂行为,而其中一个至关重要的概念是"联结",如将知识和生活联结起来、将认知与情感联系起来等。而统整课程能帮助学生制造更多相互关联的"组块",以深刻理解相关概念,促进知识向能力的迁移。

(三)培养适应未来社会发展的人才和落实相关政策的需要

在现代社会,科技日新月异,职业、岗位更新速度加快,知识呈几何级数爆炸式增长,过去以教材、教师、课堂为中心的教学模式已难以培育出适应未来社会发展的现代公民。知识本位的传统分科课程难以独立支撑学科知识向核心素养的有效转化,因为核心素养的培育要求弱化科目边界、促进学科融合,构建分合有度、张弛有节的统整化课程体系。[2]我国各级教育行政部门都在密集推出改革政策以应对社会急速发展的需要。其中,2017年教育部印发的《中小学综合实践活动课程指导纲要》指出,综合实践活动方式的划分是相对的。在设计活动时,可以有所侧重,以某种方式为主,兼顾其他方式;也可以整合的方式实施,使不同活动要素彼此渗透、融合、贯通;还可将有关专题教育,如中华优秀传统文化教育、革命传统教育、国家安全教育、心理健康教育、环境教育、法治教育、知识产权教育等,转化为学生感兴趣的综合实践活动主题,让学生通过亲历感悟、实践体验、行动反思等方式实现专题教育的目标。2015年,北京市教委颁布的《北京市实施教育部<义务教育课程设置实验方案>的课程计划(修订)》指出,中小学校各学科平均应有不低于10%的课时用于开展校内外综合实践活动课程。该类课程可以某一学科内容为主,也可综合相关学科内容开展。学科实践活动系列课程由市、区县、学校三级共同组织开发实施,鼓励广大社会资源单位参与课程建设。可以看出,增加学科课程在实际生活中的应用,增加综合课程与校外资源的整合,统整设计学科课程和综合实践活动课程,已经成为课程与教学改革的大趋势。

二、课程统整的含义解析

(一) 课程统整的含义

课程统整是一个包含着多种含义、多样实践的领域。"统整"的原初含义指构成整体的不同部分之间有其关系，各部分之间紧密联结成为一个有意义的整体。从国内外总体研究情况来看，课程统整有广义和狭义之分。广义的课程统整指将两个或两个以上的概念、事物、现象等学习内容或经验，组织结合成一个有意义的整体课程（Beane，1997；Drake，1998；Jacobs，1991）。其中，James A. Beane 认为，课程统整不是重新安排现行的教学计划，而是在不受制于学科界限的情况下，由教师和学生共同商定主题，围绕这些主题进行学习的过程。狭义的课程统整以 Susan M. Drake 为代表，她把课程统整分为多学科、跨学科和超学科 3 种形式，其中，多学科课程统整包括学科重组、学科融合等形式；跨学科课程统整主要是针对概念学习而进行的跨学科联结；超学科课程统整则指完全打破学科界限，以学生关心的主题或者议题为线索进行的学科知识、社会情境与学生经验之间的完全的统整。[3] 这几类课程统整实质上是把学生的校内学习同校外生活、个体需要和兴趣紧密结合，搭建整体化课程。通过以上论述可以发现，仅仅把课程统整理解为加强多学科知识之间的横向联系是狭隘的，它还应包括在主题、项目、问题、概念等引领之下，学科知识与学生相关生活经验、社会热点问题、丰富的学习方式、广阔的课程资源的联结。

对课程统整本质意涵的诠释，中外学者的主张大相径庭，或界定为课程组织的方式，或界定为课程设计的策略，甚至还把它界定为一种上位的教育理念。但课程统整的本质意涵，至少应该是课程开发中对多学科知识、儿童生活经验、社会热点问题甚至是多样化学习方式的综合运用。它包含了联结所有知识形式与学习经验的实践历程，强调让学习者了解在不同的学科中可以习得许多的同一概念，而且学习是连贯的。就统整课程的实施层面来看，为了培养学生沟通、合作、审辩性思维、创新、自我管理等 21 世纪所需的能力，教师必须突破教学时间与空间的限制，尽可能跨越学科知识的藩篱，依托主题、活动、项目、问题等课程组织中心，将相关的学科知识教学、综合实践活动、项目探究等学习内容与方式进行连续设计，以保证学生学习的深刻性、创造性和综合性。学校也要尽可能创造多学科教师共同教研、跨学科协作的机会，使教师共同肩负课程统整的责任，让彼此成为知识分享者、资源提供者和共同实施者。

（二）课程统整的对象

教师在做学科、班级、年级、学段、学校等不同层面的统整课程设计时，需要考虑到以下几个方面的课程统整对象。

1. 学科知识

同一年级在做跨学科统整课程设计时，可将主题接近、内容交叉的相关学科知识或合并，或删减，或再造为主题单元课程，对相关知识的学习进行系列设计，使学习更加深入，避免多个学科在同一知识上的无意义重复。例如，人教版《语文》二年级下册第三单元的主题为"夸家乡"，四篇文章均围绕家乡美景、风土人情以及变化展开，"语文园地"中口语交际部分也以"夸家乡"为主题开展训练。在人教版《道德与法治》二年级下册教材中，第四单元的主题为"我们生活的地方"，教师可围绕"我"爱家乡的山水、物产及家乡古今变化等主题开展教学。在人教版《数学》二年级下册第七单元对万以内数字的认识中，教师需要帮助学生在大数学习的基础上结合生活实际建立数感，如通过计算学生的家乡与生活地北京之间的公里数，帮助他们感受北京与家乡的距离，建立大数数感。二年级《美术》教材中有"画日记"的相关美术学习要求，教师可以要求学生根据假期回乡的所见所闻，画出家乡的地方特色，为进一步进行综合课程的学习积累素材，以此培养学生的观察能力。此外，科学教师还可让学生自主搜集家乡人文特色、风土人情的有关资料，科普自然地理知识等，提升学生的科学素养；音乐教师可通过本学期民族音乐课程的相关学习要求，结合"夸家乡"主题，指导学生进行民族音乐的搜集与欣赏。于是，根据以上思路，北京市西城区进步小学二年级尝试整合了"夸家乡"主题课程，通过包含"我的家乡在哪里——图文记录我的回乡之路""走进民族园——领略各民族文化风情""我的家乡有什么——举办旅游公司博览会"3个环节的课程，将相关学科知识的学习和技能的运用有机融合为一个深度学习的过程。Beane（1997）所关心的知识统整，是希望能把支离破碎的学科知识整合起来。实际生活中所需应用的知识都是综合且依附于情境的，但学科知识对问题的思考与定义通常受限于学科的范围，这导致我们所学的知识很难与实际生活情境中的问题相结合，因此，我们才强调知识的统整。在这方面，还要关注不同版本教材的知识编排及课程标准对相关学科概念、知识和技能的基本要求。无论如何做课程统整设计，课程标准中的相关要求和目标设定始终是我们要坚持的依据和出发点。

2. 学生经验

这里的经验包括儿童生活经验、认知经验等。杜威认为，要达到知识与儿童经验的统整，各门学科的教材或知识各部分必须恢复到它所被抽象出来的原来的经验，即必须心理化。布鲁纳也关注学科知识与儿童经验的统整，认为学科知识结构之一就是要把学科内容结构转化成适合教育学生的结构，即注重的是学科内容的心理化。[1]从"经验统整"的向度来看，Beane（1997）指出，这是为了让学生的学习能"意义化"，好让学生有能力解决情境中的问题。帕克提出，应尽可能在实践活动中将学生自发活动的天性导引出来，并以学生自我活动为中心进行课程设计。[1]过去，中小学教师在教学中引入学生现实生活经验的时候，多是将其附着在学科知识之上的。其实，综合实践活动、学科实践课程、博物馆课程、节日庆祝、假期生活、研学旅行等已经为学生提供了鲜活的生活经验，教师可以从这些活动出发去统整相关学科知识。例如，可以将语文、音乐、美术、道德与法治的单元主题与社会大课堂、博物馆、红色革命基地学习及研学旅行等活动做联动设计。应该说，这里的学科实践课程就是一种经验课程，意在指引各学科教师在传授学科知识的同时，关注其与儿童相关实践活动的统整，以培养学生应用知识解决实际问题的能力。

3. 社区资源或社会议题

教师在做统整课程设计时，不能仅仅局限于学科教材，还应将学校附近可资利用的社区资源、博物馆、实践基地等纳入课程统整的视野。将这些鲜活的情境与学科知识进行灵活整合，解决社会实际问题，能够促使学生主动去学习和调用各学科知识。例如，学校可以依托附近的公园、博物馆、科研院所、著名企业等实践场所，将相关资源与各学科课程进行统整设计，实现学科课程与实践课程相互结合、优势互补。又如，传承中华优秀传统文化、弘扬革命传统精神、国家安全教育、心理健康、环境保护、法治社会、知识产权等社会热议话题，都可以转化为学生感兴趣的综合实践活动主题，让学生通过知识输入、感悟内化、实践应用、研究反思、行动服务等多种方式进行连续而深入的学习，以提升其学科核心素养和综合素质。

4. 学习方式

不同的学科为我们看待同一事物提供了不同的视角，也为我们学习同一主题的知识提供了不同的学习方式，借用相邻学科的知识、概念或技能也可以丰富学生对某一学科的理解。教师应善于借用其他学科的特色学习方式，提升学生学习的效果。例如，生物学教师可以有选择地"借用"几节静物素描课，提高学生实地考察的观察能力；数学教师可以请学生用电脑创作不规则的艺术图案，旨在培育学生的视觉思维，提高学生把函数转化成二维或三维空间的能力……这些例子说明，一些学科可以适度地从其他学科中获取高质量、有益的东西。又如，笔者曾经在项目校尝试过"基于主题的阅读、探究与行动"跨学科统整课程设计，在同一主题的学习过程中依次引入阅读、探究和社区服务等学习方式。在主题课程实施过程中，教师不但会关联与某一主题相关的学科知识，还会拓展阅读资源（书籍、纪录片、博物馆资源等），并引导学生以图文日记、自创海报、戏剧表演等新型作业形式将阅读所得加以输出。学生围绕主题确定想要进一步研究的问题，引入项目式学习和基于问题的探究，划分小组，指定导师，制订研究计划，展开分组学习，拓展主题课程的研究深度。最后，面向学校、家长和社区进行主题课程学习成果的公开展示，扩大主题研究成果的社会影响力，提高学生的社会服务意识和行动力。

三、设计和实施统整课程的流程

任何统整课程都需要在一段时间内进行连续实施，课时可分散使用（如每周拿出半天时间），也可集中使用（如有的学校一个学期会拿出一至两周的时间），我们主张以单元为单位进行整体设计，可参照以下流程。

（一）选定中心

教师确定课程统整的组织中心，以统整不同课程元素。主题、概念、活动、项目、议题等都可以作为课程统整的组织中心，也都能作为知识条件化、情境化的载体。不过，不同类型的组织中心会导致统整课程朝不同的方向发展。

主题式的统整课程如果组织不当的话，容易走向多学科各自为政的状态，导致学科界限依然清晰，各学科之间缺乏真正的沟通。

概念式统整课程往往要求更深层次的综合思维。例如，高中地理中的自然地理部分，除学科大概念可作为组织中心外，"系统""物质和能量""尺度""模型""演变"等跨学科大概念也可以作为学习内容统整的思想主线。用系统思想整体把握中学自然地理教学，从系统视角出发，可以构建"宇宙中的地球""大气""地形地貌""水""植被""土壤"等内容主题单元；各主题单元内容，又可以从系统构成与边界、结构与功能、系统要素相互作用与过程、系统影响等系统属性角度进行统整。[4]

以实践活动为统整课程的组织中心，如研学旅行、博物馆课程等，以学生外出开展的文化旅游、博物馆参观、社区服务等活动为依托，设计出多种类型的学习任务，有需要个人完成的学科探究任务，也有需要小组合作完成的实际问题解决任务。

项目统整主要是以项目式学习的方式进行，强调对驱动性问题的设计、真实情境和真实任务，学生在完成真实作品的过程中，为了解决问题而去主动学习相关学科知识，学科的界限变得模糊了。因此，项目式学习由于其本身强调持续探究和作品迭代，容易实现超学科层次统整课程的发生。

以社会议题为课程组织中心，强调透过实际社会议题的探究来提升各种能力。以社会问题为核心的课程统整，目标是希望学生考虑到所有社会成员的共同利益，以及用彼此合作的方式来解决社会问题。例如，"'一带一路'的前世今生是怎样的"这一议题，可以统整历史、地理、政治等学科知识；"当地河流的生态系统经历了怎样的变迁"这一议题，可以整合生物、物理和化学等学科的观点。又如，在IB国际课程小学阶段PYP课程中，6大跨学科主题分别是"我们是谁""我们处于什么时空""我们如何表达自己""世界如何运转""我们如何组织自己"和"共享地球"，这6大主题是人类认识世界、发现宇宙所绕不开的核心问题，是学生在成长中所应充分聚焦的知识体系，因此所有探究单元都应围绕这些问题进行设置。

（二）广泛探索

师生从不同的学科领域对共同的组织中心展开多学科、多视角探索，拓展课程资源，形成课程单元学习的框架及顺序在确定了统整课程的组织中心之后，师生就可以开展头脑风暴，勾画思维导图，确定和实施各学科可以切入的知识点、学习方式等，这也是学生逐步聚焦自己想要探索的方向的过程，为后面开展基于问题或具体作品任务的深度探究打下坚实的基础。为此，需要注意以下两点。

基于核心素养的跨学科学习

1. 融入多学科的学习方式，发挥不同学科的育人功能

教师可重点凸显阅读分享、艺术表达、数据调研、尝试体验、科学实验等学习方式，这些学习方式能够在语文、音乐、美术、数学、科学、综合实践活动、道德与法治等国家课程中整合使用。例如，笔者在项目校尝试的"基于主题的阅读、探究与行动"的课程统整设计，将主题作为课程统整的组织中心，整个学习过程融入了多媒介阅读、科学探究和社会服务等连续的学习方式，3种学习方式的次第安排保证了学习的持久、深入，多媒介、多学科阅读保证了学习的宽度，分组探究带来了有深度的学习，社会服务则是对学生的沟通、合作等多种素养进行培育。

2. 各学科教师分工与协作，确定不同学科介入的时间点、知识点和学习目标

学校需要为跨学科课程提供便利的教研时间，以方便各学科教师展开跨学科教研，商定各学科切入的时间点、知识点、学习目标、上课空间与课程素材等。另外，为了打破学科的藩篱，为学生创造无限的探索空间，国际文凭组织认为，可以6种不同的方式加强学科之间的相互联系：艺术合成、个人共鸣、转移工具、综合性解释、背景整合、技术性解决方案/实用性解决方案。例如，在"音乐之声"跨学科统整课程中，学生以两种基本方法整合了他们对声波和音乐要素的理解。首先，科学课解释了乐器的工作原理。学生应用波长、振幅和共鸣等概念准确解释了打击乐器、管乐器和弦乐器是怎样产生声音的。这时，可要求他们灵活准确地思考声音，比较和对照不同种类乐器的发声机理。其次，音乐课探索新声音的表现力。当学生的乐器产生了新颖的声音（材料和设计产生出新的音质），可要求学生反思这些声音的质量，并根据自己创作的优美动人的乐曲探索它们的表达潜力。每一次整合都对相关的主题产生更深入或更丰富的理解——乐器是怎样产生声音的，可以怎样运用声音创作迷人的音乐体验。最终，学生将为听众上演一出别开生面的音乐会，乐器全部由学生自制而成。科学与艺术，通过这样的跨学科统整课程设计，实现了完美的结合。

（三）深度探究

提出引导性问题，分组探究，促成学生高阶认知发生，形成有影响力的真实成果。统整课程只有导向深度学习才会有生命力，不然很容易沦为各学科知识的拼盘，这也有违统整课程的设计初衷。探究是这一阶段课程统整活动的本质特征。在中小学现有的课程体系中，学生很少有机会对某一个问题做深入且持续的探究，强调主题探究的统整课程正是对此的弥补。精心设计的探究活动有助于培养学生的合作、沟通、自我管理及批判、创新等能力。为此，探究活动应注意以下几点：

第一，可以按照学生感兴趣的领域划分若干研究小组或任务小组，确定每位教师的指导分工任务。例如，南方科技大学教育集团第二实验小学的各年级统整课程都会安排分组课，二年级"多元智能"统整课程将九种多元智能分为五个小组，即"数理逻辑组""自然探索—语言组""空间—动觉组""音乐—存在组""人际交往—内省组"，再由学生根据自己的兴趣进行选题，各组教师在组内进行为期4周的教学。

第二，探究应该遵循一定的流程。一般来说，我们对问题的探究要经历明确主题、查找资料、确定问题、运用方法（如访谈、观察、实验、文献、问卷）、处理信息、得出结论和反思交流等流程。当然，每一所学校都可以根据本校的教育理念和课程特色，设计自己特有的探究流程。例如，IB国际课程小学阶段PYP课程的主题探究单元（Unit of Inquiry，简称UOI）在实施中一般会持续5~8周，通常会经历以下探究过程：主题进入（tuning in，2课时）—问题聚焦（finding out，18课时）—查找资料（Sorting out，10课时）—深入研究（going further，8课时）—反思汇报（reflection，2课时）。

人工智能社会的到来对学校教育提出了很大的挑战，学校必须从过去以教师讲授为主的教材中心课程走向以学生自主探究为常态的统整课程，项目式学习之所以在近些年席卷全球，很大程度上是因为学校对这一趋势做出了回应。

（四）全程评价

倡导使用档案袋评价、表现性评价等多元评价方式。由上文可知，统整课程的教学与传统的分科教学有很大不同，全程强调学生的主动参与、围绕问题或主题等深入探究、校内外各种课程资源的卷入，这样的学习过程必然会带来更多元的评价主体、更聚焦的评价内容和更多样的评价方式。首先，在评价主体上，教师、家长、同伴都可以对阶段性作业（如小组汇报、手抄报、自编绘本、创意小制作等）提出自己的反馈建议，以便帮助学生对作品进行不断修订，实现升级与迭代。其次，在评价内容上，不只对相关学科的知识学习情况进行多种形式的评判，还会对学生在各小组内的跨学科能力表现情况做出判断，对阶段性作品和最终作品也会制定具体的评价量规，以便引导学生更好地完成作品。最后，在评价方式上，像近些年来备受推崇的档案袋评价、表现性评价、过程性评价，在统整课程中得到了自然而然地运用，这也是由其丰富而深入的学习方式所决定的。

参考文献：

［1］段俊霞，潘建屯. 课程统整中经验统整的问题与对策：以社会科为例［J］. 教育理论与实践，2014（2）：43－44.

［2］刘登珲. 促进核心素养有效转化的课程统整策略探讨［J］. 教育发展研究，2018（6）：41.

［3］夏雪. 基于标准的小学课程整合方案设计研究［D］. 山东师范大学硕士学位论文，2018：2.

［4］张素娟，刘一明. 基于大概念的高中地理单元整合设计——以"宇宙中的地球与地球运动"单元为例［J］. 地理教学，2020（16）：4.

义务教育阶段学校课程统整的实践范型构建

王新奇[1]

一、课程统整的提出及其内涵

当前一些学校的课程存在着杂乱和低效的情况：一些学校开发了过于庞大且复杂的课程体系，重规模、数量而轻质量；一些学校的教学目标仍以知识传授、解题答题为主；课程之间也存在着衔接不充分、重叠、断裂等情况，这既耗损了学生与教师的教育投入，也忽视了学生主体在学习活动中的完整性。特别是随着时代的发展，单门课程所提供的学科性知识已不能满足人才发展的需求，社会进步呼唤综合型人才。这就要求学校的课程设计应更多考虑跨越固有学科知识体系，对已有的课程内容、课程结构进行有序而高效的整合。自2015年以来，江苏省苏州市苏州工业园区星湾学校在课程建设方面着力探索一条以学生综合能力为基石的课程统整道路，通过开展实验性教学，探索课程统整理论化的概念、系统化的体系、规范化的方法，以期自下而上地形成一套课程统整的经验。

（一）课程统整的概念界定

课程统整（curriculum integration）又被译为课程整合、课程综合化等。从不同的角度，研究者们对课程统整的概念形成了不同的理解。一部分研究者认为，课程统整是一种整合知识或相关学习内容的课程组织形式，强调对知识的重新组织与构架，即课程统整"是一种将教学系统各要素有机联系、成为整体的组织方式"[1]；是"将两个或两个以上的概念、事物、现象等学习内容或经验，组织结合成为一个有意义的整体课程"[2]。另一部分研究者则认为，课程统整是一种提升学生学习与生活经验的过程，强调学生的成长与发展，即课程统整"以课程制度和课程目标为引导，促进学生发展和社会进步"[3]，其"目的在于向学生提供完整的知识图景，使学生能够融会贯通、灵活运用"[4]。需要特别指出的是，这些不同定义实际上有着一致的内核，只是

---

[1] 王新奇，江苏省苏州市苏州工业园区星湾学校教科室主任，中小学高级教师。

一类侧重于课程统整的实践方式，另一类侧重于课程统整的实践图景。

结合相关理论与实践，我们认为，课程统整是在模糊学科边界的前提下，以教科书为主要的课程资源，贯穿学科与学段，将学习内容与学生的需求与发展相互结合与渗透，旨在提升学生学习能力与兴趣、促进社会进步的课程设计。于学校而言，需要对课程统整进行宏观设计，不断推进课程统整的实践活动，并为教师理解、把握和运用现有教材，整合课程资源提供支持。于教师而言，课程统整需要将所有教学资源进行梳理，选择最适宜的整合方式，设计完整的教学方案，并在教学实践中不断调整与完善。于学生而言，课程统整需要表达自身诉求、主动探究与学习，将知识与经验运用到学习与生活之中。

（二）课程统整的理论基础

教育学与心理学的相关理论均为课程统整理念的提出提供了支持。在教育学领域，一些主流的课程理论的提出与发展均与课程统整理念相契合。赫尔巴特（Johann Friedrich Herbart）提出了课程设计的"集中"和"相关"原则。[5]所谓"集中"指教育原本就是一个整体，所有学科都有一个共同的目的，因此，可以围绕一个共同的主题进行课程设计。"相关"指上述集中不是机械的叠加，而是将不同学科之间相关联的部分进行整合。杜威（John Dewey）提出"教育即生活、学校即社会"的概念，强调以儿童为中心。该理论批判脱离社会生活的课程设置，要求在进行课程设计时以儿童经验为基准点，将学科知识与学生经验、社会实际统整起来。[6]布拉梅尔德（Theodore Brameld）倡导制定问题中心课程，将不同科目在统一的整体中完整地关联。[7]古德莱德（John Goodlad）主张关注学生不同阶段的发展，按照由浅入深、由易到难的原则，在逻辑上前后联系，设计持续有序的课程，促进学生前后知识经验的联系。[8]

在心理学领域，建构主义等相关理论的提出均可证明课程统整的理念是符合学生的整体进步与发展的。维果茨基（Lev Vygotsky）在1930年前后提出了"最近发展区"概念，用来表征"儿童的实际发展水平与潜在发展水平之间的差距"。[9]维果茨基认为，在学生现有水平和将要达到的水平的这一区域内进行教学是比较有成效的。按照他的观点，教师进行课程设计时，对学生提出的学习任务既要建立在学生已有知识经验的基础上，又要超前于学生现有的发展水平，这样才能达到最好的学习效果。另外，维果茨基还特别强调社会文化对认知发展的重要作用，这通常被称为社会建构主义。[10]他认为，学习者在社会与其他环境因素的影响下能够"主体、能动"地进行知识建构。[11]因此，基于维果茨基的理论，在进行课程设计时，教师需要将学生的现有经验、社会文化与实际的教学相结合，引导学生进行知识建构。皮亚杰的个人建构主义表达了一致的理念，但其侧重点在人的中心地位。社会建构主义与个人建构主义的这些观点应用到课程教学中时，强调学习者并不是被动地接受知识，而是主动地利用必要的学习资源对知识进行有意义的建构。教师是意义建构的指导者，学习者的主动性建构和知识的经验性总结是建构主义的主题。因此，教师在进行课程设计时，还应当倡导学习者为中心的活动设计理念。

上述教育学、心理学领域的相关理论均表明，在进行课程设计时，必须要打破学段之间、学科之间的界限，以学生为中心，将知识、经验、社会需求相融通，最后组合成一个共同的主题。

(三) 课程统整的四个维度

我们以比恩的课程统整理论为基础，结合课程统整的概念与相关理论，将课程统整分为知识统整、经验统整、社会统整、课程设计四大维度。[12]其中，知识统整、经验统整、社会统整代表着课程统整的方向，课程设计的统整则表明了课程统整的原则。

知识统整是将知识带离学科的界限，将其置于具体的情境中，由学生在这种情境中主动进行意义建构，它是课程统整的基础。知识不是孤立的，对知识、技能的学习也不是孤立的。在教学的过程中，必须打破学科、学段的界限，引导学生对整合的知识与内容进行有意义的建构，最终得以灵活、有效地运用各种知识。但是，学科界限的模糊绝不意味着对学科知识的否定，"知识统整并不反对学科知识、浅化学科知识"[13]。虽然知识统整中的知识是没有学科界限的，但并不表示学科知识是没有意义的。知识统整要求教师在丰富、扎实的学科知识的基础上，将孤立、零散的知识内容通过真实的问题或主题联系在一起。知识统整突破了以往分科教学的局限，使得抽象、碎片化的学科知识变得更加具体与完整。

经验统整指引导学习者在学习新知识时自发地与原有经验建立联结，促进原有经验的巩固，并将新的经验与原有的经验相互整合。经验统整"引导学生更充分地了解累积的学习经验，并将其应用到问题情境中"[14]。这是学习者与环境自主联系、相互作用的结果,是一个动态变化的过程。经验统整要求为学习者创设良好的学习环境、提供优质的学习内容。具体来说,经验统整应该为学习者创设有意义的情境以激发学生的个人经验,并且,经验统整的主题应该经过精心设计以确保能够激发学生的学习兴趣。

  社会统整要求学生能够通过知识和经验的统整解决社会问题,将知识的学习回归社会。社会统整对增强学生的社会意识、发展学生解决社会现实问题的能力、培养学生的核心素养具有非常重要的意义。同时,社会统整通过融入或创设真实的社会情境,将知识统整与经验统整统合起来。这一理念也代表着课程统整的发展趋势,受到了大多数研究者的认可,最终,课程统整的实现便是"以真实世界中具有个人和社会意义的问题作为组织中心,透过与知识的应用有关的内容和活动,使学生将课程经验统整到他的意义架构中,并用亲身经验解决问题的方法,达成经验和知识的统整"[15]。

  课程设计的统整指课程框架应该遵循一定的设计原则,将知识统整、经验统整、社会统整三者有机联系起来。不同学科的教师对课程统整理解上的差异可能会导致基于学科的课程统整缺少统一的体系,课程设计的统整则提供了所需的一般原则。当然,课程设计的统整并不是要限制教师课程设计的自由,而是为教师的统整课程设计提供规则性的指导。

(四)课程统整的主要模式

  在具体实践中,研究者与教育活动实践者基于不同的侧重点,发展出课程统整的各种不同模式。总体而言,国内关于课程统整模式的研究多集中于国外先进理论的介绍与总结,国外学者对课程统整模式的探索则更加丰富与深入。

  国内研究者主要围绕课程统整的学科设计模式及其衍生模式进行宏观层面的分析与解读。"学科设计模式"分为单一学科内课程统整、多学科间课程统整、跨学科课程统整以及超学科课程统整。[16]其中除了超学科课程统整外,其他3种都强调"主题—学科"的顺序,最终都要回归学科。在这种统整模式下,统整涉及的科目数越多,表明课程统整的程度越深。[17]因此,单一学科内课程统整与多学科间课程统整被认为是浅层次的课程统整,跨学科课程统整与超学科课程统整才是淡化乃至忽略学科界限的深层次课程统整。主题模式则是在多学科课程统整、跨学科课程统整、超学科课程统整的基础上实现的,即通过不同学科之间的共同联系形成主题,主题的广度随着学科数量的增加不断拓展。主题模式因其形式的不同衍生出故事模式、实在模式、背景模式等不同类型。这些模式的共同点是以特定主题的确定为出发点,具体操作过程大致可以概括为:选择主题、形成概念网、确定活动、呈现结果和评价。[12]在整个进程中,强调师生合作和生生互动,让学生综合利用已有的知识和经验充分参与到问题解决的过程中去。教师和学生共同制定多元式评价规则,最终以综合性较强的调查报告、统计图表等形式呈现学习结果。在我国目前的课程统整方式中,主题模式影响最为广泛,综合实践活动课程就是这一模式的典型运用。故事模式则被广泛地运用于中小学的教学活动中。国内关于课程统整操作模式的研究重点虽然主要集中于介绍和借鉴国外相关理论,但在实践中也逐渐探索出了一些具有地区特色的统整模式,例如单科协同、多科协同、循环协同的课程统整模式。[18]

除了已经被国内研究者广泛接受与借鉴的学科设计模式、主题模式、故事模式等,一些国外研究者还从组织方式的角度对课程统整模式进行了非常细致具体的分类。

雅克布斯(Heidi Hayes Jacobs)认为,课程统整可以分为6种模式:单学科模式、平行学科课程模式、多学科模式、科际课程、统整日和完成项目。[19]福格蒂(Robin Fogarty)将课程统整分为10种类型:分立式、并列式、窠槽式、共有式、织纲式、线串式、统整式、沉浸式、网络式子、联合式。[20]达克(Susan Drake)基于知识、学习者、社会维度将课程统整分为主题模式、科际概念模式、人际联系模式、基于概念的整合单元模式等4种类型。[21]

二、课程统整的实践范型构建

(一) 课程统整的实践范型

作为九年一贯制的星湾学校,依托自身办学优势,强调一至九年级的连续性、整体性,即育人的"一以贯之"。在课程统整实践中,以学段统整为总领,进而带动知识统整、经验统整和社会统整。义务教育阶段的学段统整,强调对9年的课程内容的整体统整,适度调整知识体系,深度融合"一贯"与"统整"的特质,着眼于人的终身发展,在促进学生发展的过程中坚守成长的客观规律,以更好地发挥课程育人效果。

1. 以学段统整为主线，推进课程统整

学段统整是指从深度、广度和高度上构建完备的知识框架，启发学生进行知识的探索，实现最优化发展目标的课程统整方式。学段统整的重点是课程的 9 年融通设计，循序渐进，彰显九年一贯制学校办学的整体优势（图1）。以学段统整推进中小学衔接教学，进而带动知识统整、经验统整和社会统整，能够减缓教学中因各学段之间要求不同而产生的学习跨度困难，为培养学生后续学习能力提供较好的可持续发展动力。

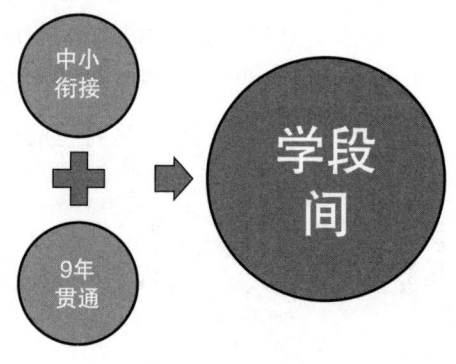

图 1　学段间统整

2. 带动知识统整，融合多方面知识进行教学

知识统整，以学科内知识的统整、学科间知识的统整两个方面的统整为主要特色。

（1）学科内统整

学科内统整是指以课程标准为基准，依据学生的认知特点和发展需求，在学科内部对学科体系、学科内容和教学方法进行整合与重建的课程统整方式（图2）。星湾学校的学科内统整，主要是对教材体系做结构性调整和整合，把相近和相关的内容进行整合与重构，形成新的课程结构和学习内容，明确教什么和学什么的问题；强调学习方法、学习习惯、探究性学习等学习能力的培养统整，让学生在学习中学会学习，在探究中学会探究，落实怎么教和怎么学的问题。

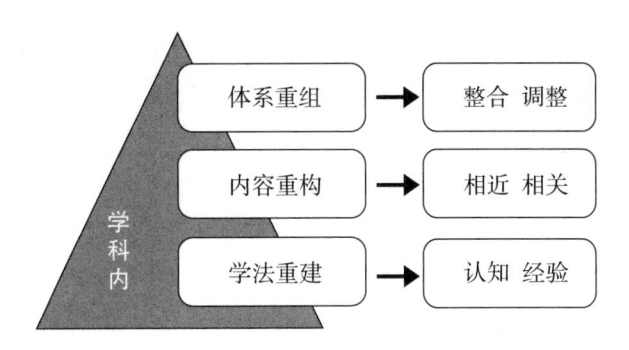

图 2　学科内统整

（2）学科间统整

学科间统整是指以学生综合素质的发展为价值取向，通过各种类型课程的有机联系和相互渗透，最终促进学生综合能力提升的课程统整方式。星湾学校推进学科间统整的主要思路和重点是结合学校"基石（MILESTONE）"课程板块、学生发展核心素养和知识经验，跨学科进行主题式统整（图3）。

图 3　学科间统整

3. 带动经验统整，引导学生解决现实问题

经验统整主要表现为学生在课堂学习中能够结合、运用已有经验，并且不断积累新经验。学生的课堂学习与他们的生活经验密切相关，课堂学习可以帮助学生解决生活问题。为实现经验统整，教师在进行课程设计时，应综合考虑学生的生活经验、认知经验、学习经验等，创设能够激发学生学习兴趣的主题情境以促进学生开展有意义的学习。经验统整不仅能够加深学生对知识的理解，还能培养学生良好的学习态度以及独立解决问题的能力。

4. 带动社会统整，鼓励学生社会化发展

社会统整强调学生的社会化发展，具体体现在学校更加关注学生将来会成为一个什么样的人、是否有能力在社会中生存，而非一味强调学生的学业成绩。因此，教师在进行课程设计时，要通过设计具有社会意义的主题，引导学生将所学知识运用其中，获得真实的情感体验。

（二）课程统整的机制创新

1. 课程运行机制创新

（1）构建学校"基石"课程体系，统领学校课程统整实践。依据多元智能理论中的8个范畴即语言智能、逻辑数学智能、空间智能、肢体运作智能、音乐智能、人际智能、内省智能、自然探索智能，基于课程性质的内在联系，星湾学校将主要课程统整为8大板块：语言与阅读、数学与科技、艺术与审美、历史与社会、地理与环境、体育与健康、探索与自然、实践与生存。在统整过程中，依据多元智能理论中的语言智能相关理论，把语文与英语两门语言学科统整为"语言与阅读"，主要凸显语言智能的作用，发展学生有效地运用语言及文字的能力。多元智能理论中的音乐智能原本指人敏感地感知音调、旋律、节奏和音色等的能力，学校把音乐与美术两门学科统整为"艺术与审美"，不仅突出了音乐智能，而且依据学生的发展特点，更加关注分科教学中容易被忽视的课程素养的"唤醒"。在实践过程中，逐渐形成了具有星湾学校特色的基于统整的"基石"课程体系，它面向每个学生个体，旨在培养璀璨的未来之星。

（2）教研组设计学科课程图谱，与学校"基石"课程体系共建共享。学科课程图谱是指，基于核心素养的学生发展需求，与学校"基石"课程体系共建共享的具有学科特征的课程体系。它是星湾学校"基石"课程体系的进一步延伸和分解，每个学科组以本学科课程为基础，以"看得见"的方式进行课程分析（资源）、展示、联动、共享、提升，是开展课程统整实践的行动指南。在学科课程图谱的指引下，各学科组对学科知识进行选择、组织、延伸与拓展。

（3）备课组研制《学科课程统整指南》，指导教学实践。在星湾学校"基石"课程体系和学科课程图谱的框架下，备课组根据课程标准和学情统筹整理各种教学要素，进行设计、开发教学方案，形成了《学科课程统整指南》。这也是备课组对整个学期的教学工作做系统设计，把各种教学要素进行统筹整理，所形成的指导整个学期教学工作的纲领性文件。编制《学科课程统整指南》的目的在于激活课程图谱，使之成为生命活性课程的必要环节，即教师实施学期课程统整、开展教学工作的第一个环节。

（4）教师开展基于统整的教学设计，开展具体的教学实践活动。教师依据《学科课程统整指南》，进行单元教学设计和课时教学设计，开展教学实践。

2. 教学管理机制创新

过去，学校的教学管理与指导工作集中在教导处，实施课程统整以后，教导处的指导功能、教学管理明显滞后，当发现教师教学工作中存在问题时，教师的教学进度已经大大向前了，以至于这些问题无法得到及时纠正，影响了教学的及时反馈和调整。为此，学校把管理层级延伸到教研组一级，具体来讲，就是赋予教研组长以一定的教学管理权，使教研组成为学校教学管理的一个重要层级，由教研组长在教学的第一线实施质量监管，同时把管理与研究结合起来，以便发现问题后及时反馈。教研组长既是带领教师进行学科课程统整、开展课堂教学、提高教学质量的领头人，又是教学质量的监管人，对全组教师的教学工作负有指导、管理的责任。

学校充分发挥教研组在教学工作中的基础性作用，将实施学科课程统整作为教研组的主要研究内容，加强群体研究，把提高教学质量的主动权下放到各教研组内。为研制《学科课程统整指南》，各教研组都经过一段时间的分头准备，收集、整理资料，在教研活动中进行合作分析，反复交流。学段统整与学科间统整时，不同学段、不同学科的教师通过相互启发、互相补充，在不断碰撞中产生新的思想火花，使原有的观念和想法更加完善和科学。我们的实践证明，把教学管理的重心下移到教研组，有利于学科课程统整工作的推行，有利于新课程的实施，它是学校课程运行机制创新的重要组成部分。也只有在教研组层面上，我们才能把教学管理与教学研究真正结合起来，让教学质量的提升成为教研组全体教师共同努力的方向。

适合的教育呼唤适合的课程。课程统整要超越狭隘的学科理论，探索学校学习与非学校学习、学科知识与非学科知识的相互联系，为学生打造合适的课程。与所有的教育改革课题一样，星湾学校在推进课程统整的过程中面临着巨大的挑战，但同时也发现其背后蕴藏着巨大的理论与实践价值，它的实践与探索也将赋予新时期的课程教学改革以崭新的含义。

参考文献：

[1] 黄甫全. 试论信息技术与课程整合的实质及基本原理[J]. 教育研究，2002（10）：

36 – 41.

[2] 蔡清田. 国民核心素养之课程统整设计 [J]. 上海教育科研, 2016 (2): 5 – 9.

[3] 何永红, 龚耀昌. 学校如何设计课程体系: 基于课程统整的思考 [J]. 教育科学研究, 2014 (3): 50 – 55, 72.

[4] 段俊霞, 刘义兵. 课程统整故事模式的理论与实践 [J]. 中国教育学刊, 2009 (3): 59 – 61.

[5] 夏惠贤. 赫尔巴特教学模式述评 [J]. 上海教育科研, 1993 (5): 18 – 19, 43.

[6] 赵祥麟, 王承绪. 杜威教育论著选 [M]. 上海: 华东师范大学出版社, 1981.

[7] Theodore Brameld. Reconstructionism as radicalphilosophy of education: A reappraisal [C]. The Educational Forum. Oxfordshire: Taylor & Francis Group, 1977: 67 – 76.

[8] John Goodlad. The dynamics of educational change: Toward responsive schools [M]. New York: McGraw-Hill Book Company, 1975.

[9] Lev Vygotsky. Thinking and speech [A] // RobertRieber (ed.). The Collected Works of L. S. Vygotsky [C]. New York and London: Plenum Press, 1987: 375 – 383.

[10] 王光荣. 维果茨基的认知发展理论及其对教育的影响 [J]. 西北师大学报 (社会科学版), 2004 (6): 122 – 125.

[11] 钟启泉. 知识建构与教学创新——社会建构主义知识论及其启示 [J]. 全球教育展望, 2006 (8): 12 – 18.

[12] 比恩. 课程统整 [M]. 单文经, 等译. 上海: 华东师范大学出版社, 2003.

[13] 段俊霞. 课程统整中知识统整的问题与对策——以社会科为例 [J]. 教育理论与实践, 2012 (14): 33 – 35.

[14] Chi Chung Lam, Theresa Alviar – Martin, Susan Adler, Jasmine Sim. Curriculum integration in Singapore: Teachers' perspectives and practice [J]. Teaching and Teacher Education, 2013, 31 (1): 23 – 34.

[15] 欧用生. 从综合活动课程谈台湾课程统整的趋势 [J]. 全球教育展望, 2002 (4): 14 – 20.

[16] 段俊霞, 刘义兵. 论课程统整的"实在"模式 [J]. 上海教育科研, 2009 (1): 67 – 69.

[17] 高慧珠. 课程统整中主题内容开发的内涵、模式及策略 [J]. 教育科学研究, 2010 (2): 45 – 47.

[18] 陈珏玉. 课程统整理念下的小学协同教学实践研究 [J]. 全球教育展望, 2007 (9): 89 – 91.

[19] Heidi Hayes Jacobs. Interdisciplinary Curriculum Options: A Case for Multiple Configurations [J]. Educational Horizons, 1989, 68 (1): 25 – 35.

[20] Robin Fogarty. Ten Ways to Integrate Curriculum [J]. Educational Leadership: Journal of the Department of Supervision & Curriculum Development N. E. A, 1991, 49 (2): 61 - 65.
[21] Susan Drake. Planning integrated curriculum: The call to adventure [M]. Alexandria: Association for Supervision and Curriculum Development, 1993.

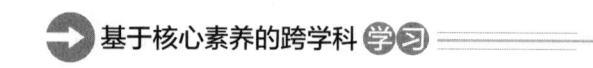

架构多样课程协调发展的学校整体课程体系

黄津成[1]

从学校课程实践发展的角度和理论研究的角度看，在课程价值取向的视角下，课程理论与实践存在社会本位与个人本位的对立；在课程内容的知识观视角下，课程理论与实践存在以"教"为中心重公共知识传授与以"学"为中心重个体学习经验的对立。但是，考察课程发展的真实情景则可以发现，所谓课程发展的"两极对立"和"钟摆现象"，在真实的实践中并非是"对立"的存在，在学校的具体课程实践中，它们往往是综合、复杂地存在着、发展着的。

具体的一门课程，一定有自己的"兴趣点"，但是其整体的情况肯定是某种程度的"折中"。一所学校的"好的"课程体系，可能会有各种不同取向特征的课程存在，但是在整体上，不同取向的课程会达成一定程度上的"和谐"。追求"和谐"，重视整体，是构建学校课程体系的重要原则。

要自觉地进行学校课程体系的和谐、整体的设计和发展，需要我们从课程价值取向、课程内容知识组织逻辑相结合、相匹配的角度进行综合把握，只有这样，我们才能在实践中架构多样课程协调发展的完整的课程体系。这需要我们用整体的价值观、知识观来审视和指导学校的课程实践。

一、整体价值观、知识观下的学校课程体系四象限架构

在学校课程发展的真实图景中，课程价值取向与课程知识观是同时对课程实践发挥着认知指导作用的。于是，在实践中形成了学校课程体系建设的两个维度：课程价值取向上的"社会—个人"维度，课程内容组织上的"教—学"维度，形成了4种不同逻辑追求的学校课程实践的真实框架模型，表现为4个象限（见图1）。

---

[1] 黄津成，浙江省杭州市教育科学研究所科研员，高级教师。

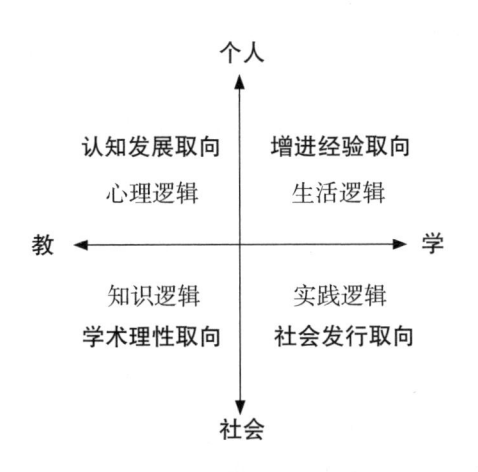

```
                    个人
                     ↑
                     |
         认知发展取向 | 增进经验取向
           心理逻辑   |  生活逻辑
                     |
    教 ←─────────────┼─────────────→ 学
                     |
           知识逻辑   |  实践逻辑
         学术理性取向 | 社会发行取向
                     |
                     ↓
                    社会
```

图 1　学校课程实践的二维图

在"教—个人"象限中，课程追求的是认知发展取向，以促进学习者的认知发展为主要任务，坚持以心理逻辑原则来组织课程，形成的是一种重视学习者智能发展的课程。

在"学—个人"象限中，课程追求的是增进经验取向，以发展个体的生活经验为学习任务的重点，坚持以生活逻辑原则来组织课程，形成的是一种以经验为中心，促进个体经验增值、帮助个体经验提升的课程。

在"教—社会"象限中，课程追求的是学术理性取向，以帮助学生掌握人类已有的知识成果、文化精华为重点任务，要求以知识逻辑原则组织课程，形成的是一种以知识为中心、核心知识掌握为重点的课程。这种取向的课程，在现代的学科课程中是非常普遍的。

在"学—社会"象限，课程追求的是社会改造取向，强调帮助学生适应社会发展、提升实践能力，发展学生的社会问题解决能力是这类课程的中心任务，这种课程重视以实践逻辑原则组织课程，形成的是一种以实践能力为中心的课程。

学校课程实践中形成的 4 种逻辑共同构成了学校课程体系发展的整体框架，具体的课程则要从自身的定位、所追求的功能和拥有的具体资源出发，在这个二维的课程结构中寻找自己的建构逻辑，寻找自己的发展方向。

学校课程体系作为一个整体，为了达成"和谐"必须重视整体，是不可以偏向于坐标系的任何一端，不能只强调四个象限中的某一个或某一些象限内的课程的。所以，实现学校课程的多样化，建设学校的课程体系，优化学校的课程设置，我们需要一个全视野的课程观。

二、构建和谐、整体的学校课程体系的基本思路

建构一个完整的多样化学校课程体系，需要我们围绕着学生"完整人"的发展需要，合理地在4个象限的课程中确定具体的课程设置。

在基础教育阶段，特别是在低年级，传授人类文明已有的成果，高效地传授人类已经获得的公共知识，是学校教育的一项重要任务。教师的"教"在这个阶段的重要性显然是要高于学生自己的"自学"和"探究"的。在学习已有知识的过程中，让学生获得认知能力的提升，形成理性的世界观与价值观，是课程学习的重要任务。而学生对知识的接受是一种意义接受过程，是以自身心理认知的发展规律为前提的主动学习、主动建构的过程。所以，课程的逻辑应该是以"心理逻辑+知识逻辑"原则组织的。随着学习的深入，学生心理发展走向成熟，学生的认知结构基本成型，课程理当更为重视学术理性，更加突出知识逻辑，增强学生高阶抽象思维的发展。人作为理性动物的属性是在这种教育中成长起来的。

当然，学生通过课程学到的知识要能够在他的生活中发挥作用，是必须与他的生活世界联系起来的。我们在组织进入课程的人类知识成果时，需要让知识重新"鲜活"起来，需要让知识逻辑与生活逻辑达成沟通，只有这样，知识才能转化为学生生活的智慧。因此，知识为主的课程也需要关注知识产生和演化过程中所内含的生活逻辑，要通过对知识中隐含的生活逻辑的关注，让学生通过知识的学习建立知识与经验的联系，用系统化知识来组织经验、提升经验、增值经验。这样的课程逻辑才能造就最优的课程，促使学生优质地发展。

随着学生学习的深入、年龄的增长和心理的发展，其理性水平、抽象思维能力不断提高，他的学习会更多地转向学术层面的内容，课程的学术理性取向和知识逻辑的组织方式会更为突出。学生学习课程、掌握课程知识本身不是教育的最终目的，教育的终极目的是造就能够改造世界的健康、全面发展的人。所以，到了基础教育的高年级阶段，或是更高的教育阶段时，课程在重视学术知识的同时，需要重视知识对改造世界、改造社会的作用，即重视知识指导实践的作用。这时的课程应当把学术理性取向与社会改造取向有机地结合起来，需要将知识逻辑与实践逻辑进行沟通，让学生在课程的学习

中，学会以理性的态度和方式去理解社会、改造社会，不断地提升自己的实践驾驭能力。

对现实生活理解的深入，对社会把握和改造的实践能力的提升，更多地需要学生自己在实践、探索、体验的过程中积累，因此，这个阶段的课程将更加重视学生自己的自学、研究和实践，并且在更高层次上提升和增进自己的经验，创造新的知识，推动对社会的改造。

从学校课程的整体看，课程体系的发展绝不是在某一个方面、某一个象限上的"单向前进"，而应根据学生发展的实际需要，根据具体课程所承担的教育功能，形成一个在4个方向上、4个象限中达成一定程度上和谐的整体而多样的课程，这才是课程发展的正确方向和正确的逻辑。

三、学校课程多样化建设整体发展的努力方向

每所学校所面对的学生是不同的，每所学校的师资条件、课程资源条件也是有差异的，每所学校所处的社会环境同样是有区别的，甚至每所学校所面对的课程二维坐标系都是独特的。所以，每所学校都应该在自己的"教育世界"中构建自己学校的特色课程，形成自己的课程系统，并不断地优化它们。学校课程体系的特色化、多样化是课程实践的必然。

在具体的课程开发实践中，处于单一象限中的"单纯"课程是不存在的，任何一种课程在结构上都是一个复杂的综合体，常常都会涉及4个象限的逻辑。只是，在"社会—个人"维度和"教—学"维度上，还是会因为课程功能追求、内容特点差异，而有所侧重。这使得一门具体的课程在4个象限中的"面积"是不均衡的，从而更突显出课程自身的独特性，这是具体课程发展的内在逻辑。

对于以传授人类知识成果为主的学术类课程，无论是基础性的，还是提升性、拓展性的，都更适合采用认知发展取向和学术理性取向的课程，这类课程应该遵循心理逻辑和知识逻辑相结合的原则去组织。

对于以帮助学生更好地理解生活、发展生活技能为直接目的的职业技能和生活技能类课程、社会实践类课程、社团活动类课程，主要以生活逻辑和实践逻辑相结合的原则来组织课程内容和课程实施，让学生在体验和实践的过程中，加深对社会生活的理解，掌握参与社会实践的基本技能。这些能力的发展，更强调的是学生主动"学"的过程。对于高中阶段的学生而言，所

有的体验和实践都应该建立在理性的基础上，所以，知识逻辑（或理论逻辑）也是需要重视的一条内隐的线索。

学校的德育课程，主要任务是提升学生对生活世界的正确理解，促进学生对美好生活追求激情的发展，当然应该坚持增进经验取向和社会改造取向，依据生活逻辑和实践逻辑相结合的原则来组织。对于高中学生而言，道德体验和道德实践水平的提高，应建立在较高的理性理解水平基础上，所以，学术理性取向和理论逻辑也是高中德育课程必须重视的组织原则。

学校特色课程的开发，需要在明确课程承载的教育任务的基础上，从学生的实际出发，考虑课程自身的特点，根据增进经验取向、认知发展取向、学术理性取向、社会改造取向的不同要求，综合考虑生活逻辑、心理逻辑、知识逻辑和实践逻辑的原则，进行课程的综合化的、系统优化的设计和实施。只有当一门具体的学校课程能够突显重点，同时又全面反映社会实践活动时，才能够发挥其全面发展学生的精神，帮助学生形成完整的经验，从而促进学生成为完满生活中积极创造价值的人的功能，这样的课程才能最有效地发展学生的核心素养，促进学生的全面发展。学校的特色课程体系建设，则需要综合经验提升、认知发展、理性发展、实践能力发展的要求，进行整体的优化设计。

"在学校教育中，课程与学科是丰富、更新和整合学习经验的过程和媒介，学生从课程中获得的是丰富、完整、统一的经验"[1]，只有当学校的整体课程体系在促进学生经验提升、认知发展、理性发展、实践能力发展时达到一种全面和谐的状态，才有可能推动学生综合素质向着最优的方向高效发展。"我们作为课程研究者，要寻求一个中间区域……既不过分强调卓越，也不过分强调平等。只是它具备能够满足学生和社会发展需要的可能性和可行性，这样的一种学校哲学就是我们所需要的。"[2]

总而言之，学校课程体系建设需要追求和谐与整体，因此应该在上述两个维度构成的框架中追求一种动态的平衡的课程整体结构。学校课程体系中的任何一门课程都需要根据实践，定位一个重心的同时，综合考虑学生实际和课程自身的特殊功能，关注其他3个象限的课程设计和实施的要求，坚持抓主要矛盾、兼顾次要矛盾的实践原则。

参考文献：

[1] 靳玉乐，黄清. 课程研究方法论［M］. 北京：人民教育出版社，2012.

[2] 胡庆芳. 绝不让一个高中生掉队——美国高中课程改革研究［J］. 全球教育展望，2002（3）：32-37.

"五育融合"背景下的国家课程校本化实施

庞君芳[①]

《教育部关于全面深化课程改革落实立德树人根本任务的意见》《中共中央 国务院关于深化教育教学改革全面提高义务教育质量的意见》等文件，提出要在落实立德树人根本任务下"坚持'五育'并举"，在课程方面"增加学生选择学习的机会，满足持续发展、个性发展需要"，以及"重视差异化教学和个别化指导"。要做到这些，学校应依据自身性质、特点和条件，整体规划、设计学校课程。经过多年的实践，国家课程的校本化实施虽然取得了一定成效，但也存在一些问题。本文以笔者跟踪研究的浙江省一所小学（以下简称"Z校"）为例，对相关问题及做法进行探讨。

一、国家课程校本化实施的困境

当前我们进行的国家课程校本化实施，强调以"五育融合"为目标，坚持"五育"并举，尊重学生的个性选择，培育学生的综合素养，促进学生的全面发展。"五育"并举思想贯穿于学校教育的始终，覆盖学生的课程学习、校内外生活等方方面面，有助于激发师生构建校园的物质环境和文化生态，最大限度地开发、利用各种教育资源，实现高质量发展的教育。这种校本化的课程实施，需要对原有课程内容进行整合、综合和拓展，因而也是一个创造、丰富和变革的过程，在实施初期，势必会与学校原有的、师生已习惯的课程观念、课程资源、课程实施方式等产生碰撞和冲突。

（一）与传统课程观念的冲突

从我国课程开发的历史看，课程专家是课程开发的主体，普通教师一般只是课程的执行者和实施者，并不具备足够的课程开发意识和课程开发能力。但在三级课程体系下，国家课程的校本化实施需要教师转变传统的课程观念，成为课程的开发者、探索者，这会使很多教师对新课程感到不适应。再加上长期以来身在传统课程执行的"舒适圈"里，很多教师对原有课程存在一定

[①] 庞君芳，法学博士，教育学博士后，浙江省教育科学研究院副研究员。

的"习惯"和"惰性",会对开发新课程产生抵触心理。因此,如何激发教师积极参与课程的开发与变革是学校需要思考和面对的问题。

(二) 与传统课程资源的冲突

课程资源是课程目标得以实现的有力保障,包括物质资源和非物质资源,分生命载体和非生命载体两种类型。[1]学校课程资源的丰富性跟学校的地理位置、办学历史、师资水平、生源情况等息息相关。如笔者所跟踪研究的Z校,地处市区边郊,虽然办学历史比较悠久,但长期以来教师课程资源开发的意识与能力比较薄弱,外部和内部课程资源相对有限,这为课程的校本化实施增加了难度。

(三) 与传统课程实施的冲突

课堂教学是课程实施的主阵地,教师对课程的良好领悟是课程理念得以落实的重要前提。[2]国家课程的校本化实施,在实践操作层面要求教师在深刻领悟国家课程的基础上,对其进行系统化整合,在落实国家课程的基础性要求和学生兴趣发展的个性化要求之间搭建桥梁,创新实施路径和实施方式,以满足学生对课程学习的选择需求、教师对课程开发的实际需要、学校对课程设置的总体安排。事实上,很多教师在课程实施过程中往往感觉到教材发生了变化,但具体实施环节仍旧是"换汤不换药",更多是"穿新鞋走老路",存在重量轻质、浮光掠影以及缺乏体系建设、缺少深度等问题。

二、国家课程校本化实施的路径

课程实施指向学校课程方案和课程内容的落实,是新时代"五育融合"育人目标成功落地的重要环节。学校可成立课程校本化实施专家团队,在对课程进行整体规划和顶层设计的基础上,进一步明确课程实施原则,重构学校课程体系,提升课程实施质量。

(一) 明确课程实施原则

国家规定了各级各类学校必须遵守的课程标准,以满足学生的最基本发展。学校课程则是国家课程和地方课程在学校的具体化,对地方课程资源、区域资源和国家资源的充分利用起着十分重要的作用。[3]根据三级课程管理制度中"增强课程对地方、学校及学生的适应性"[4]的要求,"五育融合"背景下的国家课程校本化实施,应遵循以下4个原则:

一是基础性原则。国家课程校本化实施又称校本化课程实施(或课程校本化实施），其一方面要遵循国家课程计划内的基础性课程开发，另一方面又要基于学校实际情况和学生个性发展的特点和需求，因地制宜地进行创造性的开发与整合。因此，国家课程的校本化实施，首先应以国家课程的保质保量落实为前提。在落实好国家课程的基础上，根据学生兴趣爱好、智力水平和学业程度的不同，进行校本化课程的开发与设计。

二是适切性原则。国家课程的校本化开发与实施，旨在优化课程结构，更好地落实国家课程，同时结合教育实际调适课程内容，最大限度地满足和适应学生个性发展的需要。因此，在课程内容的选择上要做好兼顾和统筹，实现课程实施的最优化。课程设置应实事求是、因地制宜，学习内容应是学生感兴趣或对学生来说具有一定挑战性的，切勿盲目照搬、好高骛远，毕竟适合的才是最好的。

三是整合性原则。国家课程强调的是基于标准统一执行，而校本化实施之后，则要求教师通过对国家课程内容的准确理解和把握，在教研组的集体研究和学科专家的带领下，从课程结构、目标、内容、评价等各个方面对课程进行整合、重构和融合，提升课程实施的效益，以更好地落实国家、地方和校本课程的相关要求，促进学生全面而有个性地发展。

四是选择性原则。国家课程的校本化实施，要确保学生在部分课程中具有选择权，最大限度地满足学生的个性化、多样化需求。学校应在准确把握国家课程要求的基础上，立足校情、师情、学情和课情，制定体现选择性要求的国家课程校本化实施方案。课程的选择性既包括学生在课程间的选择学习，也包括在课堂内，在学习内容和方式等方面给学生提供一定的选择空间，充分尊重学生的个体差异，为学生营造一种多元化、个性化的学习氛围。

（二）重构学校课程体系

国家课程校本化实施，需要重构学校课程体系。新的课程体系因融合了国家课程、地方课程和校本课程，因此可以由必修课程和选修课程两个层面构成。其中，必修课程包含规定必修课程和选择性必修课程两个部分，是面向全体学生的基础性课程，以学科基础课程为主阵地，落实国家课程的基本内容、结构、课时，基于课程标准实施教学，保证学生基础学力的养成；选修课程针对学生的个性化学习需求开设，可以以学科基础课程为起点，也可以是体现德、智、体、美、劳"五育"，有助于学生全面发展需要的课程内容，由学生根据自身兴趣与能力自主选择，通常采取选课走班的形式。在具体的课程设置上，学校可根据自身实际建构起独具特色的学校课程体系。

以 Z 校为例。学校围绕立德树人的宗旨，建构了体现"五育融合"，涵盖整合性课程、拓展性课程、综合实践类课程的三维课程体系（图1）。三维课程各有侧重。整合性课程既有学科内部的知识整合，也有多学科之间的知识整合，重在体现课程的整体性联系，打破学科间的壁垒，关注学科间的融通，鼓励学生充分利用最优化的学习资源，在情境体验、合作探究、创新实践中进行知识迁移与再创造，进而实现知识的自我建构。拓展性课程是基于学生兴趣和特长发展的校本课程，包括学科拓展、实践探索、体艺特长 3 大类别，融知识性、思想性于一体，注重学科知识与德、智、体、美、劳的有机结合，让学生在实践中促进各类知识的内在融合。综合实践类课程主要采用研究型、项目化、合作式等学习方式，是对国家课程相关内容的适当调整和完善。

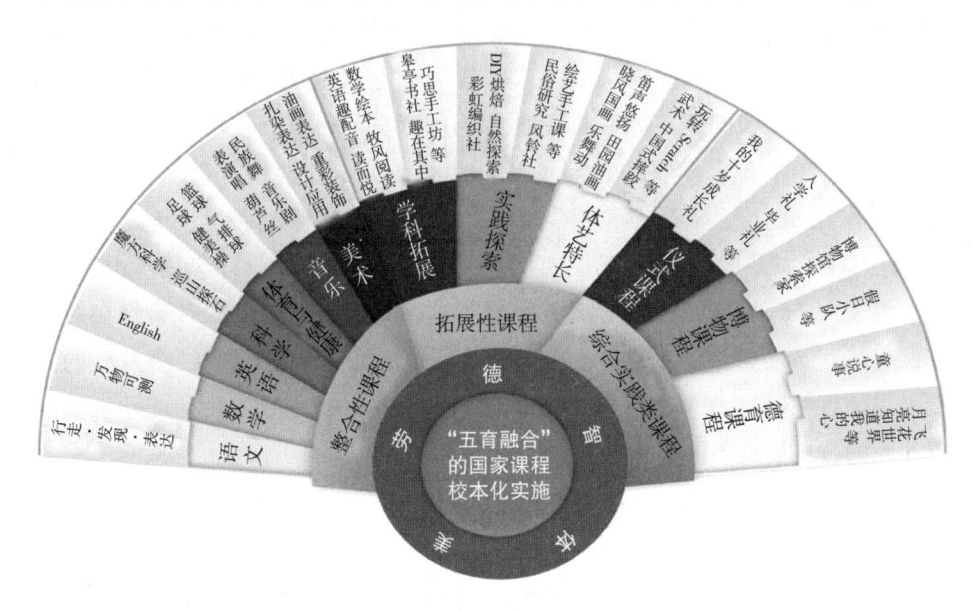

图1　"五育融合"三维课程架构图

（三）形成并实施国家课程校本化实施纲要

Z 校根据学校课程实施的实际情况，由学校的科研副校长组织编写了《小学国家课程校本化实施纲要》（以下简称《纲要》）。

《纲要》虽然面向全体学科，但在最初实施阶段先从音乐、体育、美术 3 个学科开始。《纲要》主要包括 5 部分内容：（1）导论，包括课程整合的背景、意义及编写思路等；（2）课程内容的范围和编排，包括课程目标、课程内容及教学计划（教学进度表）等；(3) 课程实施，包括实施策略、学业评价等；(4) 课程评价，包括对课程实施过程中教师、学生的发展及课程活动效果的评价；(5) 附录，包括学科教学计划、案例设计、经典课例及反思等。《纲要》形成以后，首先由科研部门组织教师认真学习文本内容，明确实施目的与途径，在此基础上，有序推动课程的有效实施。

三、国家课程校本化实施的内容

（一）明确三维课程内容，规范课程要求，确保课程质量

Z校在国家课程校本化实施过程中，构建了包含整合性、拓展性、综合实践的三维特色课程。

1. 整合性课程

一是学科内的整合。根据各学科课程标准的要求，对国家课程内容进行系统梳理，以纵向或横向的"史"或"线"的逻辑呈现，使学生所学知识结构化，进而对知识的理解和掌握更加深入和深刻。例如，Z校目前主要在体育、音乐、美术3个学科中进行了整合性实践，体育学科有篮球、气排球、足球、健美操课程；音乐学科有蒙古舞、表演唱、葫芦丝课程；美术学科以"史"为轴线，开设了油画表达、重彩装饰、扎染表达、设计应用4类课程。以油画表达课程为例，在讲解"青铜器"这一知识点时，美术教研组在对国家课程认真研读思考的基础上，从夏、商、周、秦、汉及现代社会发展的角度来展现青铜器在造型、色彩、镶嵌、工艺等方面的发展变化，指导学生运用油画的技法展现不同时代青铜器的特点。

二是学科间的整合。例如，结合科学课程的内容，科学、语文、历史、体育等学科教师联合设计了《巡山探石》这一研究性课题，让学生利用多学科知识完成寻找岩石、观察岩石标本、了解岩石标本墙等探究任务。

2. 拓展性课程

Z校的拓展性课程主要包括学科拓展、实践探索、体艺特长3大类别，在每周指定时段开展，全员选择、全员参与，目前已发展成近90门拓展性课程。例如，学科拓展课程包括第一学段的《数学绘本》（数学拓展）、第二学段的《巧思手工坊》（科学拓展）、第三学段的《读而悦》（语文拓展）等，此类课程遵循"知识从课本里来"的思想，以延伸化、生活化为方向，为学有余力的学生提供更多的学习机会。实践探索课程包括《DIY烘焙》（烘焙实践)、《彩虹编织社》(编织实践)、《自然探索》(自然现象探索)等,此类课程将知识与生活实践结合,让学生通过思考和动手,体验劳动之美、人文之美。体艺特长课程包括《田园油画》(油画特长)、《笛声悠扬》(长笛表演特长)、《玩转 Scratch》(电脑编程特长)等,以发展审美情趣、体艺特长为目标,侧重于让学生体验、探索、练习等。

3. 综合实践类课程

综合实践类课程更加注重学生的实践活动和综合探索,更加关注学生的过程性参与和实践能力的提升,主要以项目任务驱动、小组合作探究的形式实施,在评价方式上也更丰富、多元。其中,项目任务驱动一般以真问题、真情境带入全景式体验,让处于具象思维发展阶段的小学生能够体会、体验到现实中可能遇到的真问题,培养学生发现问题及解决问题的能力。例如,在《揭秘最高楼》的课例中,任务直指学校的最高楼,通过设置真实的任务情境,激发学生实地考察的兴趣,并共同寻找方法解决问题。

小组合作探究则以学习共同体的方式,给予学生充分的选择性,使不同的个体能够依据学习需求和学习兴趣选择不同角色分工,达到各自的学习目标,同时利用探究的方式,转变学习形态,激发学习原动力,培养学生的合作精神和实践探究能力。

(二) 搭建"五育融合"课程实施平台

"五育融合"是落实党的教育方针、引领课程改革、推动育人模式变革的重要桥梁,追求的是全面发展,形成教育合力,实现"1 + 1 > 2"的功效。Z校通过五大"五育融合"校园文化平台建设,营造独特的文化氛围、和谐的育人环境,以功能上的叠加、形态上的开放为方向,不断优化学生的学习布局、活动场域,为学生的学习成长提供了有力支撑。

例如,指向立德树人的"旋风舞台",以《童心说事》《思辨之声》等主题课程为载体,为学生提供发现和表达的机会,加强对学生"德"的"有形"培育。指向扶智育人的"牧风书院",承载着阅读学习、沙龙讲座、主题沟通三大功能,"漂流书箱""汉字河""语文表达"等系列活动,丰富了校园的智育、德育文化空间。指向健体强身的"民风运动",以民族体育活动为载体,将中国传统的体育项目改编后带进课堂,形成"舞龙""球行天下"等活动,在推动民族体育文化传承的同时,促进了学生体育技能的发展。指向艺术育美的"晓风画廊",为学生的艺术素养培育提供全景式平台,成为

"五育融合"文化建设中学校软实力的精彩体现。指向促劳创新的"季风农场",打造基于真实情境的劳动文化场景,成为将劳动教育与德育、智育、体育、美育高度融合的实践基地。

(三) 明确教学行为策略

1. 主题式学习

主题式学习把学习主题置于复杂而有意义的问题情境中,通过学习者之间的协作、解决问题的过程来获得隐含在主题背后的知识和能力,达成学习目标。主题通常有两种来源途径:

(1) 来源于学科的思考。从学科角度深挖问题,面对不同水平的学生分层次设计对应的问题链及适合的学习路径,为学生带来实际的能力提升。例如,《行走六载录》课程基于数学测量和面积计算相关知识,为学有余力的小学中年段学生设计关于"校园地图"的学习主题,为学生综合能力的提升提供机会。

(2) 来源于生活的经验。基于学生的生活体验提取学习主题,设计适合的学习目标。例如,《偶像调查》课程通过设计"偶像调查报告"的主题式学习,引导学生进行大数据采集和分析,挖掘偶像在成长中的差异,激发学生对成长的思考,并引导学生树立正确的人生观和价值观。

2. 场馆式学习

传统的课程实施主要发生在教室,学习行为集中于课堂,难以将学习原动力带入生活中。而采取场馆式学习,将学习行为延伸到社会生活之中,有助于激发更广而深的学习行为。例如,Z校探索研究的"博物馆探索式学习",在多次实践中形成了以下范式。

(1) 前期调查:教师通过实地走访、数据检索等方式获得有关博物馆的实际情况和学习资料。

(2) 内容提取分析:教师提取适合小学生学习的关键元素,并通过加工、论证进行取舍。

(3) 课程设计:以 PBL、STEAM 思想设计相关课程,构建合理的场馆学习路线。如在良渚博物馆中营造"良渚王生日"的情境,设计"给良渚王献寿礼"的学习内容和目标,激发学生对"良渚文化元素"的提取和创造。

(4) 课程实施及评价:多轮探索实践后,完善课程实施方式。同时,利用集中走访、沉淀思考、个别回访等方式总结课程实施效果,并通过展示、竞赛等方式进行成果分析和评价。

3. 项目式学习

项目式学习对于调动学生的学习主动性，促进学生综合能力的提升具有显著作用。同时，其所体现出的良好的合作性、探究性、反思性等优点，可以很好地弥补传统教学中的短板，激发学生的学习兴趣，促进学生的个性化成长。Z校从教师培训入手，从日常的课堂到校内外的主题课程，项目式学习在校园里遍地开花，学生在学习中已经切实感受到它的优势。

四、国家课程校本化实施的成效

（一）满足学生个性发展需求，促进学生全面发展

"五育融合"的国家课程校本化实施为满足学生的个性化学习需求提供了可能。通过加强课程的选择性，学生的个性、兴趣和能力等得到了充分的尊重与发展。在兴趣激发或问题驱动下，学生掌握了学习的主动权，在实践中尝试根据自己的思维方式和知识体系、资源以及实际情境展开学习活动，创造性地完成学习任务。这一过程赋予了学生在传统课堂上难以获得的自主学习意识，使学习真正成为学生自己的事，学生真正成为学习的主体和中心。

（二）树立系统研究意识，促进教师专业发展

Z校通过对国家课程校本化的开发与实施，在实践中积累了丰富的经验，逐步形成了解、感知和评估学生学习需求的能力以及尊重学生个性、助力学生个性成长的意识。近3年来，在课题研究的推动下，Z校95%以上的教师不同程度地参与到国家课程校本化实施中，极大地激发了教师的科研热情，提升了教师的课程开发、课程实施能力。

（三）发挥教育引领作用，促进学校辐射发展

在国家课程校本化实施过程中，Z校的课程创新能力得到充分展现。随着学校教师科研热情的激发和科研能力的提升，各级各类的课程研究逐渐铺展开来，形成了丰厚的课程资源库。近几年来，通过和兄弟学校在课程改革方面相互交流、参观、学习等，有效扩大了学校的影响力；同时，通过跟西部学校建立结对帮扶关系，定期进行业务交流和辅导，有效发挥了学校教育品牌的示范辐射作用，促进了学校教育的品质化发展，学校课程实施的整体影响力得到提升。

参考文献：

［1］余文森，吴刚平，刘良华. 关注资源、学科与课堂的统整［M］. 上海：华东师范大学出版社，2005.

［2］马克斯·范梅南. 教学机智——教育智慧的意蕴［M］. 李树英，译. 北京：教育科学出版社，2001.

［3］李思明. 三级课程管理体制的再认识［J］. 现代教育科学，2010，（12）：20 - 21，107.

［4］教育部关于印发《基础教育课程改革纲要（试行）》的通知［Z］. 教基［2001］17号，2001 - 06 - 08.

跨学科研究的国际视野及教师跨学科教学设计的模型建构

胡庆芳[①]

一、跨学科概念的多维辨析

人类社会在自然界的实践过程中逐渐积累起生存生活的经验，这些林林总总、碎片化的经验经由整理、诠释和加工就形成了方方面面的知识，这些丰富的知识再经由系统地整理以及基于对特别范畴内问题进行持续深入研究的知识生产，就形成了彼此相对独立，有明晰边界、专门术语和研究范式的各种学科，每一门学科都是"理论、方法、模型和范例相互作用的各要素组成的有机整体"[1]。早在2000多年前，亚里士多德就把人类知识划分为"理论科学""实践科学"和"创制科学"三大系列。与此同时，学科活动本身也在不断促进学科内现有知识体系的系统化和再系统化，[2]并在此基础上为系统的教与学的目的再进行易于认知的内容编排，形成丰富多样的学校课程。如柏拉图在自己的学园开设的"自由七科"课程，即文法、逻辑、修辞、几何、天文、算术和音乐，以及我国春秋时期官学开设的"六艺"课程，即礼、乐、射、御、书、数。

"跨学科"意味着跨越了"学科"的边界，超越了某一个学科的知识范畴、研究范式，是创造性地连接起某个主题的多学科内容并进行整合的过程。[3]跨学科是一种认知方式、教学方式和研究方式，注定开启的是一种创造性的活动，新的认知视野与境界以及新的问题解决智慧乃至造物方式势必由此产生。相对于"多学科"是"水果拼盘"而言，跨学科是"混合果汁"[4]；相对于形成新体系的独立门类的"超学科"而言，跨学科尚处于学科间的"罅隙地带"，只是存在于有机联系相关学科内容、协同解决具体问题的行动过程之中，清晰的边界尚未形成。

多学科、跨学科和超学科组成了一个学科知识不断整合的"连续体"（continuum），[5]其渐进的过程阶段表征如表1所示。

[①] 胡庆芳，上海市教育科学研究院研究员，博士。

表1 多学科、跨学科和超学科的表征

名称	表现特征
多学科 Multidisciplinary	各学科是并列和累积的关系，各自尚保持着清晰的学科边界
跨学科 Interdisciplianary	综合各学科的知识协同解决复杂问题，相关学科边界开放
超学科 Transdisciplinary	在各学科交叠地带发展出新的统一的解释性体系，原来的边界消失

跨学科建立起不同学科之间的连接，并在学科边界间的空隙处建立起某种非学科的空间或者认知平台。跨学科在学科知识不断分化、整合的过程中，起到助推的作用，基于学科又超越学科，因此在知识建构、问题解决以及智慧造物的实践中开辟出了一条新蹊径。

二、跨学科思潮的国际视野

20世纪20年代，以杜威教育哲学为支撑的进步主义教育运动在美国兴起，鲜明地提出"教育即生活""学校即社会""教室即工坊"等一系列教育改革的思想主张并积极践行，旨在打破校园围墙、学科藩篱，实现以儿童为中心、紧密现实生活的"整体学习"（holistic learning）。20世纪60—70年代兴起的人本主义教育思潮积极主张教育是要培育"完整的人"[6]，学校教育要关照真实世界的情景，灵活融通地利用所学知识去解决现实复杂的问题，从而促使学生心智能够自由成长。随后兴起了问题解决学习（problem - based learning）和项目式学习（project - based learning），前者主要针对的是一些结构不良的开放性问题，并大致以"阐明概念、问题表征、多学科头脑风暴、形成跨学科学习目标、跨学科学习、融入学科观点的讨论协商、形成可行的问题解决策略"的步骤展开，后者主要针对的是真实生活世界的任务，并以"分析任务、确定方案、实施方案、产出成品"[7]的形式开展。

20世纪80年代，美国诞生了以"科学—技术—社会"相融合的STS课程运动，旨在进行跨学科整合的科学教育，强调直面应用科学知识，实践技术方法，解决现实问题。随后，STEM（科学、技术、工程、数学）课程兴起，融合进了数学学科的功用，进而又延伸出STEAM（科学、技术、工程、艺术、数学）、STREAM（科学、技术、阅读、工程、艺术、数学）课程的设计与实践，跨学科的实践探索正被更大范围地尝试践行。

进入 21 世纪，跨学科的思想主张仍在被充满智慧地探索践行。2014 年 12 月，芬兰发布《国家基础教育核心课程标准 2014》，并于 2016 年 8 月开始实施，其中最引人注目的就是大力推行以"现象教学法"[8]为依托的主题教学，鼓励学校教师就聚焦的"现象"引导学生从不同学科的视角予以解读，整合已有的知识和经验，获得全面的认知视野和灵活的思维能力。如芬兰教育委员会所说，现象教学并不会取代学科教学，目前仅要求各年级一年进行至少一次完整的基于现象的教学，时间上可能持续一周至数周不等。

三、跨学科实践的样态解析

学者狄龙（Dilon）强调跨学科学习的情境设计非常重要，并提出了"连接教学法"（pedagogy of connection）[9]，主张以比较、联想、类比等方式作为跨学科连接的工具。从跨学科的性质出发，热普科（Repko）把跨学科主要分为"工具性跨学科""观念性跨学科"和"批判性跨学科"3 种形式（表 2）。[10]

表 2　3 种不同性质的跨学科形式

类型	特征
工具性跨学科 Instrumental Interdisciplinarity	重在借用相关学科方法以解决社会外部需求产生的复杂问题，如借用 DNA 分析技术研究人口迁徙问题
观念性跨学科 Conceptual Interdisciplinarity	重在借用相关学科理论解决面临的复杂现实问题，如借用心理学、教育学和社会学理论研究网络成瘾问题
批判性跨学科 Critical Interdisciplinarity	重在以重建学科边界或驱动范式变革的途径获得新的理解，如打破思维定式去看待现实生活中的涂鸦现象

从跨学科成熟度的视角，赫克豪森（Heckhausen）认为跨学科主要有 6 种，即"随意性跨学科""虚伪性跨学科""辅助性跨学科""合成性跨学科""增益性跨学科"以及"统整性跨学科"（表 3）。[11]

表 3　6 种不同程度的跨学科

类型	特征
随意性跨学科 Indiscriminate Interdisciplinarity	在相关学科知识领域四处出击，浅尝辄止，不求甚解
虚伪性跨学科 Pseudo – interdisciplinarity	所谓跨越的部分实则无学科区别性特征

续表

类型	特征
辅助性跨学科 Auxiliary Interdisciplinarity	运用一个学科的方法所产生的结果为另一个学科提供佐证
合成性跨学科 Composite Interdisciplinarity	运用不同学科的知识、方法共同求解同一疑难问题
增益性跨学科 Supplementary Interdisciplinarity	多个学科围绕同一主题聚合起林林总总的见解与事实
统整性跨学科 Unifying Interdisciplinarity	多个学科聚合在一起发挥出解决同一复杂问题的突出作用

通过进一步的分析可以发现，上述两种不同的分类，都是相对于学科知识框架而言的整合方式以及程度。克莱恩（Klein）总结了跨学科实践及其研究产生的"三个层次的价值"：第一层次是从现有学科框架分离出一个主体或客体，第二层次是填补因缺少对类别的关注而产生的知识空白，第三层次是知识增长到临界质量并形成新的知识空间，同时新的专业角色重塑原来的学科边界。[12]

四、跨学科教学的本土模式建构

综合上述文献及国际比较研究，通过"形式—过程—目标"[13]的框架分析可以发现，所谓"跨学科"一定具备3个基本的条件。第一，从形式上看，需要"学科跨界"。跨学科就是已有学科边界的跨越与突破，所以所有跨学科的实践活动都基本上关涉到两个或两个以上的学科。单学科内的活动再丰富或再深入都不能称之为跨学科。第二，从过程来看，需要"知识交互"。一切跨学科的活动不仅关涉两个或两个以上的学科，并且这些学科的知识、理论抑或方法并非独立并行，而是处于交互协同的状态，并且正是因为交互与协同产生出了新见解、新知识或新思维。第三，从目标着眼，需要"问题解决"。同样，也正是因为单一学科的知识、内容与方法无法解决当前所面临的复杂问题，所以需要依托其他相关学科的知识、理论或方法加盟助力，协同支持，一起发力，最终让遇到的问题迎刃而解。由此可见，解决现实问题既是跨学科实践的缘由，也是跨学科实践的目标，换言之，跨学科不是漫无目的的无谓跨越。

基于跨学科概念与理念的分析理解，以及"形式—过程—目标"的分析框架，可以尝试构建起跨学科教学设计的"万花筒"模型（图1）。

第二章 跨学科的实施策略

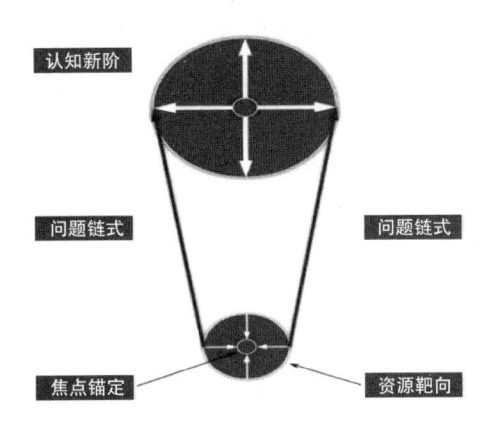

图1 教师跨学科教学设计"万花筒"模型

以"要解决现实生活中有不少学生对系安全带不够重视、认识不够到位的问题，只是一味通过道德与法治学科的教学往往作用成效比较有限，故采用跨学科的教学尝试"为例，对这个"万花筒模型"做具体说明。首先是要锚定一个具体的关注点，即案例中的"安全带"。让学生的注意力集中到"安全带"这个话题上来，为此，可以让学生畅谈一下对安全带的认识、看法或者是想法。等学生的注意力聚焦到"安全带"这个关注点之后，教师随即聚合起有助于促进"系安全带"认识的多种可能的学习资源，如模拟小车和乘客在运动过程中的场景、进行实验所需要的材料及相关知识，确保尽可能丰富的相关教育资源围绕"安全带"话题的探讨需要进行靶向聚集。当所有相关的教育资源聚集在一起之后，教师就需要通过一个个环环相扣的问题链式设计与驱动，把已经聚集起来的教育资源合理充分地予以利用，如"试试看不系安全带会有什么样的情况发生？"以及"怎样系安全带才既安全又便捷？"等，这样一步步引导学生发现并理解"系安全带背后的科学道理"。在此基础上，等学生有了"触目惊心"的实验体验和"恍然大悟"的切身认知之后，教师就可以让学生聚焦"安全带"这个话题再次表达自己的认识和想法。此时，就会发现这一次学生看到的是安全带背后异常丰富的知识承载，之前对安全带不以为然的态度消失，学生眼前呈现出意义非凡、五彩斑斓的新视界，他们的理解认知因此上升到了一个前所未有的新台阶，如"安全带是维系生命的纽带""系安全带关乎着你、我、他的生命""珍爱生命，拒绝侥幸"……这样富有创意的跨学科活动设计与实践让学生们领略到"万花筒"般的认知新体验。

参考文献：

[1] 谭斌昭，杨永斌. 试论托马斯·库恩的"范式"概念[J]. 教育理论与实践，2007（A1）：273-276.

[2] 刘仲林. 国外"学科"与"跨学科"概念介绍[J]. 科学学与科学技术管理，1988（9）：26-28.

[3] Klein, J. T. A Conceptual Vocabulary of Interdisciplinary Science[A]//P. Weingart, N. Stehr（ed. s）. Practising Interdisciplinarity[M]. London：University of Toronto Press，2000：24.

[4] 艾伦·雷普克. 如何进行跨学科研究[M]. 傅存良，译. 北京：北京大学出版社，2016.

[5] Moran, J. Interdisciplinarity（2nd edition）[M]. London：Routledge, 2010.

[6] 施良方. 论课程的基础[J]. 课程·教材·教法，1995（1）：54-64.

[7] Brassler, M., Dettmers, J. How to Enhance Interdisciplinary Competence：Interdisciplinary Problem-Based Learing Versus Interclisciplinay Project-Based Learning[J]. Interdisciplinary Journal of Problem-based Learning, 2017, 11（2）：15.

[8] 于国文，曹一鸣. 跨学科教学研究：以芬兰现象教学为例[J]. 外国中小学教育，2017（7）：57-63.

[9] Dillon, P. A Pedagogy of Connection and Boundary Crossings：Methodological and Epistemological Transactions in Working across and between Disciplines[J]. Innovations in Education and Teaching International, 2008, 45（3）：255-262.

[10] Allen, F. Repko. Interdisciplinary Research：Process and Theory[M]. Los Angeles：SAGE, 2008.

[11] OECD. Interdisciplinarity：Problems of Teaching and Research in Universities[M]. Washington, DC：OECD Publications Center, 1972.

[12] Klein, J. T. Crossing Boundaries：Knowledge, Disciplinarities, and Interdisciplinarities[M]. Charlottesville, VA：The University Press of Virginia, 1996.

[13] 胡庆芳. 学校跨学科实践的现状分析与策略应对[J]. 上海教育，2019(34)：68-69.

第三章

跨学科的实施案例

第一节 单一学科的跨学科实施

中学美术跨学科交叉综合教学模式的实施路径

黄耿东[1]

随着现代教育教学的发展,开展跨学科交叉综合的教学研究已经成为世界教育发展的共同趋势。作为学校重要课程的美术教育需更新教育理念,打破不同学科之间的界限,提高中学生美术学科素养和综合素质。为了更好地实现这一目标,笔者结合本校的教学实际和美术综合教育特色,对基于学科交叉的美术综合性学习教学内涵、特征以及实施路径进行了探讨,以期为中学美术跨学科的交叉融合教学提供新的思路。

一、"交叉综合"美术教学模式的内涵及特征

（一）美术学科交叉综合的教育理念

交叉综合的美术教学是指通过综合性的美术学习活动,引导学生主动探究、研究、创造以及解决问题的艺术综合学习活动,它所进行的是一种侧重

---

[1] 黄耿东,福建省南安市实验中学高级教师。

于多学科、多方面的交叉整合。在教学实践过程中，它必须围绕"融艺术各学习领域为一体""艺术与其他学科的整合"和"艺术与现实生活相联系"这三个层次开展艺术综合学习活动，从而达到提升学生艺术素养的目的。对于其教学模式的建立，教师必须根据美术综合性学习理念，以学科综合为基础，从美术学科的目标、特点和性质出发，对一科切入、兼及数科，多科综合，多种资源整合，涉及同一主题或共同艺术要素等的教学加以实践探索，以期构建一种适合本学科的综合性学习教学模式。

（二）美术学科交叉综合的特征

学科交叉综合作为一种新的美术教学模式，具有3个特点：一是体现了立足于"以学生发展为本"和"培养学生学科素养"的教育需求，改变过去过分强调学科独立性的课程结构及体系过于严密、学科整合缺乏的倾向；二是发挥艺术综合性学习的作用，让学生从多种角度认识艺术关联和内涵价值，为学生提供丰富的艺术审美活动；三是创新美术课堂教学形式，让教师掌握综合性艺术课程教学的基本方法，加强教师的教学创新意识，改进教育教学的手段，提高教师的教学素养和教学水平，为学生自觉主动参与美术综合性学习及其交流合作探究提供方法指导。在美术教学过程中，"综合性学习"是教学的着眼点，"学科交叉"是教学的落脚点，构建有效的美术综合性学习的教学模式和教学体系，促进教师专业素养和学生艺术综合素质的提升，是美术教学追求的最终目标。这三者之间是统一和谐的，呈现出一种互补的教与学的生态关系。

二、"交叉综合"美术教学模式的路径

（一）以单一美术学科为切入的渗透拓展

美术学科交叉综合的学习应以美术课程整合为基点，以单一美术学科切入为着眼点，以美术为主线，结合其他学科知识，以综合的教学手段，实现与达到学生对美的感受，直接体验艺术审美认识的全面健康发展。对于这种单科切入的综合学习方法，我们在设计美术教学内容时，不能将综合的内容平均对待，而应根据教学的目标，既要体现美术学科的独特性、系统性，又要注重建立学科之间的联系。这种综合并不是无目的地把其他学科凑合在一起，不是牵强附会地将学科联系起来，[1]而是强调以学生为主体，以美术教学为中心，致力于美术学科各艺术形式领域与其他学科之间的交互渗透与整合，

这意味着学生在美术综合课的学习过程中,要着力在学科之间的渗透中建立一种有机联系,对所学的知识要有一个综合的了解。以美术学科与历史知识的融合为例,我校美术教师就《清明上河图》这幅作品演绎了一节美术与历史学科整合的精彩课。该作品以精工细笔描绘了我国北宋都城汴京的繁荣景象,它是一幅闻名于世的我国古代的绘画作品。首先,美术教师对教学方式进行大胆改革,十分巧妙地让历史知识融入到美术课堂中,引导学生先从美术的视角了解美术作品的形式、内容、主题、艺术特色和艺术价值,再让学生从历史的角度挖掘作品中丰富的信息。学生通过这幅画,了解到它不只是一件古代伟大的现实主义绘画艺术珍品,还为我们提供了北宋大都市的民俗、建筑、商业、手工业、交通工具等形象、翔实的第一手资料,具有重要的历史文献价值和丰富的思想内涵。这样的教学渗透拓展,让学生在美术活动中提升审美能力、增加知识及培养历史价值观,使学生对相关知识的认识也更深广。

(二)利用与美术同一主题的多学科知识间的组合链接

所谓利用与美术同一主题的多学科知识之间的组合链接,是指确定一个美术教学主题,两个以上学科围绕这个主题,把相关的知识统整为综合学习领域的一种综合教学形式。对于这种综合教学模式的设计,教师在课前一定要对交叉整合的其他学科知识有所了解,在设计教学过程中,要借助其他学科教师对同一课题的研讨,甚至向其他教师请教跨学科的知识,来完善知识之间的综合链接,使学科间的综合学习组成一种互补共生的学习生态关系,能够将美术学习活动整合成有联系及有意义的美术学习过程。这种综合可分为两种形式:一种是美术学科与其他学科的综合中,美术学科与相关艺术学科之间的渗透;另一种是美术学科与非艺术学科的异质同构,在于扩大综合主题的张力,提升综合主题的广度。

例如,在《构图的作用》这一课的教学中,构图是美术创作和写生中的关键因素之一,构图的好坏会直接影响美术作品的艺术效果。构图牵涉到数学中的"黄金分割率"知识,这也是学习中学生要解决的一个主要问题。为了让学生在学好构图基础知识的同时,扩大知识面,强调美术学科与其他学科的密切联系,笔者把数学中的黄金分割率知识融入到美术作品的欣赏中。学生在欣赏法国著名画家德拉克洛瓦的作品《自由引导人民》时,笔者先让学生了解此画属于浪漫主义作品,采用了三角形构图形式,接着让学生说出数学中的黄金分割率是多少，以及作者是如何运用黄金分割率来进行构图的。经过讨论后，学生说出了画中象征自由、平等、博爱的三色旗位于等腰三角形的顶点，而引导人民的自由女神处在横向黄金分割处，巷战人群的头部位于纵向黄金分割线的位置，这是黄金三角形的构图，此构图形式使画中的物象显得井然有序，产生和谐美。这时，笔者又说明：在美术作品中一般把主要人物和物象安排在画中2/3或3/5的交叉点上，因为它们接近黄金分割率的近似值0.618，这种构图属于黄金分割比的布局。接着，笔者又对这一知识点进行延伸，引导学生思考：如以头部为例，黄金分割点是如何分布的？黄金分割率在音乐中有哪些体现？常出现在歌曲的哪一部分？因笔者事先布置学生搜集这方面的资料，所以，在课上，学生畅所欲言，各抒己见，学习气氛非常热烈。有的学生说：黄金分割比是1：0.618，这个比例是由古希腊的毕达哥拉斯学派发现的，后来古希腊美学家柏拉图将此称为黄金分割。在脸部的"三庭五眼"比例中，鼻尖点刚好处于脸部"三庭"比例的2/3位置，眉心点处于"五眼"比例的3/5位置，所以"三庭五眼"具有黄金分割规律。有的学生说：在音乐课上我们懂得歌曲的高潮是音乐发展的顶点，就是"黄金分割点"。黄金分割点与音乐的乐章分段比例有很大的关系，歌曲的高潮常放在歌曲后半部分临近结束的地方（约在全曲的3/4处）。我补充说：黄金分割率不仅在数学中扮演着重要的角色，在艺术史上，几乎所有的优秀艺术作品也都不约而同地验证了著名的黄金分割率。最后，我再让学生找出黄金分割比构图的美术作品并进行分析评价，让学生对这一主题知识有更深入的认知。

（三）借助美术元素与各艺术领域的交汇

美术元素一般指美术作品的特质、价值特点和风格特征，它还包括美术作品的构成方式、艺术语言、创作手法、表达的情感、蕴含的思想等方面。在艺术领域里，视觉艺术、书法、摄影、音乐、舞蹈、文学、诗歌、喜剧、电影等门类的艺术审美元素各有特色，又有着相通之处，即共通性。而美术作为艺术的一种表现形式，包括绘画、雕塑、建筑和工艺美术等艺术形式。美术的各艺术形式在艺术创作和审美活动中也有着互通有无的特征。利用某种相关的美术元素，通过跨学科和本学科艺术领域的综合学习活动，除了能巩固和加深学生对本学科知识的理解外，对学生知识转移、培养想象力和创意都有帮助，[2]也有助于学生形成对艺术存在着的一些共通的普遍规律的认识，提高审美实践能力。借物寓意是美术创作的一种常用表现手法，也是美术创作的基本理念。近代画家吴昌硕运用此法，通过花鸟画来寄托自己对一年四季的情感。在教《借物寓意》这一课时我就让学生联系文学、舞蹈、音乐、摄影等学科领域，对这些作品进行多角度综合分析与评价，从而促进其听觉、视觉、动觉、美感的协调发展。教学中，我先让学生说出4幅花鸟画表现四季的某种象征意义，从中领略花鸟画不同表现题材的艺术韵味与风采。接着提问：在音乐里是否有借四季进行艺术创作的乐曲？这些乐曲包含了哪些含义，传达了作者怎样的思想情感？其中有一个学生说，听过意大利作曲家维瓦尔第的作品《四季》，作品由3乐章的协奏曲构筑而成，分别描绘春、夏、秋、冬4个季节，给人带来喜悦、热烈、活泼、温馨的感觉。紧接着，我又进一步提问：在文学、诗歌里有赞美四季的作品吗？这种创作是借物抒情的体现吗？经过小组合作讨论之后，学生积极回答，描写四季的诗歌有《春晓》《钱塘江春行》《小池》《夏日联句》《风》《四气诗》等；文学中也有朱自清的散文名篇《春》等。在这些作品中，作者均借对客观对象的描写，表达对大自然的感悟，表现自己的精神追求和气节。然后，我利用课件再让学生观赏现代大型芭蕾舞蹈诗《四季》。这部作品以如诗般的纯美舞蹈语言，用如画般的意境呈现，为我们奏响了一曲壮美的生命赞歌，让人心潮起伏、回味无穷。经过欣赏领会，学生明白了作品超越自然的审美观：作者运用寓情于景这一艺术表现手法，把对自然四季的审美体验上升到对人生四季的感悟，懂得了唯有经过四季的岁月更替，经历磨砺和锤炼，人生才会更加充实。最后，我做总结：不论哪种艺术形式，对四季的赞颂均借助具体之物来传达作者的艺术审美情感、抱负和志趣，这就是作者利用创作元素塑造艺术形象的共通之处，由此，物便具有了深刻的内涵和象征意义。利用美术元素与其他艺术领域艺术元素的统合，教师还可以借助艺术形式美的其他基本要素拓展与各艺术门类的综合，寻找艺术学科之间进行艺术创作的普遍规律和审美共性，如让学生欣赏美妙的音乐旋律而感受到诗情画意，观赏美术作品的书画仿佛能领略、触摸到起伏的旋律，观赏文学作品能立刻浮现出一幅充满诗意的画面，从而培养学生获得艺术通感的能力。

（四）聚焦人文信息和美术相互交融的整合

人文信息是指人类社会的各种文化现象，它是一个民族、一类人群和人类共同具有的符号、价值观及其规范。它包括民俗风情、习惯规范、宗教信仰、环境保护、道德规范和法律规范等内容。美术是人类文化的一个重要组成部分，其本身也是一门人文课程，与社会生活的方方面面有着千丝万缕的联系。通过学习美术课程，学生了解人类文化的丰富性，在广泛的文化情境中认识美术的特征、美术表现的多样性以及美术对社会生活的独特贡献，[3]这也是艺术综合的教育理念所要求的。因此，美术学科的交叉渗透整合，除了注重本学科艺术领域与其他非艺术学科的融合外，还应集人文、科学、技能于一体，突破艺术综合课的空间，体现美术综合课程的人文精神，以此来提升学生的人文涵养，使和谐的人文学习情境得以创建，从而实现课堂教学的人文教育目标。[4]为此，笔者在平常的美术综合课教学实践中，经常把社会生活中的人文信息、社会上人们关注的人文热点问题，如社会生态、人文环境、网络和交通安全、文明礼仪、手机文化、微博、微信热点问题等，与美术课进行生态组合，增强学生的人文感知和体验。例如，笔者就社会生态和人文环境这一问题开设了一堂美术综合课——《大自然的和谐》。课堂开始，先让学生欣赏美丽的大自然风光，然后提问：这么美好的景象，你置身其中有何感受？我们怎样才能与大自然和谐相处？接着，让学生欣赏艺术家创作的表现大自然的各类美术作品，启发学生讨论思考：艺术家是用什么样的思想感情去关注与表现自然的？优秀的美术作品是否表现了自然法则下的生命活动和审美情趣？当学生知道生命和自然是通过审美创造和欣赏达到和谐统一后，我对教学内容进行拓展，进一步引导说：日常生活中我们的所需均是用地球自然资源制成的，人类的生活、学习和工作离不开自然环境，人类的吃、用、穿无不是从自然界获取的，可是现在人类对资源的破坏极其严重，我们应如何保护自然，合理开发资源？学生畅所欲言后，我又就"和谐大自然""我们与地球同在""绿色世界"等题目，请每个学生运用不同的艺术形式进行创作，通过画笔和不同艺术造型手法表现他们对生命活动与自然的相互依存与和谐交融的看法与体验，并要求学生把作品的创意构思写在作品的背后。在这堂课中，笔者把社会人文生态信息、美术作品、审美体验、技能表现、文字表达和艺术创作有机结合，使美术综合课突出与社会自然生活的联系，凸显对艺术本质的学习。本课具有强烈的人文性，改变了美术综合学习纯艺术综合的倾向，使美术综合学习和生活、情感、文化、创造紧密相连，充满了人文氛围，帮助受教育对象塑造正确的世界观、人生观、价值观，从而使艺术能力与人文素养得以自然地整合在一起，超越了美术综合的界限。

总之，中学美术课要注重与其他学科的交叉融合，使美术课堂教学立体呈现、互补整合，改变传统单科教学形态以及学生的艺术学习思维方式，以促进综合艺术能力的形成，在教学中，教师除了要提升专业综合素养外，还应该明确综合性学习的内涵，了解学科交叉的综合性学习的切入点，掌握学科交叉的相互渗透共通性的规律，熟悉各门类知识点融合的基本方式和教学基本框架模式及评价体系等。唯有如此，我们才能构建出富有特色和教育意义的美术综合性学习教学模式和教学体系，才能从根本上打破学科藩篱，提升美术教学的实效性，促使美术课堂教学充满生机与艺术魅力。

参考文献：

[1] 李英霞. 中小学综合性美术课程实施应用研究［D］. 广西师范大学，2011.

[2] 张翁伟仪，冯笑娴. 课堂上的艺术综合学习［M］. 北京：教育科学出版社，2008.

[3] 中华人民共和国教育部. 义务教育美术课程标准（2011年版）［M］. 北京：北京师范大学出版社，2012.

[4] 黄图伦. 课堂教学中的人文精神与实践路径［J］. 教学与管理（小学版），2014（14）：20-22.

基于核心素养的跨学科 学习

基于单学科的跨学科素养培养

——以高中思想政治为例

桂立成[1]

学科核心素养在应对复杂情境时是融为一体、不分学科界限的，在培养学科核心素养时也需要打破学科界限、整合学科内容、融通学科思维、共享培养途径，达到融合培养的目标。本文从高中政、史、地跨学科交融培养学科核心素养的可行性和现实性的角度，谈谈我们的认识和做法。

一、政、史、地跨学科交融培养学科核心素养的可行性

政、史、地三门学科关联紧密，其培养目标的一致性、学科素养的交融性、教材内容的交叉性及教学方法的相通性，使跨学科交融培养政、史、地学科核心素养具有内在的可行性。

目标的一致性：落实立德树人根本任务、培养全面发展的人需要学科之间相互协调、相互配合，进行跨学科综合培养。

素养的交融性：高中政、史、地学科核心素养的交融性不仅表现在"科学精神""唯物史观""综合思维"有着共同的思维品质，"政治认同""家国情怀"有着共同的价值追求，"时空观念""区域认知"有着共同的认知能力，"公共参与""地理实践力"有着共同的行动意识；还表现在政、史、地三科有着共同的能力要求——"获取和解读信息、调动和运用知识、描述和阐释事物、论证和探究问题的能力"。三科核心素养之间相互渗透，相互交融。

教材的交叉性："可持续发展"既是政治的，也是地理的；"党的领导地位是历史的选择也是人民的选择"既是政治的，也是历史的；"古代大运河"既是历史的、地理的，也是政治的……课程是培养核心素养的重要载体，内容的交叉性为交融培养核心素养奠定了基础。

方法的相通性：政、史、地教师的教学方式，学生的学习方式、思维方

---

[1] 桂立成，华东师范大学第二附属中学乐东黄流中学教师，中学高级教师，海南省骨干教师。

式基本是相同的。

二、政、史、地跨学科交融培养学科核心素养的路径与方法

以普通高中《思想政治（选修3）》中《欧盟：区域一体化的典型》的课堂设计片段为例。

1. 素养引领——【课标要求】

内容标准：识别主要的区域性国际组织，评价区域性国际组织在国际事务中发挥的作用。

教学提示：搜集欧洲联盟、非洲联盟、东南亚国家联盟、亚洲太平洋经济合作组织等区域性国际组织的资料，感受和评估区域性国际组织在国际事务中的作用。

学业要求：通过本模块的学习，学生能够坚定中国特色社会主义道路自信、理论自信、制度自信、文化自信；理解各国相互联系的程度空前加深，全球越来越成为相互依存的命运共同体，理解国际组织在国际事务中的作用。[1]

以上是《普通高中思想政治课程标准（2017年版）》对本模块和本课的要求。相比2003年版的课程标准，其知识要求更宽——要了解多个国际组织；能力要求更高——要在分析的基础上综合归纳出认识成果；价值观追求更准——定位于增强中国自信；学科核心素养目标更实——要求政治认同、科学精神、公共参与能力都得以提升。

2. 素养追求——【教学目标】

相关的学科核心素养目标：政治认同、科学精神、公共参与、家国情怀、时空观念、唯物史观、区域认知等。

知识与技能：了解欧盟的诞生和发展，知道欧盟在世界多极化进程中的角色和作用。学会搜集、分析、提炼信息。能够协调合作，根据欧盟这个典型，分析其他国际组织，评估区域性国际组织在国际事务中的作用。

过程与方法：通过自主学习、小组合作与交流、小组辩论，了解欧盟的形成、成员、变化、发展，学会分析、综合、提炼信息，通过比较欧盟与其他国际组织进而认识国际组织的一般特征和作用，通过中国与欧盟的交往认识中国在国际组织中的重要作用，通过横向和纵向比较培养综合分析事物的能力，提升思想政治的"政治认同""科学精神""公共参与"，历史的"家

> 基于核心素养的跨学科学习

国情怀""时空观念""唯物史观",地理的"区域认知"等学科核心素养。

情感态度价值观:深刻感知国际竞争的实质,增强民族责任感。认同中国与欧盟关系的健康发展有利于世界的和平与发展。培养国际眼光,坚定中国自信。[2]

本节教材内容以提升政治的"政治认同、科学精神、公共参与"为主,通过挖掘教材内容、设计问题,引导学生自主探究,提升历史的"家国情怀、时空观念、唯物史观"和地理的"区域认知"等学科素养,其中以"政治认同和科学精神"为重点,以跨学科培养核心素养为难点,最终增强中国自信。

3. 素养设计——【预习清单】

问题设计是落实交融培养的关键。为落实交融培养学科核心素养目标,教师需要充分挖掘教材,借助网络资源,合理设计探究问题。

(1)小组任务

第1组:以史为证——欧盟的形成、成员、变化发展。用3张图片代表欧盟。

设计意图:提升"科学精神""唯物史观""时空观念""区域认知"等学科核心素养。

第2组:团结的力量——欧盟的宗旨、地位、作用。概括区域性国际组织的特征。用一组数据说明其中一个观点。

设计意图:提升"科学精神""唯物史观""区域认知"等学科核心素养。

第3组:大国往来——中国与欧盟的关系。用一段视频展示中国有没有可能加入欧盟。

设计意图:提升"政治认同""科学精神""时空观念""区域认知"等学科核心素养。

第4组与第5组:辩论——憧憬未来:欧盟的强大是否有利于中国的发展。(反方:第4组。观点:不利。正方:第5组。观点:有利。要求:用事实说话。)

设计意图:提升"政治认同""科学精神""家国情怀""区域认知"等学科核心素养。

各小组共同任务:如何认识欧盟?如何认识中国与欧盟的关系?如何认识亚太经合组织、非洲联盟、东南亚国家联盟等区域性国际组织?(课后作

业）

设计意图：检测课堂教学效果，学会知识迁移，达到课标要求，实现核心素养再提升。

（2）任务要求

①观点明确，事实充分。②语言清晰、流畅、简练。③设计提问，发人深思，生动形象，有创意加 5 分。④举止大方，为下一组的开始设计一句过渡语。⑤做 PPT 展示，限时 5 分钟，超时扣分。每组完成任务满分为 20 分，突出表现加 1~10 分，小组最终得分计入每个成员的平时成绩。

设计意图：增强学生的规则意识，提高学生的创新能力，激发学生的内驱力，培养学生的逻辑思维能力。各个小组在问题探索过程中提升参与意识。

4. 素养展示——【教学过程】（片段）

导入：（师）简单介绍区域性国际组织，说明通过欧盟了解国际组织的原因——欧盟是区域一体化的典型。

第 1 组回顾历史，翔实地解说了欧盟的前世今生，能够从"进一步交流、国土面积小、生产资料商品贸易流通不便、两极格局的威胁、政治地位提高的需要"等方面，从政治、历史、地理的角度进行分析（这些都是教材里没有的）。

第 1 组的探索精神值得肯定，出色地完成了任务，核心素养目标初步达成，但问题分析不够透彻，没能够抓住欧洲一体化的思想基础——传统的"统一、联合、一体化"思想，没能够从"欧盟东扩""英国脱欧""欧盟主权债务危机"分析出欧盟在发展过程中并不是一帆风顺的。教师在任务设计时，给他们预留发挥的空间，并对这些遗漏进行及时指教，引导其他学生补充认识。

第 2 组利用图表设计问题，引导大家认识欧盟的宗旨、地位、作用。用 2017 年世界 GDP 图发问，利用图表重点分析欧盟成员国联合的必要性。

第 2 组思路清晰，语言简洁，巧妙设问，引人思考，核心素养目标也初步达成，但没能够概括出区域性国际组织的特征。教师需要在本课结束时引导学生总结归纳。

第 3 组选取的视频最能表现中欧之间的友好关系，小组 3 名成员相互合作，轮流上台论述中国与欧盟的共同利益、分歧和中国对欧盟的政策，最后从经济、政治、历史、地缘等角度与大家讨论"中国有没有可能加入欧盟"。

基于核心素养的跨学科学习

学生踊跃发言，各抒己见。

第3组的合作精神最值得肯定，讨论最为精彩，演讲发言对中国充满信心，"政治认同""科学精神""家国情怀""区域认知"等核心素养水到渠成。

第4、5小组的辩论，正方第5组从中欧双方的共同利益、友好交往、互惠合作等方面立论，观点明确，立场坚定，层次分明，事实充分，论证有力；反方第4组从中欧双方的利益冲突、政治分歧、文化差异、地缘上遥远等方面陈述观点，思路清晰，论据略保守，相比第5组稍逊一筹。（课后交流得知反方准备的材料也很充分，开始留一手，准备在中途反击。）由于时间关系，双方仅以陈述观点为主，没能展开辩论。

两个小组的观点陈述，激起了学生对国家利益的自觉维护、对国家命运的主动关注（政治认同、家国情怀），使学生能够理性认识中欧关系（科学精神），从地缘、文化上分析中欧关系的未来（区域认知），核心素养自然生成。

5. 素养点拨——【反馈质疑】

小组合作探究，课堂展示交流，在交流中质疑，在质疑中推进，在推进中落实学科核心素养。各个小组亮点与遗憾相伴而行，有很多预先设计的问题和课堂生成的难以预测的问题是这类课堂的常态。课堂上偏离方向、遗漏要点、忽视重点、出现错误观点等问题，都需要教师及时纠正和补充。整个过程始终围绕一个核心：落实核心素养。

6. 素养拓展——【课堂小结、课后练习】

课堂小结是本节课知识的回顾与概括，是知识间建立联系的重要环节。课堂上教师引导学生总结欧盟的相关知识，提升学生的概括能力、梳理能力和整体性思维能力。

课堂小结与课后练习合二为一（表1），通过认识欧盟再去认识其他国际组织，是课堂的延伸，也是进一步落实核心素养的需要，能够让学生拓展知识视野，增强总结归纳、知识迁移、综合思维、信息搜集与处理等能力，进一步提升"政治认同""科学精神""公共参与""唯物史观""时空观念""家国情怀"和"区域认知"等核心素养。

表1　课堂小结与课后练习

国际组织	类型	成立背景	成员	机构设置	宗旨原则	地位作用	中国与其关系	其他	共同特征
欧洲联盟									
亚太经合组织									
非洲联盟									
东南亚国家联盟									

三、政、史、地跨学科交融培养学科核心素养的问题与对策

跨学科交融培养核心素养尽管是教育改革的趋势，但在今天的实践中仍然存在着疑惑和困难：

第一，政治课堂培养历史、地理学科核心素养与历史、地理课堂培养自身学科核心素养有什么不同？会不会削弱本学科核心素养的培养效果？我们认为，借助政、史、地教材，整合学科知识，整体设计课堂教学，3个学科相互协调，相互配合，跨学科交融培养核心素养，能够更好地培养学生应对复杂情境、处理复杂问题的能力，达到更好的培养效果。

第二，交融培养是否就是简单地联系政、史、地3科的学科知识？这是一个现象与本质的关系问题。联系3个学科的知识必不可少，因为学科课程是学科核心素养的载体。但是联系知识仅仅是手段，目的是要落实3个学科的核心素养，这需要从整体出发，运用综合思维，有选择地调用和补充学科知识，有计划地设计问题情境，达到交融培养学科核心素养的目的。

第三，实现学科核心素养交融培养的关键是什么？我们认为，发挥评价对教学的导向作用，改革考试命题的内容和方式，注重测评学科核心素养，是推进跨学科交融培养学科核心素养的最有效、最直接的手段。

第四，核心素养交融培养的最大困难和障碍是什么？是学科本位。例如，考试试题答案超出限定学科知识范围即为零分，某学科的素养目标出现了其他学科的核心素养即被认为"不专业"而遭到否定，等等。学科本位禁锢了人们的思想，严重阻碍了跨学科交融培养学科核心素养的落实与发展。此外，目前一线教师的知识结构单一、思想认识不到位，交融培养的课堂设计与生成操作难度大。跨学科交融培养核心素养也对教师专业发展提出了新挑战，需要教师具备更全面的综合素养、更宽的知识面、更开阔的视野。

参考文献：

[1] 中华人民共和国教育部. 普通高中思想政治课程标准（2017年版）[M]. 北京：人民教育出版社，2018.

[2] 课程教材研究所思想政治课程教材研究开发中心. 思想政治（选修3）·国家和国际组织常识·教师教学用书（2016年版）[M]. 北京：人民教育出版社，2016.

统编小学语文教材融合劳动教育的实施建议

蒋晓飞[1]

《关于全面加强新时代大中小学劳动教育的意见》要求，各级学校需要强化综合实施，可以采用与德育、智育、体育、美育相融合的方式来建设与推行新时代劳动教育。我们不仅要建设劳动课程，还要启动系统思维，统整各学科的力量，运行"大课程化"的劳动协同教育。

具体到小学语文课程，这里的"劳动教育"不是劳动技能的教导，也不是劳动活动的实践，而是在语言文字的学习活动中去体悟劳动，欣赏劳动成果或劳动过程的美，树立正确的劳动观，体会劳动情感，理解劳动精神。就语文学科而言，我们如何充分运用现有的教材资源，调动匹配的教学方式，开展合宜的学习活动，为开展高品质的劳动教育做出应有的学科贡献呢？

一、捕捉教学全音符，形成"劳动要素清单"

统编小学语文教材中，哪些内容与劳动教育有关联？涉及劳动教育的哪些要素？以统编小学语文一年级上册教材为例，可形成如下"劳动要素清单"（表1）。这样的清单，有助于我们用整体的眼光审视全册教材中的劳动教育要素分布情况，以更好地实施整体化的设计与教学。

表1　统编小学语文（一年级上册）劳动要素清单

单元	栏目与篇目	劳动教育要素
第二单元	语文园地二"和大人一起读"	巧手美化生活，传统技艺值得传承
第五单元	语文园地五"日积月累"《悯农（其二）》	珍惜劳动成果
第五单元	语文园地五"和大人一起读"《拔萝卜》	人多力量大，合作最聚力
第七单元	语文园地七"日积月累"	劳动成果的前后相承与惠泽后代
第八单元	口语交际《小兔运南瓜》	劳动需要智慧，开动脑筋以战胜困难
第八单元	语文园地八《春节童谣》	用劳动欢庆愉快的节日

---

[1] 蒋晓飞，江苏省南通市通州区实验小学副校长。

以此类推，可以形成覆盖6个年级的完整的统编小学语文劳动要素清单。我们发现，统编小学语文教材富含劳动教育因子，"劳动教育线"贯穿始终，关联了语文园地、口语交际、习作、阅读等所有教学板块，覆盖一至六年级。表2为统编小学语文（六年级上册）的劳动要素清单。从中我们发现，随着年级的升高，教材中不但安排有散点的劳动教育元素，还有整体性的劳动教育单元设计，为集中进行劳动主题教育提供了可能。

表2 统编小学语文（六年级上册）劳动要素清单

单元或课次	栏目与篇目	劳动教育要素
第3课	《古诗词三首》——《西江月·夜行黄沙道中》	丰年背后是辛勤的劳作
第9课	《竹节人》	自己制作传统玩具，在文学与艺术的想象中加工玩具、玩玩具，带来更大的快乐
第六单元	导语	人与土地是一体的
第17课	《古诗三首》	乡村劳作与家园美
第19课	《青山不老》	劳动改善自然环境，创造人间奇迹
第20课	《三黑和土地》	热爱土地，热爱田间劳作
第七单元	语文园地"玩具小台灯的制作"	制作需要关注细节
第24课	《少年闰土》	劳动也有惊险的一面，需要灵巧与勇敢，尽责与勤快

二、聚焦教学主旋律，凸显"劳动教育重点"

小学阶段的劳动教育有其自身规律与重点。我们在教学含有劳动教育元素的语文教材时，需要注意把握重点，集中资源和精力对小学生进行劳动的启蒙教育。在梳理劳动教育重点的时候，可按出现的先后顺序，对教育要素分一级指标、二级指标进行布排，最后按二级指标数统计一级教育要素出现的频率，表3为统编小学语文教材中劳动教育重点的统计。

表3　统编小学语文教材劳动教育重点

年级	一级指标	二级指标
一上	劳动的智慧	1. 协作劳动力量大
一上		2. 选用妙法可省力
一下		3. 不断尝试，可以发现更巧妙的劳动方法
二上		4. 巧用自然之力
二上		5. 适时储备
二上		6. 关联式管理
二上		7. 选用疏通之法解决问题
二下		8. 要遵照庄稼生长规律，不可心急
三上		9. 选择时机发挥自己的特长，取得最佳劳动效果
三下		10. 劳动要付出体力也要学会创造
三下		11. 设计巧妙，用简单的材料也能创造奇迹
三下		12. 看似简单的手艺其实不简单
四上		13. 劳动的礼物可以调谐情感、赢得友谊
四下		14. 小改造、小平移可以创造生活新天地
四下		15. 利用自然，巧手纺织，可以改善生活
五上		16. 因地制宜有效制敌
五上		17. 善于就地取材方便生活
五下		18. 普通手艺也有大学问
一下	劳动的伦理	1. 吃水不忘挖井人
一下		2. 每个人都有最适合自己的工作
二上		3. 体贴劳动者
二上		4. 劳动面前一律平等
二上		5. 为百姓排忧解难
二下		6. 一心求简单，是不能做好服务工作的
三上		7. 遵守统一的纪律
五上		8. 劳动助力买书显母爱
五上		9. 应该像落花生那样做一个实用的劳动者
五上		10. 劳动助力求学显父爱
六上		11. 热爱土地

续表

年级	一级指标	二级指标
一下	成果与分享	1. 用小手劳动可以给家人带来快乐
二上		2. 田园劳作有喜悦
二上		3. 制作的过程也值得分享
二下		4. 一份成果凝聚众人辛劳
四上		5. 与众人分享格外香甜
五上		6. 劳动成果与乡亲们分享
六上		7. 用辛劳换来的成果凝聚丰收的喜悦
六下		8. 用忙碌的方式过节日更快乐
一下	劳动与创造美	1. 植树美化环境
二下		2. 只要爱劳动，乡村也可以建成美丽的家园
三上		3. 劳动创造美丽城市
四上		4. 劳动创造玩具、创造快乐
四上		5. 用劳动改善生活条件
六上		6. 劳动改善自然环境
一上	自主劳动	1. 传承非遗
二上		2. 自力更生修理电器
五上		3. 制作玩具型生活用品
六上		4. 制作传统玩具
六下		5. 自力更生，战胜困难

通过对小学阶段所有年级教材的系统梳理，我们排出了嵌入式劳动教育的5大重点（劳动的智慧、劳动的伦理、成果与分享、劳动与创造美、自主劳动），这有助于我们在整合教学中突出重点，强化关联，让隐藏的劳动线"显性化"。从表3中可以看出，劳动的智慧教育主题出现了18次，为第一主题；劳动的伦理教育主题出现了11次，为第二主题；成果与分享教育主题出现了8次，为第三主题；劳动与创造美主题出现了6次，为第四主题；自主劳动主题出现了5次，为第五主题。

三、演奏教学新乐章，融合实施显实效

（一）突出"语文性"

语文教学中落实劳动教育，需用语文的方式进行。首先，要找到语文和劳动的统合点，在语文的学习过程中进行劳动教育的渗透。例如，在小学语文二年级上册第三单元的教学中，可以将手工制作和口语交际有机结合起来，让学生充分分享制作的成果与过程。在对二年级下册《千人糕》中"需要很多很多人才能做成的糕"进行讲解时，可以抓住作者为什么用两个"很多"，通过对重点语句的品读，让学生感悟劳动果实来之不易，要懂得珍惜。其次，要注意与实际生活相关联，增强语文学科渗透劳动教育的"真实情境"与"动化效果"。例如，教《小兔运南瓜》时，可以选择南瓜成熟的季节，让学生尝试在搬运南瓜的过程中进行口语交际。在教学五年级上册的《父爱之舟》时，让学生写一写父母为自己做过的最令人感动的一件小事，从中感受父母对自己的爱。还可以在教学一年级上册的《拔萝卜》时，因地制宜，让学生感受拔花生、拔芦穄等。语文知识与劳动生活实践紧密结合，学生在此过程中既可以体验到劳动的价值，又可以提高对语文学习的兴趣，增强学习的主动性。

此外，还要注重通过语文化的审美体验来导引劳动教育。如一年级上册语文园地八《春节童谣》："二十三，糖瓜粘。二十四，扫房子。二十五，磨豆腐。二十六，去买肉。二十七，宰公鸡。二十八，把面发。二十九，蒸馒头。"可以尝试把劳动与童谣、游戏、表演、报道等结合起来，让学生沉浸于节日的氛围中，获得全感体验。

（二）强调情境化

在学习含有劳动教育要素的语文教材中，教师应努力寻找与创设一个与教材内容高度相似的情境。这样的情境是自然生长的，是柔软的，人与情境的交互界面良好，可以对学生产生强大的召唤力。如此，学生就会沉浸其中，自主开展劳动项目，获得良好的自主选择感，深化"属我"的体验。如五年级下册《乡村四月》描写了春忙时节农民辛苦劳作的情景，教师可以让学生了解春忙时农村的主要劳动，实地探访了解春忙对于一年劳作的意义，从而对诗歌所表达的主题做更深入的探究。还可以把课堂搬到实景中去，走进葡萄园，学习课文《葡萄沟》，在自主采摘中享受劳动的成果，在晾晒中体验维

吾尔族同胞的智慧；走进西瓜地，学习课文《少年闰土》，在实景中想象惊险的画面，体会少年闰土的聪慧、灵敏与勇敢；在农家院落里朗读《田家四季歌》；在桂花丛中品读《桂花雨》；以纳米技术的实物情境为起点阅读《纳米技术就在我们身边》等。此外，《落花生》提到的花生，《少年闰土》提到的西瓜，《我要的是葫芦》提到的葫芦等，都是学生制作田园野趣玩具的好材料，可以将课文中的相关内容作为一个引子，引导学生去尝试有趣的玩具制作。

（三）项目主题化

根据统编小学语文教材的"劳动教育重点"，可以选择适合儿童与校情的项目，开展主题学习活动。（1）放大"课本里的劳动"。在课本内容的基础上，让学生结合课文内容，选择感兴趣的主题开展进一步的拓展项目，如"备年货""种植""家乡美景"等主题，引导学生聚焦语文学习，结合劳动素材开展项目研究。（2）投注"微型的园艺"。选择一个小地块，或者用防腐木建一个"一米农园"，让班级认领种植箱，小组包干种植培管花生，并且将花生的种植与观察、报道，尤其是童诗、童话写作紧密地结合起来。（3）激活"研究性学习"。例如："落花生"这个名字的由来是怎样的？在种植花生的过程中，如何用最环保的方式解决虫害的问题？花生是颗粒大的味道美，还是颗粒小的口感好？再通过合作探究形成"属我"的解决方案，经过验证，最终形成正式的研究报告并发布出来。

新时代劳动教育是学生发现生命才华、品尝劳动幸福、学会奉献付出的人生观、价值观教育。语文教师应当以课程的宏观视野去寻找语文教学与劳动教育的融合点，形成语文、劳动的双重奏鸣，为落实新时代劳动教育贡献学科力量。

学科教学中渗透劳动教育的逻辑起点探析

——以小学科学为例

冯 毅[①]

2020年3月,中共中央、国务院发布《关于全面加强新时代大中小学劳动教育的意见》,全面强调和部署新时代劳动教育,意义重大,指导明确。从课程和教学的视角来看,加强劳动教育除必须开发专设性的劳动教育必修课程外,其他课程也要从自身学科特点出发,有机渗透和融入劳动教育的内容。时任教育部部长陈宝生指出,数学、科学等学科要注重培养学生劳动的科学态度、规范意识、效率观念和创新精神,[1]这为学科如何渗透劳动教育指明了方向。但学科教师必须明确的是,学科教学渗透劳动教育必须建立在结构化思考和系统化设计的基础上,否则就只能拿出一些简单化、碎片化的操作内容和方法,很容易流于形式,不但影响学科教学既定目标的完成,而且达不到新时代劳动教育的价值诉求。笔者认为,确立在学科教学中渗透劳动教育的逻辑起点至关重要。一系列在学科教学中落实劳动教育的务实举措当以培养"有科学素养的小小劳动者"为逻辑起点。这就要求我们对儿童的特点、劳动的特点和学科特点有准确的研判。首先,不能忘记作为劳动主体的儿童的特点,要做到有的放矢;其次,要明确新时代劳动教育的要求,把握小学生参与的劳动的特点,精准发力;最后,要明确学科在劳动教育上的培育功能,彰显学科特点。

一、基于作为劳动主体的儿童的特点

当前,一些小学生中出现不珍惜劳动成果、不想劳动、不会劳动的现象,作为每天都和孩子们生活在一起的一线教师对此有切身感受。作为劳动主体的儿童既缺少劳动的意识,又缺少劳动的能力,更缺乏劳动的体验。在学科教学中渗透劳动教育,教师务必要"看到"儿童的特点。儿童处在身心发展的关键时期,在教学中加强劳动教育,为孩子创造劳动的机会,就能促使其

[①] 冯毅,江苏省南京市琅琊路小学高级教师。

向好的方面转变。看到儿童的特点，还意味着要落实一个"小"字，有的放矢，培养小小劳动者。在这方面，学科应有学科的方式，不同学科的教师也有各自的优势，应当充分发挥。

（一）唤醒劳动意识：我想去做

现实生活中，有些学生不愿意参加劳动，是因为压根儿没有想过劳动是一件重要的事情，在他们的"每日事件清单"中，就没有"劳动"这一项。有的学生把参加劳动当玩耍，一开始挺起劲，但是兴头一过，或者有更好玩的事情时，他们对手上的劳动就没有兴趣了。这时候如果强行把他们拉回到劳动中来，他们就会出现抵触情绪。上述现象表明，学生缺乏劳动的意识，甚至可以说没有建立关于劳动的概念认知。意识的增强不是靠简单的说教，而要让学生在劳动情境的濡染中、在劳动的实践体验中，唤醒"我很需要劳动"的主体意识。以小学科学为例。在科学教学中，教师可以从两个方面着手。一是要让学生认识到劳动的重要性。利用科学史里的小故事，让学生看到劳动对人的生存发展、对人类文明的传承接续所起到的重要作用。同时，中国古代劳动人民在劳动的过程中有很多创造发明，促进了科学技术的进步，有些东西到现在还在发挥重要作用。了解这些知识，学生就能够感受到劳动真的很重要，同时增强民族自信，体会到劳动的崇高、伟大与美丽之处。二是要让学生认识到劳动的必要性。例如研究土壤的课上完了，桌面上一片狼藉，收拾桌子和打扫实验室这些"脏活累活"绝不能让学生错过，因为这不仅是在劳动，也是增加学生与土壤亲密接触的机会。教室打扫干净后，教师组织学生讨论，新的发现和新的问题随之产生。这样的经历，有利于学生更新对劳动的认识，珍惜劳动的机会，愿意参加劳动。

（二）提高劳动本领：我能做好

有的学生不愿参加劳动，不是因为没有意愿，而是缺乏能力。对不会、不擅长的事情，很多学生都选择回避，因为不会做会导致失败、错误，会招致批评，让他们产生挫败感。科学学科注重引导学生研究身边的问题，强调科学探究、动手动脑、积极体验，这些方面的能力的提高构成了学生参与劳动的必备能力基础。但是我们也要看到，动手能力强并不等于劳动能力强，有很多擅长动手的学生劳动能力却很弱。在心理学上，能力和智力不同，智力主要解决知道不知道的问题，而能力是解决会与不会的问题。[2]能说出"劳动很重要"还不够，还不是能力，并且能力的形成和提高不能靠灌输，而要靠在情境中有目的地运用知识与技能解决问题。认识到这一点，教师必须在教学与劳动实践之间建立更多的联系，开发出更多真实的劳动场景，让学生亲历劳动，将所学的知识和技能运用在劳动的过程中。只有这样，才能真正提高学生的劳动能力。帮助学生在提高动手能力的同时提高其劳动能力，这是科学教学对提高学生劳动素养的重要贡献。

（三）强化劳动体验：我愿坚持

有些学生不愿意在劳动上投入时间和精力，是由于缺乏劳动所带来的成功体验和满足感。很多时候，成人觉得孩子在一些劳动项目上做不好，与其浪费时间还不如自己做。久而久之，就强化了儿童"做不好"的负面体验，他们也就不愿意去做了。殊不知，儿童在做一件事情的时候需要得到及时的鼓励，这种鼓励不仅来自他人的表扬，还来自劳动过程中的成就感对自己的激励。换句话说，儿童在从事劳动的过程中需要获得正向的体验，而且体验越多越好。体验的累积有助于学生建立对劳动的积极情感，形成良好的劳动习惯。教师要善于在教学中为学生创造劳动的环境。杜威强调，环境包括促成或阻碍、刺激或抑制生物的特有的活动的各种条件。[3]例如，科学教材中有很多种植和养殖的活动，涉及很多劳动的成分。教师要善于对这些活动进行设计和组织，不是强制学生去劳动，而是在这种被设计的环境中，劳动就是科学学习的方式。学生在劳动中做得越好，对知识的领悟就越好，学习的效果就越好。时间长了，他们就能够对自己的能力有所确认，对劳动创造美好生活的价值有所确证，从而慢慢地爱上劳动。

二、基于劳动教育之劳动的特点

学科教学中渗透劳动教育，必须明确新时代劳动教育的新要求。在国家层面加强新时代小学生劳动教育的设计框架中，劳动并不是一个泛化的概念。有学者指出，劳动教育之劳动是指体力劳动，[4]这是有指导性的。事实上，当前儿童最缺乏的正是体力劳动。因此，在学科教学中渗透劳动教育，最需加强的不是复杂的脑力劳动，而是学生身边的、体力的、简单的劳动。社会主义建设者和接班人的劳动精神面貌、劳动价值取向和劳动技能水平，正是植根于今天作为小小劳动者的学习、体验和积累的基础上的。

（一）立足身边的劳动：脚踏实地

所谓身边的劳动，是指发生在学生身体的近旁、周边的劳动，例如班级、校园的日常劳动，家里的劳动，社区的各种服务性劳动等。身边的劳动是离学生最近的，最接近"自己"的，却也是最容易被忽视的。对身边的劳动、身边劳动者的态度影响着学生的价值选择，应当引起足够的重视。例如，小学科学教学注重引导学生关注和研究身边常见现象中的科学问题，答疑解惑，而这些现象有很多是与劳动有关的。教师在教学中要将学生的视线拉回到身边的劳动上，引导学生参加班级、家庭、小区的劳动，亲身经历动手动脑的劳动实践，研究这些劳动中的学问，增强对这些劳动本身的体认。教师还可以请身边的劳动模范、劳动达人现身说法，讲述劳动中的科学知识、技能技巧，展现绝活儿，让学生发现身边的劳动真的有很多学问，真的不简单，对劳动成果心怀感恩，对劳动实践心存向往。

（二）立足体力的劳动：身体力行

体力的劳动相对于脑力的劳动而言，是以运动系统为主要运动器官的劳动。之所以要强调体力的劳动，是因为学生在每天的学习生活中基本上都在进行脑力劳动，体力劳动日渐式微。英国研究者的研究表明，长时间不从事体力劳动，缺乏动手劳动，会影响儿童大脑发育。早在十几年前，他们就发出警告称，英国正在变成一个"软件型"社会，而不是"螺丝刀型"社会。[5]强调体力劳动，有助于提升学生对体力劳动的认同，形成体力劳动不容小觑、体力劳动者很光荣的价值判断。

学科教学中强调体力的劳动，不仅有利于提高学生的劳动力量，也是学科教学的需要，因为学科教学依赖学生身体的参与。按照具身学习的理论，认知和思维都基于身体，离不开身体的体验。杜威指出，感官和肌肉不仅是知识的入口和通道，而且是获得有教育作用的经验的有机参与者。[3]学生在参与体力劳动的过程中，注意到自身的力量和所使用的工具、材料的力量之间的相互作用，就能自然地学到东西。譬如，在教授小学科学《推和拉》一课时，教师需要把桌椅都清空，这时候不妨让学生来完成这一劳动，当学生通过推和拉的方式费力地将桌椅移出教室，身体其实已经充分参与和感受到了力的作用，这本身就是学习的过程。

（三）立足简单的劳动：创新求精

很多儿童喜欢挑战一些难度很高的劳动项目，对一些最简单的劳动，比如扫地、拖地等日常家务和班级劳动反倒不感兴趣，因为这些劳动项目简单、普通、平凡，有的每天都在重复，学生觉得没意思，甚至有厌烦情绪。对于这些错误的认识，要引导学生换一种眼光重新审视简单劳动，教师则是这种审视的促成者。

首先，可以从学科的角度出发，引导学生发现简单劳动的意义，发现自己未曾关注的价值，将原先错误的观念调出来，进行加工转变。其次，教导学生把一些简单的劳动做得更好，通过科学知识的获取和技能的操练，创造性地开展劳动，积累劳动的成功体验。教师还可以通过课程资源的开发，引进一些把简单劳动做到极致的事例作为教学素材。

三、基于学科自身的特点

在学科教学中渗透劳动教育要基于学科的特点，充分挖掘学科在劳动素养上的培育功能。科学学科强调科学知识的掌握、科学方法（思维）的习得、科学态度的养成等，这些都是一个公民科学素养的重要组成部分，也是构成劳动素养的要素。换句话说，科学素养和劳动素养是相辅相成的，在科学教学中渗透劳动教育，其实是在学生劳动素养中注入科学精神，这也是培养学生做"有科学素养的小小劳动者"的立意所在。

（一）掌握劳动的科学知识：懂劳动

一个人只有掌握科学知识并加以运用，才能更好地从事劳动。从劳动的历史发展进程来看，科学和技术的更新，工程和技术产品的发明，改变着劳动的方式，也改变着人们的生产和生活。学生在科学课上能够学到很多科学知识，这些科学知识都是作为一个普通劳动者必备的知识，是在从事很多日常劳动、体力劳动时经常用到的，只不过学生并不知道这些知识可以用于劳动。这就要求教师在教学的过程中，将科学知识的掌握这一目标同时置于培养劳动素养这一价值目标之下，围绕物质科学、生命科学和地球与宇宙科学等各领域知识的学习设计劳动任务，让学生在劳动的过程中运用科学知识。如借助物质的溶解、物理变化和化学变化等知识，可以让学生做好个人清洁卫生，做好简单的家务和校园劳动；借助环境保护、垃圾分类等知识，可以让学生增强节约资源的意识，还能在处理垃圾等劳动上得心应手；关于不同类型的土壤适合生长不同植物的知识，可以更好地支持学生从事种植劳动。

（二）习得劳动的科学方法：善劳动

在劳动中掌握科学的方法是极其重要的，科学的方法可以提高劳动的精度和效率，减少劳动过程中的人员伤害。很多学生在劳动上做不好，缺少方法是重要的原因。劳动的方法是可以学习的，但是要真正变成自己的方法，必须经过实际的运用，并且要在运用的过程中反复琢磨才能得心应手。如科学教师可以直接教给学生一些劳动的方法，并发挥科学学科得天独厚的优势，引导学生对一些劳动活动进行分析，讨论怎么样才能做得更好，从而帮助学生形成自己独特的劳动方法。与此同时，还可以重点在技术与工程领域的知识与劳动教育的衔接渗透上做文章。比如，引导学生通过学习锤子、刀具、温度计等常见的简单工具的使用，对身边的物品进行简单的加工、测量等；通过使用杠杆、滑轮、轮轴、斜面等简单的机械，体会使用机械能够省力的优点，并在生活中寻找应用实例，学以致用；学习使用电饭煲、洗衣机、空气净化器等常见的科技产品，体会发明创造给劳动带来的便利性。

（三）养成劳动的科学态度：爱劳动

在普通劳动岗位上取得杰出成就的人，除了具备相应的科学知识、善于琢磨劳动的方法之外，都有勤俭、奋斗、创新、奉献的劳动精神。在科学家、工程师身上表现出来的创新的勇气、坚强的毅力和持续的努力，其实也是每一个合格的普通劳动者的共同特质。在养成劳动的科学态度上，科学教师可以将其与科学学科中科学态度的培养目标结合起来。一是培养学生对劳动本身的兴趣。劳动不是一件容易的事情，要想做好，就要开展探究活动。劳动活动中蕴含着各种科学现象、自然现象，对这些现象把握得越好，劳动的成效就越好。二是培养学生持之以恒的习惯。要引导学生认识到，在劳动中遇到困难不要着急，不能半途而废，劳动是自己的事情，自己能掌控的劳动技能才是真本领，要反复操练、反思评价、勇于改进。三是培养学生勇于创新的精神。虽然从事的是简单的、体力的劳动，但是也可以有所创新，大胆运用新的材料、新的思路、新的方法完成劳动任务，在简单中见智慧，在平凡中见不凡。四是培养学生合作分享的意识。除了给学生亲历劳动的机会外，还要教会学生与他人合作劳动，乐于倾听他人的想法，分享彼此的心得，形成最佳的劳动方案，提高劳动的效益。

总之，在学科教学中渗透劳动教育，应当立足培养"有科学素养的小小劳动者"，激发学生参加劳动的主观能动性，让学生想劳动、能做好、愿坚持；在劳动实践上脚踏实地、身体力行、创新求精；在劳动的过程中懂劳动、善劳动、爱劳动。这才是一名"有科学素养的小小劳动者"应有的精神面貌、核心能力和必备品格。

参考文献：

[1] 陈宝生. 全面贯彻党的教育方针 大力加强新时代劳动教育［N］. 人民日报，2020－03－30（12）.

[2] 林崇德. 学习与发展：中小学生心理能力发展与培养（修订版）［M］. 北京：北京师范大学出版社，2003.

[3] 约翰·杜威. 民主主义与教育［M］. 王承绪，译. 北京：人民教育出版社，2001.

[4] 刘次林. 劳动作为一种素养［J］. 教育发展研究，2019（10）：3.

[5] 刘秀英. 新闻月评［J］. 少年儿童研究，2008（2）：4－5.

低年级《道德与法治》教学中的劳动教育

王苏萍[①]

劳动创造美、劳动最光荣,劳动是中华民族的传统美德,德、智、体、美、劳全面发展是国家培养社会主义建设者和接班人的重要举措。新时代的劳动教育已经超越了传统的"劳动"概念,被赋予了新的内涵,在学科教学中如何渗透落实劳动教育呢?下面以小学一、二年级《道德与法治》教材"爱劳动"内容为例,探索学科中劳动教育的渗透与融合路径。

一、聚焦教材,厘清劳动教育"落脚点"

(一)梳理教材,明确劳动目标

《义务教育品德与生活课程标准(2011年版)》在基本理念部分指出:"品德与生活教育应当引导儿童在体验自身生活和参与社会生活的过程中,学会热爱生活、创造新生活;在服务自我、他人和集体的行动中,学会关心、学会做人。"从落实劳动教育的角度看,其间蕴含着针对小学低年级学生落实基本的自我劳动、简单的家务劳动和常规的值日劳动等教育的契机。梳理一、二年级《道德与法治》教材中与劳动教育相关的内容和目标,具体如表1所示。

表1 一、二年级《道德与法治》教材中与劳动教育相关的内容与目标举例

课文	主要内容	教育目标
一下:《让我自己来整理》	我爱学习:卷铅笔、整理铅笔盒、整理桌肚、整理书包 我爱生活:穿衣服、系鞋带、剪指甲、洗餐具、擦鞋、洗/晒袜子	争做小达人:具有良好的日常生活习惯和生活能力,自己的事自己做
一下:《干点家务活》	我爱家人:叠被子、整理床、整理书桌、整理茶几、整理餐桌、整理鞋柜、整理房间、整理衣柜、整理阳台、整理厨房等	争做小主人:学会做家务的基本技能,积极主动地分担家务,承担一定的责任
二上:《我是班级值日生》	我爱集体:擦黑板、排课桌、扫地和拖地、整理讲台、图书管理、节电、午餐管理、扫包干区、整理洗手间、打扫楼道	争做小能手:做好值日,掌握技能,养成担当意识,具有担当能力

[①] 王苏萍,浙江省嘉兴市海盐县三毛小学二级教师。

从表1中我们可以发现，在《道德与法治》教材中，小学低年级学生的劳动主要以"爱学习、爱生活、爱家人和爱集体"为主要内容，以争做"小达人""小主人"和"小能手"为教育目标，重点在于培养学生自己的事情自己做，并掌握基本的劳动技能，勇于承担一定的责任等。

（二）巧用教材，夯实劳动基础

对于小学低年级学生来说，生活经验是其形成良好品德和获得社会发展的基础，这是我们理解教材时需要关注的。根据表1内容，我们可以依据"小达人""小主人"和"小能手"的目标要求，巧用教材，提高学生的生活自理能力，帮助他们树立正确的劳动观念。

例如，一年级下册《让我自己来整理》一课的教学重点在于物归原位、有序整理。在教学时，我们借助多媒体教学，采用模拟操作方式进行：呈现厨房、卧室、书房和客厅4个场景，以及与之对应的各类生活用品，让学生根据已有的生活经验，通过小组合作，在富有趣味性的学习探究活动中学会整理方法。最后，教师设计了这样一个环节：从今天起，我们班将开展"整理小达人"的评比活动。教师发给学生每人一张《定时整理计划表》，周一至周日每天完成任务后就贴一个笑脸。

每一课教学的结束，不是句号，而是逗号。像这样，我们不仅仅关注了学生在课堂上如何整理事务，更是把劳动教育指向学生的日常生活，使日常劳动内化成学生的自觉自愿行为。

（三）深挖教材，丰富劳动内涵

共有与共享，为公共生活奠基，是统编版《道德与法治》二年级教材聚焦的教育主题。因此，我们深挖教材，从"内涵"的视角制定目标，开展有价值的劳动活动，引领学生走向广阔的公共生活，更好地适应未来生活。

例如，在《装扮我们的教室》一课，我们的活动设计打破了一般的做一点手工、贴几幅画、剪几条彩带、挂几个气球等简单且形式化的活动，而从"内涵"与"价值"的视角，引导学生用自己的经验来"装扮"教室，培养学生的合作与劳动共创能力。我们首先让学生观察、发现教室现有的美，然后引导学生思考：在这样美丽的教室里，如何通过自己的劳动行为让教室更美？抛出问题后，让大家谈一谈、议一议，最后达成共识。这样，学生认识到了"班级是我们共同生活的场所"，当每一个人都用自己的努力和成长来装扮教室时，班级变得更美了，同时大家也享受到了创造带来的欢乐，每个人都实现了更好的成长。

二、延展教材，促进劳动习惯养成

统编版小学《道德与法治》教材引领教学从认知学习转向生活的自主构建，引导学生在多种可能的生活中选择"好"的生活——一种有价值、有意义的生活。这就需要教师不仅要教好教材中的相关内容，更要深入挖掘与拓展、延伸教材，在生活中努力促进学生劳动习惯的养成。

（一）整合教材，巩固劳动行为

良好习惯的养成对学生来说会受益终身。劳动教育要使学生将劳动习惯内化为自身素养，仅靠课堂上的知识技能教学是远远不够的。为此，我们整合教材，不仅让学生置身于鲜活的劳动场景中，更注重引导学生通过劳动养成坚持不懈、努力克服困难的品质。

统编版《道德与法治》二年级上册第一单元安排了"假期有收获""周末巧安排"等内容，我们在组织教学时紧密结合劳动教育，把劳动作业安排其中。特别是在教学二年级下册《坚持才会有收获》一课时，除了基于教材内容开展教学外，还结合一年级下册《干点家务活》一课，让学生充分认识到生活中有很多事情需要坚持，只有坚持才有收获。

好习惯的养成需要连续不间断地训练，家庭要帮助孩子养成良好的生活习惯。为此，我们结合《坚持才会有收获》一课的教学，让学生开展连续21天的打卡活动：由学生根据家庭实际情况和自身特点，选择一项家务劳动，每天由家长帮忙拍摄劳动照片并发送到朋友圈。坚持21天后，由家长将21张朋友圈截图打包发给老师，从而鼓励学生培养一个劳动好习惯并不断保持下去。

（二）拓宽思路，提升劳动能力

道德与法治课程的中心任务是教孩子"学习做人"。劳动能力的培养，不是一个单纯的知识学习过程，而是在综合、整体、深入的意义上实现"对生活的洞察"，是一种实践智慧的获得过程。基于此，学生对劳动教育的认识不能仅停留于"要我做"，更要明白"我要做什么""怎么做"和"做得怎么样"，从而形成完整的教育链，从愿干到会干再到巧干，以此提升自身独立自主完成劳动的能力。

以《干点家务活》一课为例。我们从学生对家务活的已有认知和生活经验出发，引导学生学做家务活并发挥创意，总结展示自己的新发现、新技能。根据教材第二板块"做点家务很不错"的内容，这样指导学生："想一想，我已经会做的家务有哪些？""学一学，我还能学会做哪些家务？""赞一赞，谁还能发现做家务的窍门？"并设计"做点家务很不错"成果展示表。学生以照片、小视频、语言描述等方式，进行汇报和展示："妈妈告诉我煮饭前把米泡一泡，煮出来的饭会更软更香！""淘米水可以洗排骨、泡老笋干！""我试过了，用牙膏洗杯子，杯子会更亮！""我从网上了解到，可乐可以洗马桶，柚子皮可以去冰箱异味。"在这样的劳动教育与学科知识融合的教学活动中，不同层次学生的劳动技能都得到了提升，品尝到劳动创新带来的快乐，实现了生活、教学、发展三位一体。

(三) 综合评价，助力劳动习惯养成

《义务教育品德与生活课程标准（2011年版）》在评价建议中指出：既要关注过程，又要追求多元。有效的、合理的评价会对学生的学习行为产生重要的反馈和激励、导向等作用。因此，教师应依据课程标准和教学目标，着眼于对学生在整个劳动过程中所发挥的作用和解决问题的态度、方法、能力等进行评估，借助综合评价激励与强化学生的劳动意识与行为习惯。

仍以《干点家务活》一课为例。我们组织学生通过图片、文字、图文小视频等形式，展示劳动成果，并依托成果展示对学生在活动过程中的表现情况，如学习干家务的兴趣和热情、解决困难的耐心和勇气、能主动分担家庭责任、学会干家务的本领等8项情况进行综合评价（包括自评、互评、家长评、老师评），充分体现道德与法治课程注重过程评价和质性评价的理念。在这样的学习过程中，学生不仅学会和提高了做家务的基本技能，变成了干家务活的"小能手"，而且在承担家务责任、提高家务劳动技能的过程中，享受到了家庭生活的乐趣，成为家庭里的"小主人"。

劳动教育是促进学生德性成长的有效途径。作为教师，应充分发挥道德与法治课程的育人功能，将劳动教育灵活穿插、融合于教学过程，并以儿童的生活经验和所遇到的现实问题为起点，积极引导其参与劳动实践，养成正确的劳动价值观念，促进其持续成长。

多学科整合理念下的数学绘本教学

——以数学绘本《嘀嗒嘀嗒当当当》教学为例

徐明旭[1]

早期的小学数学课堂教学，教师为了快速教会学生数学知识和正确解题的方法，在备课时通常考虑以基础知识和基本技能为主，忽视学生的主体地位，以致形成了"满堂讲""满堂练"的教学现象。虽然学生靠死记硬背掌握了课本中的知识，但他们慢慢地失去了自己的思考，也开始厌倦数学学习。在新一轮课改中，这种现象逐步得到改善。有数学教师尝试改变原来的教学方式，找到不同学科之间的整合点，以数学绘本为载体，把不同学科中的同一知识点连接起来，实现了学科知识的多元整合。

比如，最近笔者在教学苏教版《数学》二年级下册第二单元《时、分、秒》一课中的"认识整时"这部分内容时，就整合了语文的阅读、数学的知识、美术的设计等，利用"好玩的数学绘本"中的时间绘本《嘀嗒嘀嗒当当当》展开教学，同时确定以下教学目标：借助《嘀嗒嘀嗒当当当》的数学绘本帮助学生认识钟面上的针和数字，结合生活经验学会看整时和记录整时的方法；通过绘本阅读和拨表活动，提高学生的探究意识和数学思考能力，感悟学习时间在生活中的作用；通过《嘀嗒嘀嗒当当当》的数学绘本，帮助学生初步建立时间观念，养成守时和合理安排时间的好习惯。

一、创设情境，引出故事

基于低年级学生的心理特征和思维特征，笔者把绘本故事的情境导入用有趣的方式录制成了一段音频，让学生在动听的声音中进入到数学绘本故事之中。

师：（播放绘本导入的音频，并用课件呈现绘本封面。）小朋友们，今天老师给大家带来了关于时间的数学绘本《嘀嗒嘀嗒当当当》。农场的一天开始了。到了不同的时间，大钟会发出不同数量的响声，敲几下就是几点钟。比如敲一下就是1点钟，敲两下就是2点钟……小朋友们，请你仔细观察农场

---

[1] 徐明旭，江苏省射阳县小学数学教师。

里的大钟,你有什么发现?

生1:我发现大钟上面有数字,1、2、3、4、5、6、7、8、9、10、11、12。

生2:我发现大钟上1和2之间有一条条短短的线。

师:你们知道这些"短短的线"代表着什么吗?

生3:走过1条线就表示1分钟,走过2条线就表示2分钟……

生4:我发现这里有3根针:时针、分针、秒针。

生5:我发现时针、分针和秒针走的方向是左上右下。

师:这3根针走的方向是这样的吗?请你拿出学具钟拨一拨。我们把左上右下的方向叫做顺时针方向。

在这个教学片段中,教师运用生动的语言艺术把学生带入到数学绘本故事的氛围中,并引导学生仔细观察农场大钟上的数字、指针和方向,初步了解钟面上的各个部件。这样的教学设计不仅给学生预示了这节课要学习的数学知识,还培养了学生的倾听能力和表达能力,让他们在数学绘本故事中学习数学新知识。

二、导读激趣,学习新知

数学绘本课的一般教学模式是教师先带领学生一起阅读绘本故事,然后在重要的数学知识部分展开新知识教学。这样的教学不仅包含了数学的"故事味",还有浓浓的"数学味"。如笔者在用数学绘本教学"认识整时"的内容时,从精彩的数学绘本故事慢慢聚焦到数学新知识的学习上,然后引导学生通过观察时间,认识钟面、钟面上的针的关系以及认识整时。

师:农场里的时钟"嘀嗒嘀嗒"地转了一圈又一圈,每到整点时,时钟都会"当当当"地响起钟声。农场的每一天都随着钟声悄悄溜走。小朋友们,请观察这只大钟,你们看到了什么?

生:钟面上短短的针是时针,长长的针是分针。

师:"当当当——"时钟的钟声响了7次,(课件出示钟面)现在是什么时候了?你是怎么知道的?

生:分针指着12,时针指着7,是7时。

师:早上7时,小动物们在干什么呀?

生:早上7时,农场的小动物们都起床了。小猪说:"我本来想再睡一会

基于核心素养的跨学科学习

儿的,因为时钟,都睡不着了!"

师:时钟嘀嗒嘀嗒地走着,钟声响了 8 次,(课件出示钟面)现在是什么时候?你是怎么知道的?这个时间小动物们又在干什么?

生:分针指着 12,时针指着 8,是 8 时。早上 8 时,小动物们吃了早饭。"嗯嗯,真好吃!""啧啧,真好吃!"但是小猪却嘟着嘴抱怨道:"为什么要按照时间吃饭呢?我想随时吃呢!就是因为有时钟,都不能那样做了。"

……

在这个教学片段中,教师组织学生认识了早上 7 时、早上 8 时、早上 9 时、下午 1 时、下午 5 时、晚上 10 时等重要时间。除了认识时间,还要让学生知道这个时间人们在做什么事情,同时也渗透了"1 天有 24 小时"的时间概念。当学生认识了这么多整时之后,教师应当帮助学生提炼认识整时的核心知识:当分针指着 12 时,时针指着几就是几时。

三、游戏拓展,巩固提升

爱玩游戏是儿童的天性,儿童在轻松愉快的游戏氛围中,更容易激发学习主动性和创造力。因此,笔者结合数学绘本后面的"动手操作"环节,为每个学生提供了一只钟面,让他们在拨动钟面上的指针的过程中巩固看时间的方法,并知道这个时间应该做什么。

师:就在这个时候,"嘀嗒嘀嗒"转动着的时钟突然停住了。时钟不工作了,小动物们的一天变得很乱。鸭子因为睡懒觉,没能去幼儿园;兔子因为不知道吃饭用了多长时间,一直吃啊吃,结果拉肚子了;小猫和小狗一直玩到很晚,被妈妈训斥了……"农场里需要时钟!"听到喊声的山羊爷爷来修时钟了。"好啦,原来是时钟没有东西吃,所以停住了。"小猪一听,马上把自己的食物递了过去。请你自己阅读数学绘本第 23 页到第 29 页,动手在钟面上拨出这些时间,并说说你是怎么看整时的。

生 1:分针指着 12,时针指着 4,是 4 时。分针指着 12,时针指着 2,是 2 时。分针指着 12,时针指着 7,是 7 时。分针指着 12,时针指着 8,是 8 时。分针指着 12,时针指着 3,是 3 时。分针指着 12,时针指着 5,是 5 时。

生 2:咦,这几个钟面的分针不是指着 12,而是指着 6 了,怎么看啊?

生 3:这还不简单,1 个小时是 60 分钟,那么一半就是 30 分钟了,分针指着 6 就是几时半了。看,分针指着 6,时针指在 2 和 3 中间,还没到 3 时,所以是 2 时半。

生 4：哦，原来是这样看半时的，我也来试一试。分针指着 6，时针指在 9 和 10 之间，是 10 时半。

生 3：不对，时针指在 9 和 10 之间，说明还没有到 10 时，应该是 9 时半。

生 4：哦，原来是这样啊，我明白了。

这个教学片段，学生在边阅读绘本边拨动钟面上的指针说时间的过程中遇到了新问题，大家运用已经学会的看整时的方法迁移引出看整时半的方法，这种"似教非教"的无痕教育起到了非常好的效果。

四、涂鸦数学，创作绘本

教师不仅可以把数学绘本作为数学阅读和教学的素材，还可以让学生自己创作数学绘本，以此来培养他们的想象力和运用知识的能力。因此，在学生学习时间绘本《嘀嗒嘀嗒当当当》后，我布置了让每位学生创作数学绘本的作业，并利用数学拓展课的时间让他们上台分享自己的作品。

师：小朋友们，今天我们学习了数学绘本《嘀嗒嘀嗒当当当》，知道了怎么看整时。接下来，我们自己也来画一画你的一天或者你家人的一天。

在之后的拓展课上，学生分享展示了自己的作品。

生 1：我创作的数学绘本题目是《我的一天》。每天早上 7 时，床边的闹钟把我从睡梦中叫醒，我连忙刷牙、洗脸。到了早上 7 时 10 分，妈妈为我准备了好吃的早餐，我急急忙忙地吃完早餐去上学。到了早上 7 时半，我就步行到学校。8 时到了，我们拿出语文课本开始阅读和背诵课文。时间过得真快，早上我们上完 3 节课，到了 11 时半，我们就去吃中午饭了。不知不觉到了下午 1 时 10 分，下午的 3 节课让我学到了很多知识。到了下午 3 时 40 分，我背着书包高高兴兴地回家了。

生 2：我创作的数学绘本题目是《爸爸的一天》。每天早上 6 时半，爸爸就起床为我准备早餐，等我起床。到了 7 时半，爸爸送我去上学，等我到了学校，爸爸就去上班了。爸爸的工作时间从早上 8 时到中午 11 时，下午 1 时到下午 5 时，他每天工作 7 小时。

教师让学生运用学到的时间知识创作数学绘本，成功地将数学与艺术结合起来，让学生在艺术中运用数学，既培养了学生的审美能力和创造力，又让学生在潜移默化中运用数学知识。当学生完成自己的数学绘本作品后，他们在互相分享的过程中不仅提高了语言表达力，还学到了更多的数学知识。

总之，以数学绘本为主的数学拓展课程容纳了数学阅读、知识学习、绘本创作、绘本表演等活动，改变了原来的课堂模式，让数学课堂活泼起来；拓宽了学生的数学视野，让数学课堂丰富起来，最终让他们在多学科的整合活动中爱上数学。

借力美术 拓延历史

——历史与社会和美术课程整合初探

王楚阳[①]

一、整合：源于困境

《历史与社会》作为一门综合课程，力求遵循唯物史观，从学生生活实际出发，顺应当代社会发展，帮助学生把握生活时空、人地关系，培养学生既有家国情怀又有国际视野、既有审美雅趣又有人文创新，为终身学习和全面发展奠定基础。《义务教育美术课程标准（2011年版）》中提出，美术学科以视觉形象承载和表达人的思想观念、情感态度和审美趣味，丰富人类的精神和物质世界，以感知、理解和创造视觉形象为特征，明确要求美术学科与其他学科的联系，将美术学科与其他学科融合贯通，增强学生综合解决问题的能力。

几千年的人类历史为我们留下了数不胜数的文明瑰宝，除了史书之外，还有大量的文物、书法、画作、雕塑等，可谓丰富多彩。但从教学实践来看，一方面，由于年代久远，学生在感知古代史部分课程的时候接触到的大多是一些概念和结论，比较枯燥乏味，对历史图片也是走马观花；另一方面，初中生的抽象逻辑思维逐步由经验型向理论型转化，观察、记忆、想象等诸种能力迅速发展，能对超出其直接感知的事物提出假设和进行推理论证，但这种抽象逻辑思维在很大程度上还需要感性经验的支持，而课堂教学模式单一，无法引起学生的学习兴趣，造成了学生喜欢历史故事却不喜欢学历史的现实。

因此，我们尝试通过美术学科和历史与社会（中国古代史部分）的初步整合，让学生能够直接从历史图片中获取历史知识，同时把历史知识以图片的形式储存在他们的大脑里，便于他们理解和记忆，方便提取使用。从教育的效果来说，学生对于图片信息的接受时间要比文字信息短。在历史课堂上使用图片不单单是为了趣味性，还可以使学生在较短的时间内接收较多的信息，提高课堂效率。同时，围绕有关主题欣赏历史图片，有助于学生积累视

[①] 王楚阳，浙江省台州市椒江区下陈中学校长。

觉、触觉和其他感官的经验，学会多角度、多层面地分析和判断，从而学会欣赏不同时代和文化的美术作品，关注生活中的美术现象，涵养人文精神并自由抒发情感，表达个性和创意，发展感知能力、形象思维能力、表达和交流能力。

二、整合：在于改变

课程整合是指课程内和课程间的教学目标、教学内容、教学方法的整合。我们把《历史与社会》和《美术》课程相互整合，超越不同知识体系，以关注共同要素即学生核心素养的培养为目标，来进行课程开发。以八年级《历史与社会》中的中国古代史部分为例，我们梳理了教科书中能够反映事物和传达信息的图片资料，发现存在大量的美术教育元素，里面涉及雕塑作品10余处，绘画作品30余处，书法作品2处，建筑作品20余处，实物30余处等。其实，历史学习并不是学生单方面枯燥地听教师讲史料，更多的应该是学生主动地去感受历史。如何让这些沉睡的实物"活"起来，吸引学生主动学习历史？通过这些历史图片，以形象、生动、直观的方式表达出丰富的历史信息，我们把复杂的历史现象或是历史事件以学生乐于接受的形式展现在学生面前。

与艺术品近距离接触，在历史教学中实际上是不可能实现的，最直接的方法是面对书本上的文物图片进行讲授。如在讲授新石器时代的陶器等内容的时候，我们看到种类繁多的器型，常规的教学只从形状、颜色、用途上去描述一下，对此学生普遍感觉枯燥无味，对教师来说，这种教学也没有实际价值。所以在教学中，我们尝试用艺术欣赏的思维去研究每一幅装饰图案，比如，对于河姆渡遗址的黑陶，探究它背后积淀的知识；比较家猪和野猪的区别时，让学生去寻找证据解读图案的背景，还原这一时期的生态面貌。学生在论证后得出结论：人类在进化过程中，进入了定居生活，它提供了野猪向家猪转化的初始阶段的资料，反映了原始畜牧业萌芽的情况。对于美术欣赏来说，最重要的莫过于对艺术品的亲身感受。如果学生对当时的真实环境有一个宏观的了解，抽象的美术知识与历史背景便得以紧密结合。

又如，在学习"秦末农民起义"这部分内容时，学生欣赏图片中秦始皇陵兵马俑那规模宏大的场景时，都对这个世界第八大奇观赞叹不已。那么，如何从这宏大的雕塑群中挖掘出历史的信息和元素呢？除了找寻背景和相关知识之外，学生还可以直接从整个队列的排序进行探究。学生从队列和外观两方面进行研究，得出的结论是：兵马俑陶雕塑群震撼人心的艺术力量，就在于那一个接一个、一队连一队、重复排列而又起伏变化，在多样中体现统一的组合形式，它展现了古代战争的种种阵法。对兵马俑外形的表述：雕塑栩栩如生、神态形象生动、神情各不相同、体格魁梧、体态匀称，准备随时上阵拼杀；将军俑神态自若，表现出临战不惊的大将风度；陶马体形健硕、肌肉丰满、昂首伫立、表情机警敏捷，匹匹都像是奔驰战场的骏马；武器有青铜剑、青铜矛和弩。这些都显示了秦始皇威震四海、统一六国的雄伟军容。这样，原本琐碎无聊的历史知识就变得生动可爱起来，苍白无力的知识概念也变得血肉丰满。将美术欣赏作为一个突破点，培养了学生学习历史的兴趣。

历史离不开人物，特别是有影响的人物。《历史与社会》教科书中都有历史人物的画像。但是教材中的画像数量不多，需要教师根据资料加以补充。如，八年级上册"唐朝对外关系"一节中，教材讲了两个有影响力的人物——玄奘和鉴真。教材中有玄奘和鉴真的人物画像。在欣赏画像时，学生提出一幅鉴真像并不能反映出鉴真6次东渡的坚强意志，它跟一般寺庙里的僧侣像并无二样。由此，教师可以根据彩图和资料重新设置一张图片：只见鉴真双目紧闭，船舶漂浮在海上，向东行驶，中间和右边都是波涛汹涌的大海。这样的画面可以更好地传达出鉴真虽然双目失明，却仍然坚持东渡传教，体现了鉴真坚忍不拔的意志，这对学生的意志培养极具感染力。

总之，我们应该根据学生学习的需要，打破泾渭分明的学科界限，让学生体验不同学科之间的内在联系，还原他们完整的经验世界。我们通过《美术》和《历史与社会》（中国古代史部分）的初步整合，让学生在审美中感受到历史的自然美、社会美、科技美、艺术美，这既发展了学生的智慧，更是对他们核心素养的提升。

从"单学科"到"全素养",构建儿童全息阅读课程

徐燕娟[1]

一、儿童全息阅读课程构建背景

江苏省常州市新北区三井实验小学的阅读课程建设历经了"单学科—全学科—多情境—全素养"4个发展阶段,最终构建起素养导向的儿童全息阅读课程,成为儿童学习样态的一种有效的校本表达。

(一)第一阶段:立足单学科,形成阅读的基本范式

学校自2005年起致力于"书香校园"建设,初期主要依托语文学科来开展。除了引导学生增加课外阅读量,语文学科教师团队的研究重心大多放在语文阅读教学及实施策略的研究上。在近10年的努力中,语文学科教师尝试了从单篇走向多篇再走向单元整体的教学,探索形成了不同体裁语篇的课堂阅读教学范式,以及整体关联、比较思辨和主题探究3种阅读策略。同时,以"爱、成长、自然、历史、生命"为主题,学校研制形成了"1—6年级儿童全息阅读五大主题阅读框架"(图1),为学生搭建了较全面的阅读知识框架。

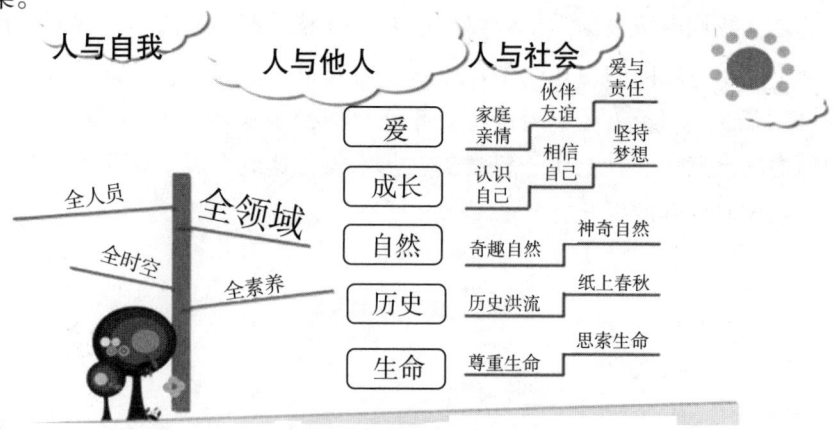

图1 五大主题阅读框架

---

[1] 徐燕娟,江苏省常州市新北区三井实验小学校长,中学高级教师。

（二）第二阶段：融通多学科，突破阅读的僵化围限

2015年开始，由以语文学科为主的阅读研究活动逐步扩展到全学科，也称"全阅读"。这时，学校第一次提出了"全息阅读"理念，并成立学校层面的"全息阅读"项目组。"全息（holography）"一词，原来特指一种三维摄影摄像技术，即能全面、立体地呈现出物体的真实情况的技术。借用"全息"概念，我们提出"全息阅读"的理念，希望通过阅读关联撬动各学科的学习以及学生社会生活的方方面面。

"全息阅读"项目组由语文学科教师为主，其他各科教师为辅，以全员参与的方式，按主题式阅读书单，开展学科跨界融通式阅读。项目组基于原本的5大阅读主题，结合儿童年龄特点、阅读能力提升特点等尝试设计更系统的课程框架，确定了除常规的阅读导读课、阅读交流课课型以外的跨界融合课、生活拓展课课型，打破了学科之间的界限，从单学科教学走向了多学科的融合。

经过几年的探索，学校推出了基于情境的"跨界融合"主题情境阅读，以"推荐导读课、阅读交流课、跨界融合课、生活拓展课"4大课型范式，打开各个学科之间的区隔，实现学科间的相互促进。推进"内容导向式阅读""问题导向式阅读""任务导向式阅读"3种跨界阅读方式，以实现学校生活与课程实施的融通整合。

（三）第三阶段：链接多情境，架构三位一体的阅读范式

2016年，学校因"儿童全息阅读"课程建设的初步成就，成为常州市课程基地。基地的建设促进了学校、家庭、社会三位一体的阅读范式的形成。"儿童全息阅读"课程（图2）以儿童为中心，以课程为载体，整合学校、家庭、社会多方资源，打破三者壁垒，使学生的阅读由课内走向课外，由校内延伸到校外，基于阅读又超越阅读。这一阶段，学校开发了阅读行动区，创设全方位覆盖的阅读环境，建设了五廊十方区角，搭建了全息阅读馆、儿童阅读中心等开放式、互动式场馆；开发校外阅读环境资源，与常州市博物馆、图书馆等深度合作，开辟了更广泛的阅读实践场域。2020年疫情期间，学校大胆突破，借助"2029未来学校"联盟单位，立足学生居家学习的实际情况，实现全时空学习、全人员参与、全素养提升的学习新样态，第一时间启动了"全息阅读·云课堂"线上阅读直播。"全息阅读·云课堂"以单元形式推出云课堂阅读课程，为师生、家长打开一扇居家学习分享的窗口，营造

出共读、共享、共创的阅读氛围。

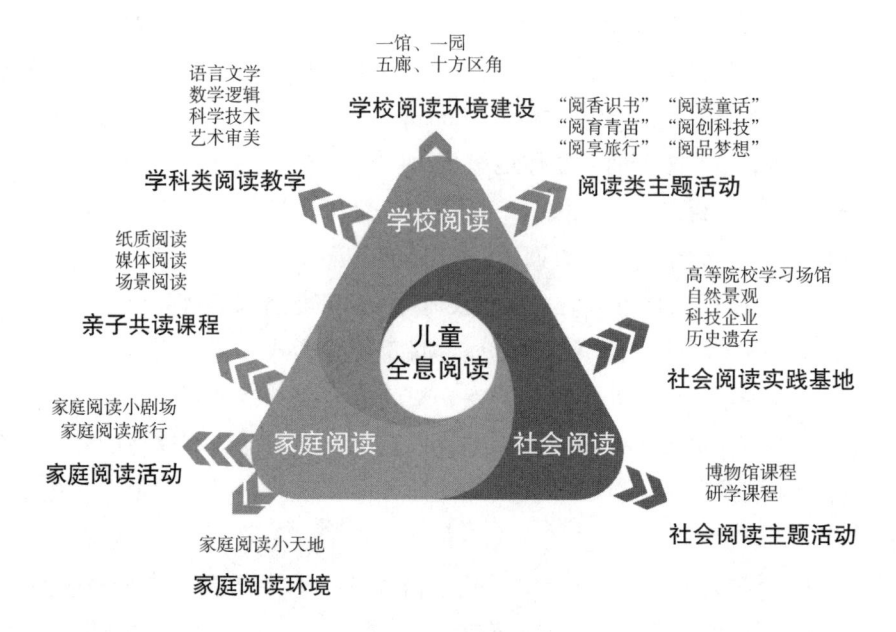

图2 儿童全息阅读课程体系

（四）第四阶段：指向全素养，创新阅读的生活样态

在当前大数据时代，阅读已贯穿在儿童生命成长的全过程、全领域、全方位。我们将学校作为阅读生活的一个原点，挖掘内涵，在儿童成长节点上，为学生构筑"纵横+"的校园化生活阅读，实现"通过阅读的教育"，促进学生全素养发展。

横向：一年内阅读与能力发展互促互进。通过开展系列教学活动（整本书阅读教学）、传统活动（期初期末主题阅读）、校园文化活动（年度读书节）、校外研学活动等促成一学年的阅读体验。

纵向：让阅读与品格提升相辅相成，达成六年六"阅"（表1），引领学生以生存为本、生活为源、阅读为核，将世界打开，使品格提升。

表1 六年六"阅"活动

年级	一	二	三	四	五	六
阅读活动	闻香识书	阅读童话	阅育青苗	阅创城市	阅享博物	阅品梦想
品格提升	文明知礼	合作互让	诚信友善	自主自律	责任担当	尊重感恩

二、"全息阅读"的价值追求

(一)基于"大阅读"视角,解决阅读教学中存在的问题

学校阅读课程的建设始终坚持从问题中来到问题中去、理论与实践相结合的原则,在改革中不断反思,与时俱进,并有针对性地解决以下问题。

一是阅读目标价值孤化:重知识,轻素养。阅读教学存在内容侧重知识层面,在阅读方法、阅读素养乃至品格提升方面的研究不足等问题。

二是阅读实践路径单一:多单学科,少整体性。长期以来,阅读教学似乎仅仅是语文学科教师的事,语文学科教师也很难引导学生从学科阅读中提炼、概括出多学科、多情境的阅读范式,乃至提炼、概括应用信息的一般性思维方式。

三是阅读学习方式僵化:重个性化,缺体验化。儿童的阅读与儿童的个体生活经验发生联系不足,阅读虽然是个性化的行为,但同时需要交流、分享、批判。传统的阅读往往止于课堂与校园,不重视学生的阅读实践,没有很好地解决家校阅读之间的联系,不能使家庭阅读成为哺育学生精神成长的驱动力。

"全息阅读"基于儿童发展需要,强调在"全时空"状态下,"全人员"共同参与"全领域"阅读,以追求儿童"全素养"的提升,最终指向"全人发展"的育人目标,使学生具有能够适应个人终身发展和社会发展需要的必备品格和关键能力。

(二)落实"通过阅读的教育",指向全面育人

"全息阅读"基于儿童发展需要,通过社会感知式的、综合式的、体验性的阅读活动,关联了学校阅读、家庭阅读、社会阅读,打开学校与儿童生活之间的区隔,相互促进,增进理解(图3)。

"全息阅读"是一种高品质的阅读,是以多样化的课程形态、多形式的阅读方式为抓手,以促进学生综合素养提升为目标的阅读方式的变革。

就其发展目标来说,"全息阅读"通过践行"通过阅读的教育",着眼于儿童阅读素养的提升与精神世界的成长。就其学习方式来说,"全息阅读"是指在"全时空"状态下,"全人员"共同参与的"全领域"阅读。就其思维方式来说,"全息阅读"是一种整体关联式阅读,注重阅读材料的整体性,使学生从单一思维向整体思维转变;"全息阅读"是一种思辨式阅读,使学生能

透过现象关注本质,从片面思维向立体思维转变。就其阅读样态来说,"全息阅读"是一种兼具泛在性、全科性、实践性的阅读,旨在打开学生生活的视界,使学生在阅读中生活,在生活中阅读。

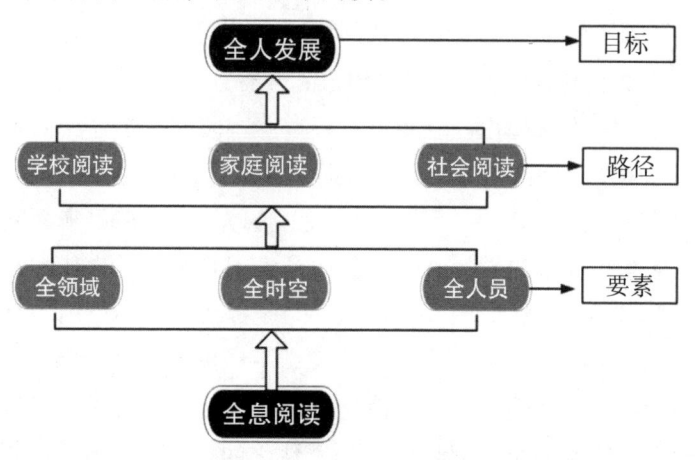

```
                    全人发展 ──────→ 目标
                       ↑
      学校阅读    家庭阅读    社会阅读 ──→ 路径
                       ↑
      全领域      全时空      全人员  ──→ 要素
                       ↑
                    全息阅读
```

图3 "全息阅读"与学校发展目标框架体系

"全息阅读"不再就阅读而阅读,其目标不仅仅在于提升学生的"语言素养"本身,还在于践行"通过阅读的教育",基于知识生长又超越知识生长,重视学生内在隐性素养的获得,重在引导学生体会书本中隐藏的思想方法和精神,培养学生的核心素养。所以说,"全息阅读"基于阅读又超越阅读,面向儿童未来人生的发展,引领儿童过有德性、有尊严的美好生活,实现全人发展,使儿童成为独特的精神自我与有活力的生命个体。"全息阅读"是人成长的重要方式,目的是培养终身阅读者。

三、指向全人的全息阅读课程育人实践

"单学科—全学科—多情境—全素养"4个发展时期,也是一段阅读育人实践的探索历程,学校分步实施,逐渐探索出了一条以阅读实践改变学校的发展之路。

(一)整体建构"纵横+"全息阅读儿童成长新方式体系

经过多年探索,学校构建了"纵横+"全息阅读儿童成长方式模型架构(图4):横向指学生一年内阅读与能力发展互促互进;纵向指学生阅读与品格的提升相辅相成,通过达成6年6"阅",引领学生以生存为本、生活为源、阅读为核,将世界打开,提升品格。总之,两向融合促使儿童身心成长和品

格提升并举。[1]

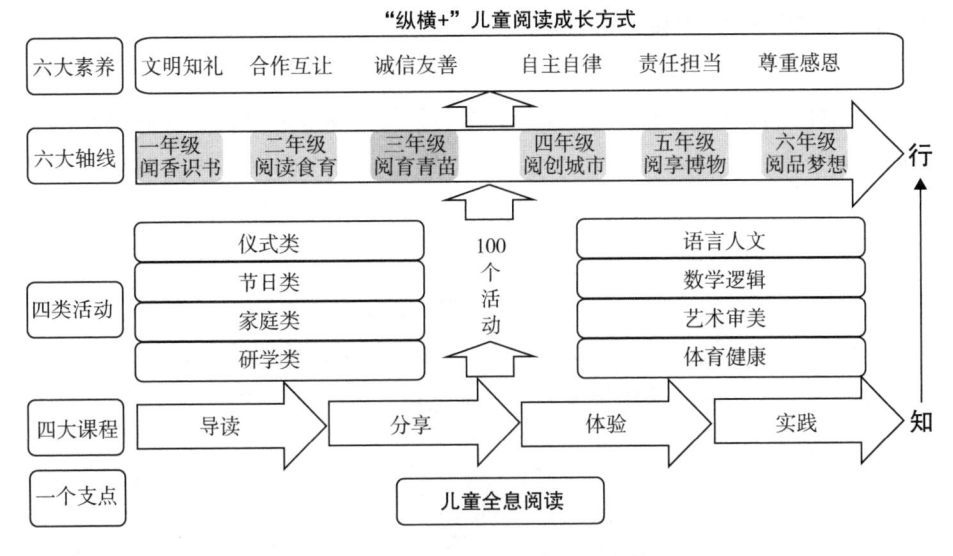

"纵横+"儿童阅读成长方式

六大素养	文明知礼　合作互让　诚信友善　自主自律　责任担当　尊重感恩
六大轴线	一年级 闻香识书 ／ 二年级 阅读食育 ／ 三年级 阅育青苗 ／ 四年级 阅创城市 ／ 五年级 阅享博物 ／ 六年级 阅品梦想
四类活动	仪式类、节日类、家庭类、研学类　100个活动　语言人文、数学逻辑、艺术审美、体育健康
四大课程	导读 → 分享 → 体验 → 实践
一个支点	儿童全息阅读

行 / 知

图4　"纵横+"儿童全息阅读体系

例如，为进一步强化阅读的实践性与综合性，针对五年级设计了"走进博物馆"课程，将书中人物在真实场景中呈现出来，使学生的学习从二维走向三维，立体建构在书中获得的知识，从而让学生的理解更深入、思考更深邃。在空间上，打造"一公里阅读圈"，探索自然式阅读和场馆式阅读。学校充分挖掘周边文化资源，以学校为圆心，形成"全息阅读"5大类阅读实践基地：高等院校、学习场馆（博物馆、科技馆、规划馆、图书馆）、人文自然景观（恐龙园、江南环球港、新区公园、新龙生态林）、创新科技企业（动漫基地、天合光能、星宇车灯）、历史遗存（青果巷、东坡公园、红梅公园、常州三杰故居），组织学生到这些基地开展全息阅读活动，展开真实场域的阅读学习。四年级为学生提供行读式探阅，尝试行走式阅读、体验式阅读和探究式阅读，丰富学生的阅读体验。以"阅读常州"系列活动为例，学校把所生活的城市作为一本立体的书，用课程的视角来建构城市阅读路线。学校还设计了"看自然风光、寻历史古迹、访名人故居、传非遗文化、品人文意趣"5个主题活动。学生以摄影、板画、素描等多样的方式捕捉城市风光；以制作常州名人宣传册为任务，在瞻仰瞿秋白故居、漫步青果巷中感受常州英杰的不朽风采，探究常州名人传奇；以领略非遗文化魅力为目的，体验留青竹刻的工艺。学生在行走中，从多个角度去阅读常州，爱上常州，心灵在家乡土壤中扎了根。

（二）构筑四个"转向"，转变学习方式

1. 基于素养，从文本内容阅读转向综合性探究阅读

"全息阅读"注重引导学生基于整本书寻找信息源，重视学生思维品质的改善，力图通过改变单一的文本阅读的思维习惯，建构书本与儿童生活世界的联系，用发散的、相关联的内容推动儿童思维发展，促进素养提升。[2]

例如，《青铜葵花》阅读活动（图5），不仅关注文本的内容，或文本大爱、大美、大苦难的主题，更注重基于学生年龄特征，基于《青铜葵花》独特的阅读价值，让学生寻找"童谣、老物件、唯美画面、童年游戏"等信息源，将一本书的阅读活动建构成一次思维之旅、一次生活之旅。

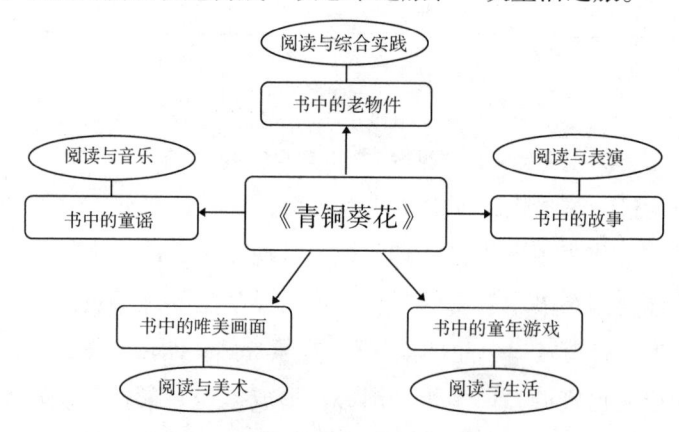

图5 《青铜葵花》阅读活动指示图

2. 打破壁垒，从单一学科转向多学科介入融合

理想的阅读应该是多元的、开放的，突破学科的壁垒，实现思想与价值的碰撞。如今学科之间的边界正在模糊，新的创造将更多地从学科整合、跨界融合中迸发。在全息阅读理念下进行的语文、数学、英语、艺术、体育等课堂的跨界融合，促使课堂样态正在发生变化。一节课究竟是科学课、语文课、美术课还是其他什么课，已经不太重要，重要的是学生生命的体验与成长。

例如，在《汤姆·索亚历险记》的阅读活动中，音乐教师、美术教师、语文教师齐上场：音乐教师带领学生选择音乐，为课本剧剧情发展配音；语文教师指导学生创编歌词；美术教师指导学生进行扮演人物的头饰、服装等道具的设计和制作。让学生在阅读中进行感知与欣赏、创造与想象，不仅丰

富了学生的语言世界、精神世界、情感世界，让他们的审美情感在文学和艺术跨界融合中得到激发，而且还引领儿童进入了一个新的发展领域，获得知、情、意、行整体素养的提升。

3. 探索路径，从个体阅读转向社群阅读

社群阅读改变了传统课堂中的阅读方式，它以"互联网+阅读"的方式展开，突破了学校围墙的限制，打破了学习时空的界限，让阅读随时随地、自然而然地发生；从唯书论到关注人与人心的联结，实现了教育资源共建共享，面向了每一个鲜活的个体。例如，学校成立了北门书屋全息阅读公益书站，召唤起一群学习型教师自发组成了校园"求原书吧"。书吧以社群学习方式展开，线上线下进行信息交换和知识共享，形成了由"人"到"众"、由"独创"到"众创"、由"一人布道"到"众人取经"的学习共同体。学生受教师影响，也很喜欢这种社群学习的方式，在假日里，他们常常自发地借助公益书站和城市书店聚集在一起分享、交流阅读感受。

4. 开放空间，从书本世界转向生活实践阅读

"全息阅读"突破了以往静态的阅读，从纸质的阅读走向生活的阅读，实现了阅读的动态发展。例如，寒暑假时学校设计了"读万卷书，行万里路"的阅读活动。新年开学报到日，学生以"全息阅读中的我"为主题，扮演书中人物，以神奇而富有活力的形象展现在大家的面前。

如今，这样的阅读生活实践已经超越了"读"本身，学生在个性化阅读中感悟人物形象，体会丰富情感；在集体阅读实践活动中感受名著魅力，激发阅读兴趣。在阅读生活实践的路上，越来越多的学生正慢慢享受着阅读带来的喜悦、能量和精神成长。

(三) 面向未来，让阅读引领美好生活

有价值的人生，从有价值的阅读开始。全息阅读课程立足"人"的原点，以全息的视角促进"全人"的发展，帮助学校向着"为未知而教，为未来而学"的高远目标奋进。从"一本书为儿童打开一个新世界"到"读书、读你、读世界"，再到"通过阅读的教育"的不断探索，现今的三井小学似乎触摸到了学校的未来。

未来学校形态：学校将是一本打开的立体书，一所学校就是一个图书馆，学生从这里走向世界。

未来教师形态：教师将以全息阅读理念实现育人方式的转型，为培养综

合性的社会人做学生阅读的同行者、成长的陪伴者、美好生活的引领者。

未来学生形态：阅读点亮智慧，阅读滋养生命，阅读完善精神发育，阅读打开一个新世界。

儿童全息阅读关注学生核心素养，促进儿童的精神成长。我们将继续探索如何通过儿童全息阅读课程的建设培养真正热爱阅读的终身阅读者，让阅读指引学生拥有美好的生活。

参考文献：

[1] 李亮. 全息阅读：让语文打开 [J]. 江苏教育（小学教学版），2018（41）：17-19.

[2] 杨九俊. 全息阅读：儿童阅读的校本化建构 [J]. 江苏教育研究，2019（32）：14-16.

第二节　研学课程的跨学科实施

研学旅行与综合实践活动课程

冯新瑞[①]

2016年11月，教育部等11部门联合发布了《关于推进中小学生研学旅行的意见》（以下简称《意见》），随后，各种研学旅行组织、基地及活动如雨后春笋般出现，各地学校也都在尝试开发研学旅行课程、开展研学旅行活动。然而，研学旅行是一门课程吗？它和综合实践活动课程究竟是一种什么关系？有了研学旅行，就可以不开展综合实践活动了吗？不少学校对此认识不清，社会机构因不了解中小学校的课程设置，更是难以辨清二者的关系。本文针对上述问题、困惑进行分析，以便学校、社会更好地实施研学旅行和综合实践活动课程。

一、研学旅行是综合实践活动课程的有机组成部分

我国基础教育改革由知识核心时代走向核心素养时代，一系列改革措施相继出台，综合实践活动课程和研学旅行的设置就是其中的重要举措。

1. 研学旅行和综合实践活动课程的相关政策

综合实践活动课程是2001年第八次基础教育课程改革启动时国家新设立的一门必修课程，是为了克服学校课程脱离社会发展和学生生活实际的不足，改变学生被动接受知识学习的局面，着力提升学生的社会责任感、创新精神和实践能力而特别设立的一门课程。综合实践活动课程曾作为课程改革的亮点被广泛关注，经过多年的实践探索，在改变学生学习方式、提升学生综合素质方面取得了初步成效。2017年，教育部发布了这门课程的权威指导文件《中小学综合实践活动课程指导纲要》（以下简称《纲要》），并将研学旅行作

---

① 冯新瑞，中国教育科学研究院课程教学研究所副研究员。

为综合实践活动课程的实施形式之一纳入其中。

研学旅行是继综合实践活动课程之后，教育部在基础教育改革中推进素质教育、创新人才培养模式、提高学生的社会责任感、创新精神和实践能力的又一重要举措，也是落实立德树人根本任务、培养学生核心素养不可缺少的综合实践育人途径。《意见》明确指出，中小学生研学旅行是由教育部门和学校有计划地组织安排，通过集体旅行、集中食宿的方式开展的研究性学习和旅行体验相结合的校外教育活动，要求"各中小学要结合当地实际，把研学旅行纳入学校教育教学计划，与综合实践活动课程统筹考虑，促进研学旅行和学校课程有机融合"。

可见，在国家的政策文件中，综合实践活动是一门国家必修课程，研学旅行是一种校外教育活动，是综合实践活动课程的组成部分。

2. 研学旅行符合综合实践活动课程的基本理念和特征

研学旅行虽然只是一种校外教育活动，但并非一般意义上的旅行活动，而是学校组织的，有目的、有计划的集体旅行式的教育活动，并且是在真实情境下以研究性学习的方式来完成的旅行体验，和综合实践活动课程基于学生的真实生活、以研究性学习为主导方式实施课程的基本理念是一致的，都注重体验和探究，都是让教育回归到"知行合一"的本质上来。从活动或课程目标看，二者都是以培养学生综合素质为导向，强调学生综合运用各学科知识，认识、分析和解决现实问题，提升综合素质，发展核心素养；从活动或课程开发内容来看，二者都具有开放性，引导学生从个体生活、社会生活或与大自然的接触中提出具有教育意义的活动主题，使学生获得关于自我、社会、自然的真实体验，促进书本知识和生活经验的深度融合；从活动或课程实施方式来看，二者都注重学生主动实践和开放生成，要求学生主动参与并亲身经历实践过程，体验并践行价值信念；从活动或课程评价方式来看，二者都主张多元评价和综合考察，提倡多采用质性评价方式，对学生的活动过程和结果进行综合评价。

3. 研学旅行是综合实践活动课程实施的一种形式

研学旅行作为推进素质教育的一项新措施，其价值追求和基本理念与综合实践活动课程相一致，是综合实践活动课程的有机组成部分。

《纲要》没有规定综合实践活动课程的具体内容，而是把综合实践活动课程概括为考察探究、社会服务、设计制作、职业体验4种主要活动方式。其中，在考察探究活动方式下又列举了野外考察、社会调查、研学旅行等活动形式。可见，研学旅行作为考察探究活动的形式之一，是让学生在与社会和大自然的接触中用研究性学习的形式进行旅行体验的，符合考察探究活动"从自然、社会和学生自身生活中选择和确定研究主题，开展研究性学习"的精神。研学旅行虽然不是一门独立课程，但可以按照课程的基本要素进行校本化的设计和实施，这也是提升研学旅行活动质量的根本保证。

4. 将研学旅行置于综合实践活动课程中的现实意义

按照《意见》规定，研学旅行是一种校外教育活动。校外教育活动通常只能在节假日或放学后进行，很少有机会在正常上课时间开展，而综合实践活动课程是国家必修课程，可以在课内外及校内外开展。研学旅行被纳入综合实践活动课程后就成为国家课程的一部分，可以在正常的上课时间开展。从这个意义上讲，将研学旅行放在综合实践活动课程中，不是像某些人误解的那样被弱化了，恰恰相反，是被强化了。反过来讲，将研学旅行置于综合实践活动课程中，也给综合实践活动课程增添了新的思路和活力，进一步巩固和加强了综合实践活动课程建设，丰富和发展了综合实践活动课程理论和实践，促使人们进一步认识这类课程在由应试教育向素质教育的推进中，在中小学社会主义核心价值观的培育和践行中，将发挥不可替代的作用。

二、研学旅行丰富和发展了综合实践活动课程

研学旅行作为综合实践活动课程的有机组成部分，在活动空间、活动内容和活动形式等方面大大丰富和发展了综合实践活动课程。

1. 研学旅行拓展了综合实践活动课程实施的空间

综合实践活动课程一直以来也在倡导学生要走出学校、走向自然、走向社会开展实践活动，但学校在实施的时候为保障安全，更多的还是依赖校内或周边和社区的资源开展活动。而研学旅行必须在校外的旅行体验中开展活动，这样学生就必须离开学校甚至是到外地去考察探究，这就大大拓展了综合实践活动的实施空间和实施范围。学生不仅可以考察探究其他地方的特色资源，还可以考察探究其他地方的自然、人文、科技等资源。教育空间的丰富并不是指单纯数量多的自然空间或者社会空间，而是指空间中的任意一处都需要赋予内在意义或者重新经过适宜的设计，使教育价值蕴含其中，同时能适应不同学生、不同学校和地区的实际情况，即空间教育性的丰富，进而

拓展多元化的研学旅行实施模式。[1]因此，要充分挖掘不同地域特色的教育资源，将其广阔的自然风光和丰富的历史文化遗产、红色教育资源和综合实践基地、工矿企业和知名院校、科技馆等场所作为让学生亲近自然、开阔眼界、增长知识、了解国情的载体，进行研学旅行课程化的设计。

2. 研学旅行增加了综合实践活动课程实施的形式

虽然我国的研学旅行可以追溯到古代的"孔子周游列国"，近代的"海外修学旅游"，但中华人民共和国成立后，中小学生通过旅行的形式进行学习在我国的教育发展史上并不多见，尤其是以国家教育政策文件的形式来规定学校实施此项活动更是前所未有。在研学旅行的开展过程中，"研学"和"旅行"两大基本要素缺一不可，"研学"在综合实践活动课程中无处不在，但"旅行"却很罕见，学生对去外地旅行充满了期待和好奇，会极大地调动他们参与考察探究的积极性和主动性。研学旅行可称为"行走的课堂"，在操作层面极大地丰富了综合实践活动课程的实施样式，给综合实践活动课程注入了新的生机和活力，必将推动综合实践活动课程的发展。

3. 研学旅行丰富了综合实践活动课程的教育内容

在研学旅行中，学生要用"集体旅行"这种特殊的形式进行学习，旅行过程本身和在学校的日常学习生活有很多不同之处，由此也带来了很多与"集体旅行"这种独特形式相关的教育内容，这些内容除了能使学生增长见识、丰富阅历体验、树立"四个自信"外，旅行过程中，教师可以引导学生参与集体食宿、注意人身安全、遵守社会规则、讲文明礼貌、注意保护环境等，这些都是安全旅行和文明旅行要注意的问题，是学生综合素质提升的重要内容。研学旅行是在真实情境下开展生活自理能力教育、安全教育、公共道德教育、环保教育等诸多主题教育的最好时机，学校要抓住这些教育契机，让学生参与研讨、制订规则、分工合作、自我管理，充分发挥学生的自主性，提高教育的时效性。

三、研学旅行不能取代综合实践活动课程

近几年，随着研学旅行的推进，有一些学校为了赶时髦、尝新鲜，把正常开设的综合实践活动课程用研学旅行来代替，这样的做法不值得提倡。

1. 从活动目标来看，仅靠研学旅行难以全面落实综合实践活动课程的目标

《纲要》指出，综合实践活动课程的总目标是让学生从个体生活、社会生活及与大自然的接触中获得丰富的实践经验，形成并逐步提升对自然、社会和自我的内在联系的整体认识，具有价值体认、责任担当、问题解决、创意物化等方面的意识和能力。综合实践活动课程的这些目标是需要通过综合实践活动的多个主题、多种活动方式整体设计、综合实施来达成的，并非一个主题或一种活动方式所能实现。研学旅行只是综合实践活动 4 种基本活动方式中考察探究活动下的一种活动形式，它强调学生在旅行中进行学习体验，对学生形成积极的价值体认和一定的责任担当意识有很重要的作用。但是，旅行中，学生真正能自主探究和设计制作的空间和时间有限，没有更多的机会提高自身问题解决和创意物化的能力。这显然无法达成综合实践活动课程的总目标。

2. 从活动方式来看，研学旅行也难以承载综合实践活动的所有活动方式

研学旅行以考察探究方式为主，在研学中也可以有机融入社会服务、设计制作、职业体验等活动方式，但毕竟有局限，特别是社会服务一项。如综合实践活动倡导学校要和被服务单位建立长期的合作关系，真正按服务对象的需求长期开展社会服务，显然，这在短暂的旅途中是很难完成的。

目前，研学旅行的课程化建设还不完善，理论研究跟不上，多方支持的保障机制还不够健全，"重游轻学"的现象普遍存在，研学旅行还远未达到预期的目标。这种情况下，更不能用研学旅行来取代综合实践活动课程。

四、研学旅行有效实施的建议

目前，研学旅行的实施还不够理想，原因是多方面的，最核心的问题是怎样对其进行课程化的设计与实施。

1. 对研学旅行和综合实践活动课程进行统筹规划

研学旅行不是"说走就走的旅行"，要使研学旅行达到理想的教育目标，学校必须对研学旅行活动进行规划。研学旅行既然是综合实践活动课程的有机组成部分，对研学旅行活动进行规划时，必然要与综合实践活动课程一起统筹考虑。要依据学生发展状况、学校特色、培养目标、可开发利用的研学目的地的特色资源等，对研学旅行活动进行整体设计，将研学旅行的特性和

育人价值有机融入课程目标、内容、实施和评价等课程要素当中，并将之纳入综合实践活动课程总体实施方案中；还要结合学生的身心特点、能力基础、接受能力和实际需要，为不同阶段、不同兴趣的学生提供合适的研学旅行线路和主题，要使研学旅行活动方案和常态的综合实践活动课程方案相互配套、衔接，形成促进学生持续发展的课程整体实施方案，保障研学旅行活动的系统性和连续性。

2. 研学旅行的实施要体现综合实践活动课程的特征

如前所述，研学旅行符合综合实践活动课程的基本理念和特征，在实施时，不仅要体现其实践性特征，也要体现自主性、开放性、生成性特征。但是，目前不少学校开展的研学旅行中，这些特征体现得还远远不够，很多学校的研学旅行都是统一组织学生参观考察，学生只是走马观花地看一看、听一听，没有太多自主选择和探究的空间，更不要说生成新问题。学生身处充满未知的研学旅行环境中，其好奇心、探究欲是很强的，如果还是一板一眼地做程序化安排，极有可能会打击学生探索的积极性。在国外经验中，会更多地关注旅行教育中的多样性和变化性，注重研学旅行过程性内容的弹性设置，注重学生在动手实践中动态地自我获取经验知识。[2]因此，研学旅行内容的设置要做到预设与生成相结合，要尊重学生的自主选择，让学生自主选择活动主题、自定活动目标任务，亲身参与考察探究和体验活动，发现、分析和解决问题，发展实践创新能力。在开展研学旅行过程中，学生会生成很多新的问题，教师要抓住每一个有价值的问题，引导学生去探究，即使当时解决不了，也可以带着问题回到学校继续去研究、去解决。

3. 将研学旅行和综合实践活动的其他活动方式有机结合

研学旅行是综合实践活动课程中考察探究活动的重要形式。在设计和实施研学旅行活动时，学校应该广泛、深入地进行教育资源开发，拓展学生学习的空间，在一次旅行活动中设计多元化的目标和内容，设计更多实践性和体验性强的活动，不仅要让学生进行考察探究，也要为学生提供参与设计制作活动、职业体验活动甚至社会服务活动的机会，引导学生在研学旅行过程中实现自我管理和服务，并在力所能及的情况下，在旅途中进行环境卫生维护、文明旅游宣传等社会服务活动，将研学旅行与其他几种活动方式整合实施，从而实现更大的教育价值。

参考文献：

［1］杨晓. 研学旅行的内涵、类型与实施策略［J］. 课程·教材·教法，2018（4）：131－135.

［2］吴支奎，杨洁. 研学旅行：培育学生核心素养的重要路径［J］. 课程·教材·教法，2018，38（4）：126－130.

研学旅行的校本表达与演绎

——以北京中学"中华文化寻根之旅"研学课程为例

余国志[1]

一、背景分析与问题提出

2016年,教育部等部门发布的《关于推进中小学生研学旅行的意见》中明确指出,"研学旅行是学校教育和校外教育衔接的创新形式,是教育教学的重要内容,是综合实践育人的有效途径"。研学旅行教育政策的出台为我国中小学推进教育教学改革提供了契机和空间。然而,教育政策要落地生根,学校首先要对教育政策"把得准",其次要"接得住",进而"吃得下"。因此,如何将研学旅行落到学校层面,如何用好用足教育政策、满足社会对创新人才的需求,推进学校课程体系革新,提升学生的学习品质,引发学习方式的变革,便成为摆在中小学校面前的一个重要课题。

北京中学作为一所覆盖小、初、高学段的创新实验学校,致力于建设具有北京风格、中国气质与世界胸怀的现代学校。自创校以来,在培养时代新人、创新课程体系、变革学生学习方式等方面做出了探索与实践。学校基于传统文化教育现状分析和教育价值体认,选择将"中华优秀传统文化"作为研学旅行校本课程的研修主题,并在此框架下通过校本化、课程化以及活动化的方式,研发和实践了"中华文化寻根之旅"研学课程。

二、课程研发与组织实施

(一)校本化的一般路径分析

我们认为,研学旅行教育政策要落到学校层面,最佳的途径是校本化。这里的"校本化"指学校通过精准把握国家政策,结合自身办学目标和特色,依据原有课程结构,将研学旅行政策对接、落地、融入、镶嵌进原有课程体系中的过程。简言之,就是把国家关于研学旅行的教育政策落地到学校层面

---

[1] 余国志,北京市北京中学教师,高级教师。

并与其他课程融合,成为"学校自己的课程"。

校本化一般经历如下几个过程(简称 Piscr 模型):吃透政策—实地考察—分析校情—找准对接—落地生根(表1)。吃透政策(Policy),即精准把握和精心研究国家关于研学旅行的政策文本,并对其中的要求和方向及底线形成理性认识,用来指导学校的研学旅行。实地考察(Investigation),即在吃透政策的基础上,带着问题,对开展研学实践的其他学校进行实地考察,形成考察报告。分析校情(Situation),即在有了教育文本和外出考察的前提下,运用SWOT分析法,对学校的办学目标、愿景,以及学校的优势、劣势,面临的机会和挑战进行系统梳理分析,达成共识。找准对接(Capture),即在对政策、他校及本校校情综合分析的基础上,找到教育政策与学校发展的内在关系,综合分析教育政策对学校发展的影响和作用。落地生根(Root),即把教育政策落地到学校某一个具体的结合点上,并予以执行和积极推进。总之,教育政策校本化的过程,本质上就是"政策内化—课程外化"的双向过程。

表1 教育政策校本化的一般路径(Piscr 模型)

步骤	分析研究的要点
吃透政策	1. 研学政策出台的背景 2. 研学政策的价值旨趣 3. 研学政策的具体要求
实地考察	1. 该所学校是怎么做的? 2. 该所学校做了什么? 3. 该所学校为何能做?
分析校情	1. 学校的办学方向、目标和愿景 2. 学校的优势、劣势,面临的机会和挑战
找准对接	1. 教育政策与学校发展的内在关系 2. 教育政策对学校发展的影响和作用
落地生根	1. 教育政策和学校发展的结合点 2. 在学校执行和推进的路径和方法

(二)校本化的研学课程体系建构

研学旅行校本化的落点必然在课程。但研学旅行课程不同于一般的知识性课程,它具有流动性、综合性、体验性和活动性等特点。教育部《关于推进中小学生研学旅行的意见》中明确指出,"中小学生研学旅行是由教育部门和学校有计划地组织安排,通过集体旅行、集中食宿方式开展的研究性学习和旅行体验相结合的校外教育活动"。因此,研学旅行包括两个方面的内容:

基于核心素养的跨学科学习

一是研学，即研究性学习；二是旅行，即生活的教育。研究性学习主要包括项目式学习、服务式学习、技能式学习和知识性学习；生活的教育主要包括团队精神、合作精神、安全教育、公德教育和集体主义教育、爱国主义教育等。这两项内容缺一不可，因为研学既不能只"游"不学，也不能只学不"游"，而是游与学的有机统一。

为此，北京中学在"中华优秀传统文化"的主题指引下，依托自然和文化遗产资源、红色教育资源和综合实践基地等，让学生在研学旅行中实地感受祖国大好河山，感受中华传统文化，感受革命光荣历史，感受改革开放伟大成就，激发学生对党、对国家、对人民的热爱之情，增强对坚定"四个自信"的理解与认同，培育和践行社会主义核心价值观。

精选路线和资源，有助于把研学旅行的教育功能最大化。在课程设计时，学校先是设定研学课程目标，解决"为什么去，去干什么，目标是什么"的问题；然后根据课程目标，选取相应的课程资源，即为达成课程目标解决"选取什么样的资源"的问题；再根据课程资源的特点，确定学习内容和学习方式，即解决"学什么""怎么学"的问题；在课程实施环节，解决"怎样学起来，需要搭建什么样的项目平台，提供什么样的学习支架"的问题；最后，对课程进行评价，即解决"学得怎么样，整体表现怎么样"等问题。（图1）

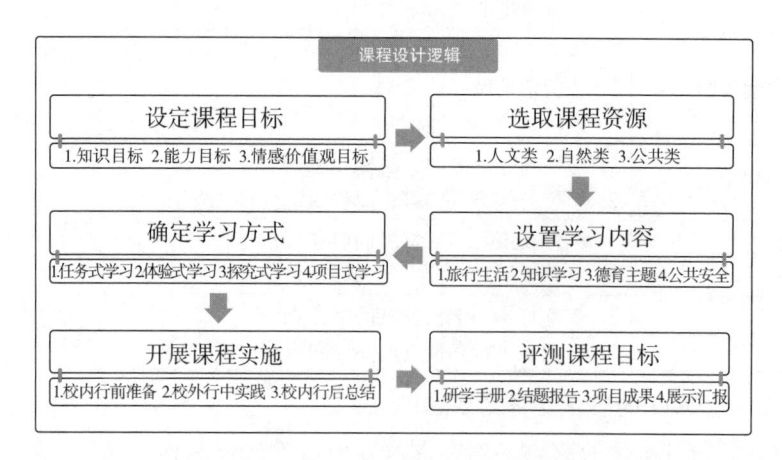

图1 北京中学研学旅行课程设计逻辑流程图

在上述课程设计逻辑的指引下，我们通过"三点预设"，即"需求点"——根据社会发展和学生成长需求，选择确定具体的研学资源；"联系点"——研学资源与学科知识有什么联系；"教育点"——研学资源对学生思想品德、个性心理、个体成长等方面的发展具有哪些价值,以校本化和课程化作为研学旅行落地的两个关键抓手,研发了覆盖贯通小、初、高学段,以"知根—寻根—培根"为主轴的一体化、分学段、有序推进的研学课程贯通体系(图2、表2),特别是以"读万卷书、行万里路、听万家言、说万家事"为主线,精选了以北京周边区域和中国"两河文明"为核心的研学课程,形成了主题互通、逻辑贯通、学科融通的中华文化寻根之旅课程,具体课程包括《崇文致理·徽州文化》《灵动隽永·吴越文化》《西域风情·丝路文化》《钟灵毓秀·巴蜀文化》《汉风唐韵·秦陇文化》《大象无形·中原文化》《厚德载物·齐鲁文化》《游牧骑射·草原文化》等。(图3)

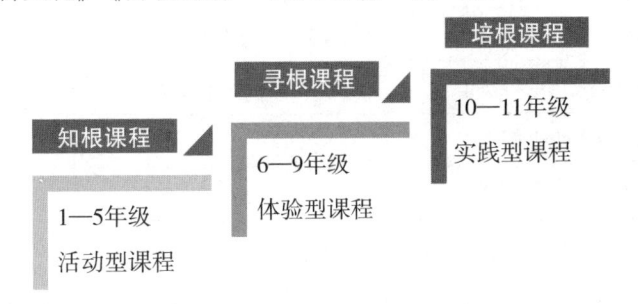

图2 北京中学小、初、高综合一体化研学课程体系图谱

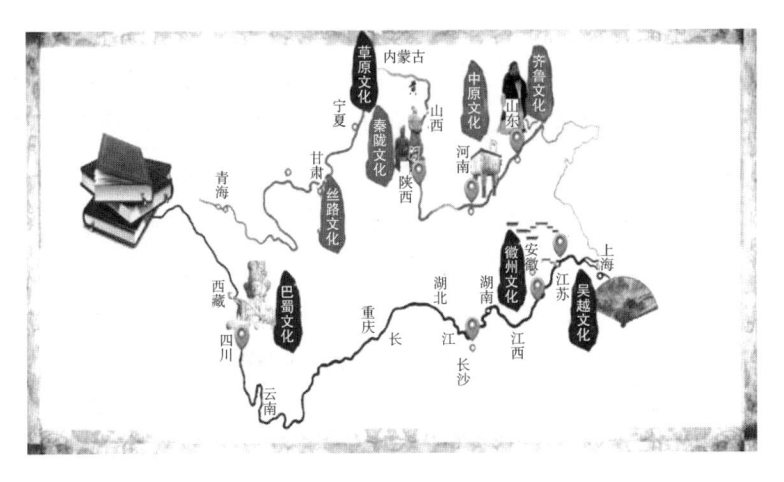

图3 北京中学"中华文化寻根之旅"研学课程地图

基于核心素养的跨学科 学习

表2 北京中学小、初、高研学课程一体化贯通课程体系

学段	知根课程		学段	寻根课程	学段	培根课程
一年级	七彩蝴蝶园	北京植物园	六年级	灵动隽永·吴越文化	十年级	责任担当·边疆支教
	孔庙国子监	西山森林公园		大象无形·中原文化		生涯规划·职业体验
二年级	北京老字号	自然博物馆	七年级	汉风唐韵·秦陇文化	十一年级	坚毅笃行·戈壁徒步
	石花洞岩洞	京剧体验馆		厚德载物·齐鲁文化		爱心感恩·公益服务
三年级	中华民族园	农业博物馆	八年级	钟灵毓秀·巴蜀文化		
	北京天文馆	洼里乡居楼		西域风情·丝路文化		
四年级	古建博物馆	黄花城水长城	九年级	崇文致理·徽州文化		
	皇家颐和园	北京科技馆		游牧骑射·草原文化		
五年级	故宫博物院	航空博物馆				
	胡同四合院	北京猿人遗址				

知根课程主要在小学阶段开设，以活动型课程为主。课程内容聚焦北京及周边区域文化，如西山文化、皇家建筑、环境物候、植物生态等，通过走访北京地区的自然、人文和科技等遗址、古迹，了解和体验发生在身边的自然和文化现象，厚植学生的人文基础。

寻根课程主要在初中阶段开设，以体验型课程为主，聚焦区域典型文化，走向外省，了解中华优秀传统文化在各地域的典型代表；进而走向世界，了解世界文明和优秀文化，培养具有国际视野、多元文化素养的创新拔尖人才。

培根课程主要在高中阶段开设，以实践型课程为主，聚焦人生职业规划、理想信念及价值观。以中华优秀传统文化和世界优秀文化为根，转知为行、转智成识，即把所学知识和经验用来认识世界、改造世界，进而把这种通过行动获得的智慧转化为内在的识见，以此提升自身的修养与格局。

（三）课程的设计逻辑

一是主题融通，子课程相互呼应和关切。"中华文化寻根之旅"研学课程基于"文化"这一大主题进行主题整合。"文化"主题具有跨度大、弹性大、空间大等特点，因而可以有效整合其他主题，进行课程研发。"中华文化寻根之旅"研学课程涵盖山水（地质）、建筑、遗迹、饮食、戏曲、语言6个系列子课程（表3），每一门子课程、每一条研学线路之间都相互呼应、相互印

证、相互关切，而不是散乱无章的资源拼凑。

表3　北京中学"中华文化寻根之旅"子课程主题

文化	物质文化	山水地质	黄山、泰山、峨眉山、嵩山、黄河、长江、新安江、额尔古纳河、钱塘江；高原、草原、丘陵、河流、沙漠、盐湖、峡谷、湿地
		建筑	四合院、木刻楞、吊脚楼、园林、徽派建筑
		遗迹	三孔、杜甫草堂、半坡遗址、河南博物院、徽州博物馆、陕西历史博物馆、山东博物馆、苏州博物馆、袁家村、莫高窟、杨家岭革命旧址、台儿庄古城
	非物质文化	饮食	徽菜、蒙古菜、川菜、鲁菜、豫菜、杭帮菜
		戏曲	皮影戏、秦腔、川剧、昆曲、豫剧、京剧、黄梅戏、草原呼麦
		语言	徽州方言、河南方言、四川方言、吴越方言、蒙古语、陕西方言、山东方言

二是学科贯通，打破学科藩篱与壁垒。"中华文化寻根之旅"研学课程是一门复杂的跨学科整合的综合性课程，同时也是多学科交织汇聚的学科平台，既设置了学科学习，也设置了基于跨学科整合的项目式学习。这一特点要求我们必须打破学科的壁垒，建构起多学科交织的平台，将研学内容渗透于各学科。比如在旅行前，学校各科教师依据本次研学线路和区域特点等，结合学科内容和进度，制定相应的课题指南和学习任务单（表4、表5），帮助学生通过研学实现生活中的自我教育，达成对课堂知识的体悟及反刍，做到行中学、学中思、思中得。

表4　基于真实生活场景下的项目学习举例（跨学科）

年级	涉及学科	研学内容	学习方式	预期成果
六年级	语文、政治、历史等	中原饮食文化与北京饮食文化的对比研究	研究性学习	小论文
七年级	地理、政治、历史等	关于台儿庄古城保护与开发的建议	服务式学习	建议书
八年级	数学、物理、化学等	火箭模型的拆解与组装及原理探究	STEM做中学	火箭模型
九年级	音乐、美术、语文等	宏村写生作品联展	PBI项目式学习	作品集

表5 基于真实生活场景下的《道德与法治》学科学习举例（单一学科）

年级	主题	研学内容	学习方式	预期成果
六年级	文明修养	结合研学所见所闻，思考：如何从小事做起，提升个人文明修养和社会公德修养？	探究性学习	小论文
七年级	法治规则	根据研学过程中的真实事件，谈谈个人如何遵守法治规则，并入脑、入心、入行	研究性学习	时政述评
八年级	祖国成就	列举科学过程中你见到的人、事、物，谈谈我国改革开放以来取得的伟大成就	体验式学习	通讯稿
九年级	人生哲学	在研学过程中，我们都遇到了很多新奇的事情和许多不同的观念，如人与人的关系、人与社会的关系、人与世界的关系，请根据所学哲学知识进行深入分析	辨析式学习	哲学小论文

三是逻辑贯通，拓宽生命的长、宽、高。"中华文化寻根之旅"研学课程遵循由近及远、由小到大、由具体到抽象、由整体到部分的认知规律，结合先知后行、行后再知、知行结合的行动逻辑，由一个资源点到一条研学线，再到一套课程体系，形成了"知根—寻根—培根"的阶梯性课程体系，培养有根的中国人。

（四）研学课程的组织实施

课程实施是研学旅行的重中之重，也是保证课程质量的重要内容。优质的研学课程在实施过程中既要体现课程的系统性、逻辑性和结构性，又要给学生带来愉悦的学习体验。北京中学"中华文化寻根之旅"研学课程分为行前、行中和行后课程，三者共同构成了整个研学旅行课程体系的闭环。

行前课，指研学旅行全过程中开展的一种前置课程，其主要作用是为行中的课程开展和行后的课程评价做铺垫。行前课的主要内容为：研学目的地基本知识介绍，研学过程中的小组活动安排，研学过程中的科研课题和学习任务发布。行前课主要是回答两个重要问题：为什么要去那个地方？去那个地方做什么？

关于第一个问题，行前课应从以下4个维度来回答：一是从学校课程体系的角度介绍，让学生认识到研学课程是学校课程体系中众多的课程之一，严肃而权威。二是从中华文化的角度介绍，让学生认识到中华文化由很多地域文化组成且博大精深，因此，去不同的地方进行文化体验是一种成长的需要，有助于我们做一个有根的人。三是从学生未来发展角度来引导，说明未来各种学习活动，包括升学考试，都更加注重中华优秀传统文化的积累和积淀，而文化寻根课程契合了学生未来发展的需要。四是从青少年充满好奇心、求知欲及冒险精神等角度介绍，可设置一些悬疑和剧情待解的项目，激发学生的兴趣和好奇心。

关于第二个问题，其实质是要求学生回答：到那里，我们可以做些什么？可以获得什么？学习目标是什么？我们将这部分内容分为学习和旅行两个板块。学习板块教给学生一些常规知识，以及对课堂知识学习的拓展、印证和延伸；旅行板块开展爱国主义教育、安全教育、生活教育、公德教育等，帮助学生调整身心状态，做到生活与教育相结合。通俗一点说，就是要全面介绍目的地的各方面资料和讯息，并发挥其教育功能。

在回答了这两个问题之后，一般而言，我们将行前课的设计流程分为3个环节：第一个环节主要介绍目的地信息，可以采用当地的宣传片进行情境导入；第二个环节主要介绍本次学习的任务，按照"四题递进"（主题—专题—问题—课题）的方式和顺序设计选题，师徒双向结对，选择课题、项目、任务单等；第三个环节主要是对小组人员进行安排和分工，比如分为管理组、安全组、课题组、导游组等，确保人人有事做、事事有人做。

行中课，指在研学旅行过程中，研学导师指导和帮助学生开展学习任务的过程和活动，主要涵盖研学导师指导小组学生学习的研究课、晚间的分享会和进度报告会，以及学生自主开展的学习。行中课主要有以下4种学习方式：任务式学习（与学科学习挂钩），指根据学科知识体系，基于目的地和资源点的特点和优势而设计的一种学习方式。体验式学习（以具身学习为主），指通过学生的生命在场和听、看、说、做、观、演等身体感官参与的一种学习方式。研究性学习（以考察探究为主），指学生以从学习生活和社会生活中获得的各种课题或项目设计、作品的设计与制作等为基本的学习载体，自主采用研究、探索等思路方法开展的一种学习方式。服务式学习（以社会公益实践为主），指学生走进社区，或者以岗位角色扮演等方式，将课堂学习与现实问题和需要结合起来的一种学习方式。

行后课，指研学旅行结束后学生回到学校后的评价课程。评价是课程的重要一环，斯塔弗尔比姆（Daniel L. Stufflebeam）认为，"评价最重要的意图不是为了证明（prove），而是为了改进（improve）"。为此，学校主要采用过程性评价、发展性评价以及增值性评价来评价学生的表现。在具体操作上，主要是借助几项大活动来达成对学生进行评价的目的。除了常规的师生、生生通过纸质表格互评以外,还可以开展专项活动,专门进行研学成果的汇报和展示(图4)。如研学成果汇报会,主要是汇报研学课程中取得的学习成果;过程分享会,主要是分享研学过程中的所见、所闻、所思、所得;项目进展会,主要是汇报小组项目学习的阶段性成果、存在的问题及展望;反思改进会,主要是阐述研学过程中所存在问题的改进思路和协商方案等,用看似非常规的评价方式来"倒逼"学生的成长和发展。活动开展的系列评价,让课程育人的功效可见,让学生的成长看得见,更重要的是,革除了"行前热热闹闹,行中轰轰烈烈,行后冷冷清清"的研学弊病。

成果汇报会 → 项目进展会 → 过程分享会 → 反思改进会

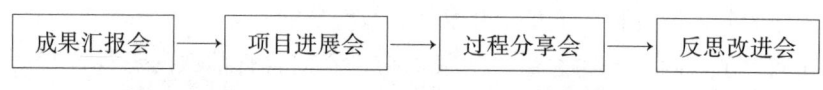

图4 北京中学"中华文化寻根之旅"研学课程评价体系

三、价值反思与未来展望

5年来,学校把研学旅行作为撬动课程变革和学生学习方式变革的杠杆和突破口。"中华文化寻根之旅"研学课程实践增进了学生对中华优秀传统文化的体悟,为做一个有根的人奠定了良好基础,还进行了跨学科整合与跨年级合作的有效探索,丰富了学生的学习方式;更重要的是,它消弭了社会与学校、知识与生命、自然与身体的沟壑。

5年的研学旅行课程探索证明,研学旅行是基于在地场域和具体时空,融学生生命在场、情感在场、身体在场和知识在场于一体的学习方式,也是学生体验、反思与建构的发展过程。其核心要义在于:为学生提供一个真实、生动、有趣的学习情境和课程形态,并把教育意图通过一种"旅行的方式"隐藏起来,让学生获得真实体验,激发兴趣爱好,舒展身心节奏,增进真实感悟,促进社会交往,培养生活自理能力、创新精神和实践能力;同时,也为学生创造了在学校和教科书外发现世界、融入世界、创造世界的良好契机,是生命期待成长并最终获得自我成长的过程。

研学旅行是一个新事物,蕴含着强大的生命力,符合教育教学发展的趋势,但在具体实施过程中还存在很多困难,如教育公益性和资本商业性之间的矛盾。为此,我们也做了一些思考和展望。

第一,研学旅行应与营地教育相结合。由于研学旅行受课程流动性较大、参与人数多等客观因素限制，在具体实施过程中，存在研学资源空间狭窄、班团等集体主义教育活动难以开展等问题。而营地教育具有固定的场所和固定的课程内容，特别是营地教育的场所空间大，可以开展丰富的团建活动，能够很好地解决研学过程中的流动性大、人数多，以及团建难开展等问题。二者的结合，既是动态教育与静态教育的集合，也是固定课程与流动课程的结合。

第二，课程内容需更加体现综合性和多元性。研究发现，当前，研学课程普遍存在主旨偏移的问题，即把研学作为一种游学景观的"一景一课"，设计思路还停留在旅游的层面，而不是教育和课程的层面；课程不系统，内容散乱、无章法；以作业单的形式开展课程等。事实上，研学课程应该体现综合性和多元性，既要包括人文、历史等内容，又要包括科技、民族、动手制作等内容。

第三，要回归教育初心、坚定教育立场。研学旅行是一种课程实践，不是一项旅游活动；是一个教育行为，而不是商业事件。因此，研学旅行要回归教育初心，坚定教育立场。只有牢牢秉持教育性和公益性原则，以学生的成长和发展为重心，研学旅行才会在新时代背景下对推动教育教学改革进程发挥越来越重要的作用。

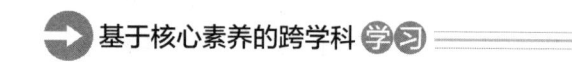

基于核心素养的研学旅行课程分类及设计

余发碧[①]　杨德军[②]

近年来，研学旅行在全国各地广泛开展，一些地区和学校已经形成了固定线路的研学旅行课程，积累了一定的成果。然而，当前中小学研学旅行课程的研发多是基于旅游线路来思考，表现出根据线路资源设计研学课程的特点，较少从学校育人需求出发去思考课程如何设计，这在很大程度上与目前对研学旅行课程的分类方式有关，即主要从路线的自然属性出发进行分类，而对研学旅行课程本身的教育属性及科学内涵考虑较少。从育人角度思考研学旅行课程的分类，既是对研学旅行课程的深入研究，也是促进研学旅行课程落实立德树人根本任务的重要基础。

一、核心素养视角下的研学旅行课程分类

习近平总书记在2018年全国教育大会上强调，要把立德树人融入思想道德教育、文化知识教育、社会实践教育各环节。[1]研学旅行作为学校教育和校外教育衔接的创新形式、学校育人的重要载体，是融合了思想道德教育、文化知识教育、社会实践教育目标的综合性课程，是落实立德树人根本任务、培养学生核心素养的重要路径。因此，思考研学旅行课程分类及其设计必须基于核心素养的视角。

（一）基于核心素养的研学旅行课程分类框架

中国学生发展核心素养反映了21世纪人才需要具备的必备品格和关键能力，以"全面发展的人"为核心，分为文化基础、自主发展、社会参与3个方面。文化基础强调个体对人类文明成果的吸收利用，重在习得并运用各领域知识和技能，成为有宽厚文化基础、有更高精神追求的人，[2]在研学旅行课程中，主要表现为学习或检测领域知识、人文精神培养、美育教育、开展科学探究活动等。自主发展强调对自我的认识、管理、潜能挖掘，最终发展成

---

① 余发碧，北京教育科学研究院基础教育课程教材发展研究中心，助理研究员。
② 杨德军，北京教育科学研究院基础教育课程教材发展研究中心，研究员。

为有明确人生方向、有生活品质的人[2]，在研学旅行课程中，主要表现为学习方法指导、信息检索与辨别使用、身心健康引导、自我管理能力培养等。社会参与则要求个体向外部世界输出，并处理好自我与社会的关系，发展成为有理想信念、敢于担当的人[2]，在研学旅行课程中，主要表现为小组合作活动、公益活动、学习和传承中华优秀传统文化和革命传统、学习和理解人类多样文明成果、劳动实践与创新等。

这3个方面分别对应了人与工具、人与自己、人与社会的3种关系[5]，这3种关系涵盖了个体发展最基本、最核心的内容，也是研学旅行课程设计和实施过程中的目标指引。但任何单次的课程都很难涵盖核心素养的所有维度，在不同的路线、师资、时间、费用等资源限制下，单次课程往往只能侧重其中的部分内容。假设核心素养的3个方面共同构成了一个等边三角形的理想课程图，我们根据课程侧重点不同，可将研学旅行课程分为点状型课程、线段型课程、三角区域型课程3类（图1）。

图1 研学旅行课程类别

点状型课程，即侧重关注文化基础、自主发展、社会参与3个方面中的一个，根据侧重点不同可分为文化基础类课程、自主发展类课程、社会参与类课程。

线段型课程，即在设计和实施中侧重核心素养框架3个方面中的2个，因此可分为文化—自主类课程、文化—社会类课程、自主—社会类课程。

三角区域型课程，同时关注核心素养的3个方面，从而在核心素养培育上形成一个封闭区域的三角形。

（二）研学旅行课程分类要点

研学旅行课程在实施中表现为知识讲授、参观体验、探究活动等多种形式，是涉及多个学科的综合课程，相比于传统的课程形态，在形式上更加多元、在内容上更加综合。因此，在对研学旅行课程进行分类判断时，往往需要综合考虑多种因素。

1. 避免单纯关注"有无"，而以课程整体侧重点为判断依据

安德森等人曾指出，在一个分类系统中，类别是沿着一个连续体分布的，[4]研学旅行课程的分类同样如此。研学旅行课程本身的特点决定了其在核心素养培育上具有独特优势，通常一次研学旅行课程就包含了对学生核心素养3个方面的培育，因此对研学旅行课程进行分类并非按照绝对的"有无"进行划分，而是根据课程整体的倾向进行综合判断。

例如，某中学的"黄花城水长城研学旅行课程"以地理学科为主体，通过系列活动带领学生以黄花城水长城为主要资源开展科学探究活动，如考察、了解地区地理概况及地理信息技术的实践应用、掌握地貌观察的顺序、识别北京市及怀柔区主要地貌类型并描述其特征、掌握地貌观察的主要内容、观察和考察地区植被与土壤类型、根据等高线地形图试推测坝址位置、尝试对地貌景观图进行绘制、绘制地形剖面图等。整个课程的学习重点集中在文化基础部分，因此属于点状型课程中的文化基础类课程。

此外，对自主发展维度的识别是研学旅行课程分类的难点。"中小学生研学旅行是由教育部门和学校有计划地组织安排，通过集体旅行、集中食宿方式开展的研究性学习和旅行体验相结合的校外教育活动"[5]，集体旅行、集中食宿的方式本身蕴含了对学生自主发展方面的培养，而在实际开展的研学旅行课程中，许多学校并未充分利用这一方式。学校默认将学生集体外出本身作为"自主发展"的学习内容，此种理解认识到了集体外出的价值，却并未充分认识到自主发展所需条件——学生自主发展所需的核心条件不在于是否外出，而在于是否有自主决策、探索实践的机会，以及是否能得到及时恰当的指导。

以某小学的"齐鲁文化研学旅行课程"为例，课程以孔庙和国子监、台儿庄大战纪念馆为主要研学资源，其实施方式以参观并听导师讲解、个别趣味活动为主，并未对学生自主发展方面进行课程设计，因此整体而言，该课程为线段型课程中的文化—社会类课程。

2. 不仅关注课程目标，更关注课程整体设计与实施

研学旅行课程作为校内课程和校外课程相结合的一种新形式，虽然在开展方式上有别于传统课程，但仍具备课程的本质属性。基于泰勒对课程的定义[6]，研学旅行课程包含了目标、内容（路线）、实施方式、评价等要素，其

"目标"即为育人目标——核心素养的具体体现。基于核心素养的研学旅行课程分类不能仅仅关注课程方案中的目标部分，更要关注方案的整体设计，即内容、实施方式、评价等要素。例如，某小学将一次研学旅行课程目标设置为：丰富社团学员的专业学习生活，拓展视野，提高书法专业水平；了解皖南地区的人文、历史、建筑、民俗等，感受社会，体味人生；锻炼自理能力、意志品质、与人协作的能力，提高团队意识，增强社团凝聚力；学会独立自主，勇于克服困难，帮助他人，尊重父母。从目标来看，包含了文化基础、自主发展、社会参与3个方面。

课程内容选择、实施过程及评价如下：

第一天：出发，抵达泾县，走进宣纸文化园，了解宣纸的原材料、生产工艺、产品品类，并在技师指导下动手体验"捞纸"。

第二天：登黄山，在教师指点下一路欣赏、品读石刻书法。

第三天：上午游览宏村，品味民居、祠堂、书院、古桥等不同建筑形式的美感，欣赏石雕、砖雕、木雕工艺之精绝，品读不同建筑形式上的楹联匾额，鉴赏书法艺术之绝妙；下午游学徽州古村南屏，体验草木染工艺、迷宫拓展活动、竹编技艺。

第四天：上午赴新安碑园拜谒颜真卿真迹碑、观赏名帖拓片，走进老胡开文墨厂和歙县歙砚厂，观摩徽墨与歙砚的生产工艺流程、品类特点，并动手体验"徽墨描金"这一步骤流程，为自己描绘一锭徽墨；下午在唐模古镇拜谒黄庭坚、米芾、八大山人、蔡襄、苏轼、苏辙等名家真迹碑刻，在千年古祠堂里体验"拓碑"。

第五天：上午走进黄山市青少年宫，与书法社团学员进行书法交流，交换作品，结对联谊，返京。

结束后点评学生日记，分析交流书法作品。

从课程的内容选择、实施过程、评价方面可以看到，此次研学旅行课程的重点在于对我国优秀传统文化中的书法艺术这一领域的了解学习，使学生增加书法知识、感受传统文化中书法艺术的魅力等，对文化基础中的人文底蕴的培育较为突出，因此属于点状型课程中的文化基础类课程。

3. 兼顾课程行前、行中、行后各环节的实施情况

在研学旅行课程的实际实施过程中，一般包含3个阶段：行前、行中和行后。[7] 行前和行后部分一般安排在学校内进行，行前为课程准备阶段，为研

学旅行中打好知识、技能基础，也为旅行的出行安排做好准备，一般包括专业知识讲授、旅行任务安排、家长会等；行中主要指走出学校后在研学旅行路途中的课程部分，往往是学校重点关注、着重设计的部分；行后主要是对前两个部分内容的总结，一般伴随着课程成果的展示，如手抄报、作文、文艺汇演、研究报告等。在对研学旅行课程进行分类时，需要对课程的全部环节进行整体分析，做出综合判断。

以某学校"基于核心素养的项目式研学课程"为例。课程以小组项目研究为主线，行前安排了方法培训、选题、开题，行中，学生需要根据不同主题选择对应路线进行实地调查、收集数据，行后进行数据分析、撰写报告、答辩等。该课程经历了完整的科学研究过程，不仅涉及文化基础的学习，还涉及学生对自我学习的管理，以及信息意识和信息检索利用能力、小组合作及问题解决能力的培养等；学生的选题类型多样，如学科知识拓展、历史文化、生态环境等。如果单从行中部分来看，主要体现的是学生对相关文化知识的学习以及数据搜集的能力，而纵观整个研学过程，就可以看到这实际上是一个涵盖了文化基础、自主发展、社会参与3个方面的三角区域型课程。

二、以学校育人需求为出发点的课程设计建议

（一）在学校整体课程框架下设计研学旅行课程

研学旅行作为学校教育的重要内容之一，是学校课程整体育人的重要部分，因此学校若想发挥课程的整体育人功能，必须将研学旅行课程纳入学校整体课程进行考虑，做好各环节、各方面的统筹协调。一方面，将其纳入学校教学计划和课表，以课程的样态推进和实施，实现常态化、系统化、规范化；另一方面，厘清研学旅行课程在学校整体课程中的定位，明确其价值（所要完成的育人目标）、实施方式（含实施主体、实施对象、教学方式、开展周期等）及评价方式（学校如何判断一次研学旅行的价值，如何判断学校整体研学旅行课程是否达到了预设目标）等。在此基础上，整合校内校外资源，整体设计研学旅行课程，最终实现学校的整体课程育人目标。

在学校整体课程框架下，单次研学旅行课程可以是三角区域型，也可以是点状型、线段型，结合路线资源及教师资源，在学校整体研学旅行课程框架下明确单次课程的目标，在课程内容选择、学习方式设计、评价和结果呈现上以目标为引领，做好行前、行中、行后课程设计，充分体现学校的办学

理念和育人目标，并实现对学生核心素养的整体培育。

（二）研学旅行课程的开发要以学校为主导

杨德军等人的调查结果显示，中小学校研学旅行课程的开发存在完全依赖旅行社和研学基地的情况，而旅行社和研学基地受自身专业背景所限，所研发的研学旅行课程往往偏重"旅游"，缺乏"研究性学习"的属性，在育人作用上体现不足。此外，旅行社和研学基地所开发的研学旅行课程更加注重普适性，对单个学校来说，缺少针对性，难以满足学校、学生的个性化需求。学校整体课程框架下的研学旅行课程，必然需要以学校自身的实际情况为基础，包括学校研学旅行课程的整体设计、学校教师资源、学生学业水平和家庭背景、学生和家长需求等。只有基于自身实际情况明确学校研学旅行课程开发需求，才能让研学旅行课程真正成为学校课程的一部分。

研学旅行课程若想实现高质量发展，必然需要以学校为主导，结合旅行社和研学基地所提供的课程资源，最终形成"调研学生需求—深研基地内容—校企共同设计—尝试检验效果—修改深化方案—形成出行方案—实地考察学习—反思交流体验"的课程管理推进模式。

（三）更加注重发挥学生的主观能动性

传统的校内课程往往重在对学生文化基础的培养，对社会参与和自主发展关注较少，尤其是指向学生自主发展的教育设计往往存在不足。研学旅行课程相较于单纯的校内课程，对学生综合素养的培养具有独特优势，它能结合校内校外课程资源，采取更加多元的学习方式组织学习，集体外出旅行的形式本身也能给研学旅行课程提供丰富的教育空间，是弥补校内教育培养学生自主发展方面不足的重要途径。自主发展包含学会学习、健康生活两个素养，具体又分为乐学善学、勤于反思、信息意识、珍爱生命、健全人格、自我管理6个要点[2]。在研学旅行课程设计中，可以将权力交给学生，充分发挥学生的主观能动性，让学生来承担一些行程管理工作，甚至是行程设计工作。如一些学校将外出中的火车座位安排、房间分配、纪律管理等工作交给学生来做，让学生真切体验集体外出旅行的生活性，事实也证明，小学高年级学生已经能够很好地完成这些任务。又如一些学校将研究项目本身的决定权交给学生，教师只是一个指导者，而经历一个完整的项目研究过程，正是培养学生自主发展能力的有效途径。

（四）课程评价兼顾类型和程度

在对学校的研学旅行课程进行评价时，建议首先关注学校整体研学旅行课程的设计，此时的重点在于研学旅行课程在学校整体课程框架下，其类型设置是否能在育人功能上对学校其他课程起到有效的补充作用，帮助学校实现课程整体育人。例如，如果学校在学科课程教学中重点关注了文化基础，其次是社会参与，对自主发展缺少专门的有针对性的设计，那么在定位研学旅行课程时可将其重点放在弥补学生自主发展方面，因此，在其研学旅行课程体系中，无论是点状型还是线段型，整体上就应该偏向于自主发展的类型。此外，中国学生发展核心素养框架中的3个方面又分为6个素养和18个要点，学校在关注研学旅行课程类型时，尽可能细化到素养和要点，将有助于更为准确地把握学校课程整体设置以及研学旅行课程定位，在开发研学旅行课程时，育人目标就会更加明确。

而在针对单次研学旅行课程进行评价时，除了关注本次研学旅行课程是否匹配预设类型外，还应关注在核心素养维度上的达成程度。

例如，同样是点状型课程中的社会参与类课程，聚焦于保护环境有如下两种设计：设计一，行前学习关于环境保护的相关知识，行中参观相应展馆并完成研学手册，行后收集学生游记或考察报告；设计二，学校在行前通过学科教学+学生自主搜集资料，选择研究性课题并设计研究方案，行中安排参观，学生有针对性地搜集数据，行后教师指导学生完成数据分析及研究报告撰写，并设计将环保知识运用于日常生活的行动方案或宣传手册中。显然，第二种设计能够让学生更加深入地参与其中，收到的育人效果会更好。

参考文献：

[1] 新华网. 习近平在全国教育大会上强调坚持中国特色社会主义教育发展道路 培养德智体美劳全面发展的社会主义建设者和接班人［EB/OL］.（2018-09-10）［2022-04-01］. http://www.moe.gov.cn/jyb_xwfb/s6052/moe_838/201809/t20180910_348145.html.

[2] 核心素养研究课题组. 中国学生发展核心素养［J］. 中国教育学刊，2016（10）：1-3.

[3] 辛涛，姜宇，刘霞. 我国义务教育阶段学生核心素养模型的构建［J］. 北京师范大学学报（社会科学版），2013（01）：5-11.

[4] 洛林·W. 安德森. 布鲁姆教育目标分类学（修订版）［M］. 蒋小平，张琴美，罗晶晶，译. 北京：外语教学与研究出版社，2018.

［5］中华人民共和国教育部. 读万卷书也要行万里路 ——教育部等11部门印发《关于推进中小学生研学旅行的意见》［EB/OL］. （2016-12-19）［2022-04-01］. http：//www. moe. gov. cn/jyb_ xwfb/gzdt_ gzdt/s5987/201612/t20161219_ 292360. html.

［6］拉尔夫·泰勒. 课程与教学的基本原理［M］. 罗康，张阅，译. 北京：中国轻工业出版社，2008.

［7］杨德军，王禹苏，余发碧. 满意与期待：北京中小学研学旅行课程实施状况调研［J］. 中小学管理，2021（02）：34-37.

研学东渡 扬帆启航

——《东渡之路》研学课程的设计与实施

黄利锋[①] 郭小磊[②] 钱颖萍[③]

一、课程起源

唐玄宗天宝十二年，张家港境内发生了一件大事，鉴真和尚第六次从黄泗浦扬帆起航，成功东渡日本。这件大事虽然发生在1200多年前，但依然值得今天的我们去探索和回味。它究竟给我们留下了什么？

"团结拼搏、负重奋进、自加压力、敢于争先"的张家港精神，承载着源远流长的历史文脉和奋进基因，是港城人民在改革开放的伟大实践中培育、塑造的一种时代精神。鉴真东渡给日本带去的是文明和友谊，在张家港留下的是文化和精神。在本质上，张家港精神是"百折不挠、矢志不渝"的东渡精神在新的历史时期的延续与发展，二者一脉相承。作为港城学子，探寻东渡之路，既是东渡文化的传承延续，更是张家港精神的意义旨归。为此，江苏省张家港市梁丰小学设计了"东渡之路"研学课程。

二、情境创设

课程设计团队在中国日本友好协会网站上看到新闻："2019年是中日两国政府确定的'中日青少年交流促进年'，会举办系列活动促进两国青少年之间的交流。"基于这样的真实信息，我们创设了课程实施的情境，提出本课程的学习任务，以此激发学生的参与兴趣和挑战任务的欲望。任务设计如下：

2019年是中日两国政府确定的"中日青少年交流促进年"，12月会有一批日本青少年来中国访问，如果我们邀请他们到张家港市来参观访问，那么了解鉴真和尚的东渡之路是一项重要内容，可以进一步增进他们对中日友好悠久历史的认识。作为张家港市的学子，该如何向日本的同龄人讲述这段历史呢？

---

① 黄利锋，江苏省张家港市梁丰小学教师。
② 郭小磊，江苏省张家港市梁丰小学党支部书记、校长。
③ 钱颖萍，江苏省张家港市梁丰小学东校区执行副校长。

三、任务分析

本次研学课程的驱动问题是："鉴真和尚的东渡之路给中日文化交流带来了什么影响？"为了鼓励学生共同参与课程内容的设计，我们组织学生展开讨论，把驱动问题分解成系列子问题，例如：当年鉴真东渡的社会背景是什么？他为什么要东渡？在东渡过程中遇到了怎样的困难？为什么第六次东渡才取得成功？鉴真和尚到日本后做了什么？他的行为对后世产生了什么影响？这些子问题涵盖了鉴真东渡事件的各个方面，为了方便开展学习，设计团队把课程内容设计成4个子项目，将学生分成东渡故事组、航海技术组、艺术文创组和考古发布组。

四、课程内容

本课程面向小学五年级学生开设，为了充分体现学科知识在研学课程中的实践应用，我们对五年级下册各学科的相关知识进行了梳理，整理出一份"东渡之路"学科知识网络图（图1）。例如，道德与法治学科涉及海上丝绸之路、唐朝历史相关知识；科学学科涉及洋流与季风的形成、古代航海大船的构造、卯榫木质结构等知识。

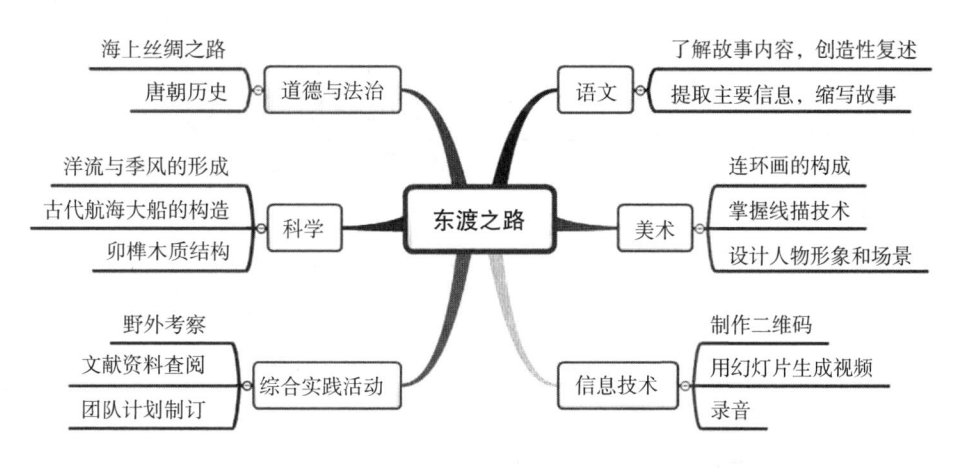

图1 "东渡之路"研学课程学科知识图

结合各个学科与"东渡之路"课程相关的知识点，设计团队对4个子项目的学习目标和任务进行了具体规划（图2）。例如，东渡故事组的学习目标是做"东渡故事传承人"，学习任务是制作介绍东渡事件的连环画和微电影，主要涉及语文、美术、信息技术等学科的内容；艺术文创组的学习目标是做"东渡文化设计师"，学习任务是策划东渡文创作品展、举办中日画信交流会，主要涉及美术、劳动、书法等学科的内容。通过这些目标和任务，零散的学科知识点被整合、转化为系统的"东渡之路"研学课程内容。

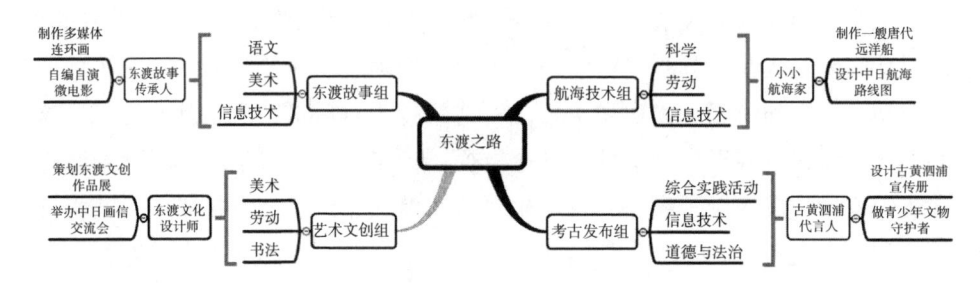

图2 "东渡之路"研学课程子项目设计图

五、课程实施

"东渡之路"是基于地方历史资源开发的主题性研学课程，学生通过参与形式多样的活动，以作品的方式呈现对本地历史文化的理解。本次课程的实施分为5个阶段，分别是前期学习、开题大课、集体大课、分组活动和成果汇报（图3）。

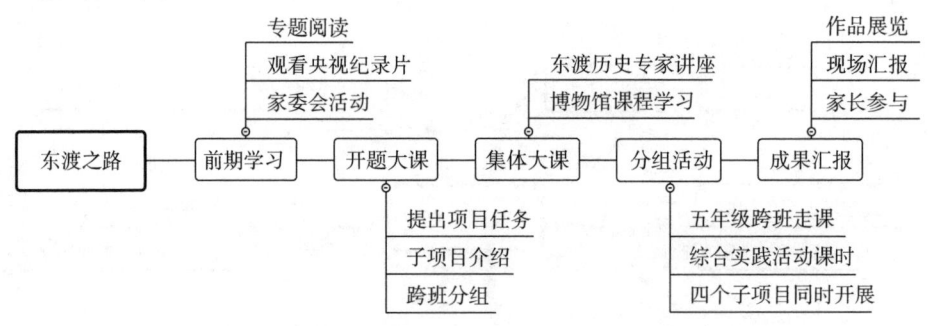

图3 "东渡之路"研学课程实施流程图

（一）前期学习，激发兴趣

前期学习属于课程实施的预热部分，课程团队给学生提供了一份学期学习的清单，引导学生阅读《东渡传灯》，收看央视纪录片《千年黄泗浦》，各班家委会组织参观古黄泗浦考古遗址、鉴真东渡纪念馆和博物馆的黄泗浦文物展。阅读、观影主要利用学校统一的午间半小时阅读时间完成。为了保证学习效果，课程团队为每个学生设计了学习记录单，由学生记录重点内容，提出感兴趣的问题。五年级有5个班，为了让每个班都有外出参观的机会，学校召开五年级家委会主任会议，请各班家委会在周末组织学生外出学习，家长陪同参与，课程团队提供研学单，家校合力，丰富学生的学习方式，加深学生对本地历史人文景观的了解。研学单通常采用可视化的形式设计（如思维导图），注重培养学生的思维品质。

（二）开题大课，学生分组

学生通过阅读、观影和现场参观等系列前期学习活动，对鉴真东渡史实和黄泗浦遗址有了一定的认识，并初步提出想进一步深入研究的问题。例如：鉴真东渡为什么要选择在黄泗浦出发呢？为什么当时全国各大窑口的瓷器都能够在古黄泗浦河道内被发现？在唐宋时期，古黄泗浦的河道有150多米宽，1000多年过去了，现在却只剩下5米宽，是什么原因导致了这一变化呢？带着这些问题，课程团队因势利导，举行五年级学生集体参与的开题大课，4个子项目的领衔教师分别讲解该项目的学习内容和项目任务，学生自主填写参加项目类别的调查问卷，项目组教师统计、公布各项目的参与学生名单。

（三）集体大课，深化认识

面对学生提出的各种问题，有的连教师也不知道答案，这已经超出了大家的知识储备和专业判断，这时只能邀请校外专家共同参与课程的开发和教学。课程团队先后邀请了苏州市东渡寺住持昌贵法师讲述鉴真东渡的前因后果、张家港市博物馆考古部的专家讲述古黄泗浦遗址出土文物的历史背景及宝贵价值。在与专家的对话中，师生一起学习，解决了此前的疑惑，深化了对鉴真东渡史实、当地历史的认识。

（四）分组活动，创作作品

每周五下午是项目分组活动时间。学生实行跨班走课，到子项目活动地点报到，每个子项目组指导教师团队至少由4名不同学科的教师组成，结合项目小组任务进行分工教学。

1. 我是东渡故事传承人

新时代如何讲好东渡故事？采用什么样的形式更能让人接受和方便传播？大家想到制作视频故事，通过常用的新媒体平台进行发布。学生首先精读鉴真6次东渡的故事，把长长的故事缩编成简单的绘本脚本。接着，根据事情的起因、经过、结果列出提纲，再摘选、删除、概括，形成连环画上呈现的文字。然后结合文字，由构思到打草稿，从勾线到打磨细节，设计制作绘本。最后，再配上语音讲解，生成多媒体视频故事。部分学生还在音乐教师的指导下，排练鉴真和尚从黄泗浦出发的舞台剧，再现当时鉴真和尚不畏艰难、一生专注做好一件事的精神。

2. 我是小小航海家

鉴真大师是坐着什么船、经过怎样的路线到达日本的？假如我是东渡团队的船长，怎样来筹备各项工作呢？学生要解决这些问题，得去了解唐代海船的构造，到网上搜索和购买相关模型配件，进行分组拼装。鉴真前后6次东渡，为什么第六次终获成功？这与海洋气候有什么关系？这样的问题已经超出了小学科学知识的范围，但强烈的好奇心驱使学生广泛查阅资料，在多方协助下终于获得合理的解释。这样的学习经历，不仅是知识习得的过程，更是鉴真东渡精神的深刻体现。

3. 我是东渡文化设计师

学生考察鉴真东渡纪念馆时，发现缺少东渡文化艺术衍生品售卖。学校依托本组学生成立东渡品牌设计中心，学习故宫的文创设计方法，把常用的生活和学习用品与东渡元素相融合，推出东渡系列文创产品，陈列于鉴真东渡纪念馆供游客选购。同时，还在网上创办微店，面向社会进行营销。

4. 我是古黄泗浦代言人

为了保护黄泗浦遗址，张家港市将全面启动"黄泗浦考古遗址公园"的建设规划，并在公园里面设计一个黄泗浦展览馆，力争打造一个国家级考古遗址公园，现已面向社会征集宣传海报。作为港城学子，恰好可以利用这一契机积极参与这项活动。学生以设计黄泗浦遗址海报为线索，学习海报艺术设计，并将作品在课程的公众号上发布。

（五）成果汇报，共同提升

"东渡之路"研学课程的实施主要是采取项目式学习的方式推进的。项目式学习一般要经历提出问题、分析问题和解决问题的过程，在此过程中注重培养学生团队合作能力、批判性思维能力和解决复杂问题的能力。因此，在学习的最后通常需要用一场成果展示或汇报活动来回应最初提出的驱动问题，向大家呈现学习成果，这也是"东渡之路"研学课程实施过程中的一个重要环节，且成果展示本身正是一次大型的东渡文化传播活动。另外，在张家港市教师发展中心的支持下，学校承办了全市的项目式教学研讨活动，用学生作品展示和教师公开课教学的方式呈现《东渡之路》课程的实施过程，供与会教师观摩研讨。

六、课程反思

"东渡之路"研学课程立足于本地历史文化资源，融合各学科知识、对相关内容进行统整架构，把德育活动、学科教学和社区资源充分整合，打通校内外教学资源，采用项目化的实施方式，把整个课程分解为多个具有挑战性的真实任务，让学生在解决问题和制作作品的过程中，完成对课程的学习。

1. 跨学科统整

黄泗浦遗址及鉴真东渡事件的研究涉及政治、经济、文化、科学等多个领域，我们围绕"东渡之路"这一主题所涉及的内容，建立各学科知识图谱，通过多学科教师的共同合作完成知识的统整。一方面，指导学生综合应用学科知识在真实情境中解决实际问题；另一方面，学生在解决问题的过程中也加深了对学科知识的理解。此外，知识的跨学科统整带来了跨学科教研活动，进而有效提升了教师的跨学科素养，有助于教师从"培养全面发展的人"的高度审视本学科的教学。

2. 项目化设计

事实上，把家乡文化历史资源纳入校本课程，很多学校都在实践，但大多只是把历史当作知识"教"给学生。随着时代的发展，学生不再需要大量静止的、零散的知识，而是要建立知识的逻辑、培养能够应对急剧变化的时代的关键思维和技能，如批判性思维、合作能力、决策判断能力、信息整合能力等。以什么样的方式把知识传授给学生，让学生在获得知识、习得能力的同时具有愉悦感呢？只有激发学生的探究兴趣和挑战欲望，在持续的研究中体验知识的生成，才能让其获得学习的愉悦感。为此，我们通过对4个主题任务的项目化设计和实施，把知识还原到原有的事件情境中，引导学生把自己代入事件的进程中进行思考。

3. 研究性实践

综合实践活动课程灵活的课时安排及实施方式、方法给课程的实施提供了可能和保障。"东渡之路"研学课程充分依托综合实践活动的课时，在具体实施中强调研究性实践，注重从学生的真实生活和发展需要出发，将从生活情境中发现的问题转化为活动主题，培养学生的综合实践能力和跨学科素质。

4. 校内外结合

我们整合校内外教育资源，把世界变成学生学习的素材，让他们看到窗外的世界，与外面的世界进行对话。我们邀请各领域的专家给学生上课，带领学生走进各种场馆进行体验式学习，激活他们学习的潜力。有时，教师会和学生站在同一个起点去学习和思考，如在还原鉴真东渡的历史事件时，教师除了和学生一起查阅资料、四处探访，还须从更高站位、更深层面去思考历史事件本身，思考如何把这些资源转化、设计成学生感兴趣的学材。在学习、思考和走出去的过程中，教师和学生共同收获了成长。

愚公移山精神研学课程体系的建构与实践

杨保健[①]　杨国顺[②]

愚公移山所彰显的坚韧向上、不怕困难、勇于担当、共克时艰的精神，是中国革命和建设的动力源泉。"愚公移山精神是中华民族传统文化的重要标识，具有独特的育人功能。"[1]传承红色基因，增强文化自信，弘扬愚公移山精神，是时代的召唤。河南省济源市是愚公移山精神的原发地，有丰富的愚公移山精神教育资源。"愚公移山，敢为人先"已经凝结成济源的城市精神，成为城市的"名片"和底色。从2017年起，济源将每年的6月11日设立为"愚公移山精神纪念日"。愚公移山城标、愚公移山群雕、愚公路、愚公村、愚公剧场等带有鲜明地域文化特色的印记随处可见，愚公渠、沁龙峡、黄河小浪底水利枢纽工程、愚公移山精神展览馆、愚公移山红色教育基地、愚公移山干部学院等已经成为传播和弘扬愚公移山精神的主阵地。传承优秀文化，彰显地域特色，整体开发和建构以传承愚公移山精神为核心的研学旅行课程体系，有助于弘扬和传承愚公移山精神，完善学生的人格，提升学生的素养。

一、课程设计的基本思路

愚公移山寓言故事出自《列子·汤问》，经过历代文人写诗赋文称颂，愚公移山精神得到不断传承发展。在1945年召开的中共七大会议上，毛泽东主席以《愚公移山》为题目作闭幕词，对愚公移山寓言故事做了新诠释，将其视为中华民族的宝贵精神财富。邓小平、江泽民、胡锦涛等党和国家领导人，都提出了发扬愚公移山精神的要求。习近平总书记对愚公移山精神特别关注，在不同场合多次谈到愚公移山——"久久为功""善始善终、善做善成""立下愚公移山志，咬定目标，苦干实干坚决打赢脱贫攻坚战"，赋予了愚公移山精神以新时代的新内涵，使其成为实现中华民族伟大复兴中国梦的一股强大精神力量。

---

① 杨保健，河南省济源示范区教体局教科所所长。
② 杨国顺，河南省济源示范区王屋中心校党总支书记。

愚公移山精神不仅为党和国家领导人所倡导，而且寓言故事《愚公移山》还进入了中小学教材。虽然愚公移山故事耳熟能详，愚公移山精神家喻户晓，但宣传和弘扬、传承和践行愚公移山精神，则需要高质量、体系化的课程来承载，需要通过课程化的方式来保证其实施的系统性、规范性、持续性。以愚公移山精神为主题的研学旅行课程以"扎根民族精神，厚植社会基础，强化文化体认，增加实践体验"为理念，以"培养坚韧实干、开拓进取、自觉践行、勤勉精进的时代新人"为目标，坚持聚焦研学主题，构建课程体系；探究价值内涵，寻找动力源泉；感悟初心使命，践行体验历练，传承民族精神，促进成长发展的课程设计思路，通过"三大课程，十个模块"的整体设计，突出"感悟—体验—践行"主线，依托鲜活的事实、生动的案例、辉煌的成就等触动思想、浸润心灵、引燃激情，增加学生对愚公移山精神的认知和领悟，培养学生的必备品格和关键能力，强化学生对人民的感情、对社会的责任、对国家的忠诚。

二、课程的目标与内容

依据课程理念，整合区域资源，我们建构了适应小学3—6年级、初中7—9年级、高中1—3年级的不同学段的愚公移山精神研学旅行课程体系。

（一）课程目标

1. 优化课程结构，彰显育人价值。通过场馆课程，了解愚公移山精神的发展脉络，感悟愚公移山精神的内涵；通过现场体验课程，深刻体会愚公移山精神的历史意义和现实价值；通过基地拓展课程，培养勇敢自信、务实勤勉、昂扬进取、探究实践的时代精神。

2. 寻找当代愚公，弘扬愚公移山精神。寻找各行业被誉为"愚公"的英雄模范人物，讲述他们的经典故事，深刻理解"敢想敢干、开拓进取、坚韧不拔、团结奋斗"的愚公移山精神并内化为自己的实际行动。

3. 践行愚公移山精神，培养时代新人。通过研学旅行课程的实施，培育学生的自主意识、探究意识、自理能力、实践能力、创新精神、团队精神等素养。

（二）课程内容

根据济源地域资源的实际，按照课程功能的不同，我们以"感悟—体验—践行"为主线，规划了包括"三大课程，十个模块"的愚公移山精神研学旅行课程（图1）。三大课程即场馆课程、综合体验课程、基地拓展课程。依据愚公移山精神在社会发展中的促进作用和具体体现，将其进一步细分为水利、交通、农业、工业、城建、红色文化等10个课程模块。学校、基地场馆、研学服务机构在具体实施中，可以因地制宜、因校制宜，进一步挖掘、发现、整合相关教育资源，对相关课程领域的内容进行动态优化。

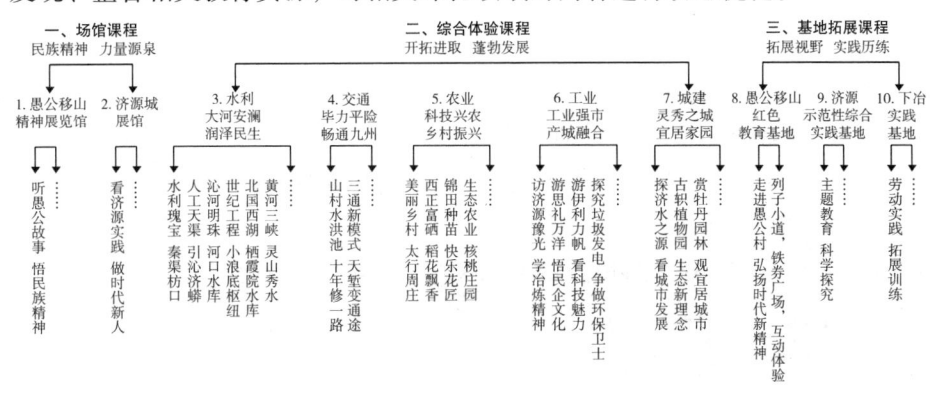

```
一、场馆课程                    二、综合体验课程                           三、基地拓展课程
民族精神 力量源泉               开拓进取 蓬勃发展                         拓展视野 实践历练

1.愚公移山  2.济源城    3.水利      4.交通      5.农业     6.工业      7.城建      8.愚公移山  9.济源      10.下冶
精神展览馆  展馆        大河安澜    毕力平险    科技兴农   工业强市    灵秀之城    红色        示范性综合  实践
                        润泽民生    畅通九州    乡村振兴   产城融合    宜居家园    教育基地    实践基地    基地

听        看           黄  北  沁  人  水  三  山  天     美  西  锦  生   探  游  看  悟     探  赏  古  观  生     走  列  铁     主  劳
愚        济           河  国  河  工  利  通  村  堑     丽  正  田  态   究  伊  科  民     济  牡  柏  宜  态     进  子  券     题  动
公        源           三  西  明  天  瑰  新  水  变     乡  富  种  农   垃  利  技  企     源  丹  植  居  新     愚  小  广     教  实
故        实           峡  湖  珠  渠  宝  模  洪  通     村  硒  苗  业   圾  力  魅  文     水  园  物  城  理     公  道  场     育  践
事        践           栖  小  工  引  秦  式  池  一     周  稻  快     分  万  力  化     之  林  园  市  念     村  互  科     拓
                        霞  浪  程  沁  渠        十  路    庄  花  花         类  帆                源          发               动  学     展
悟        做           院  底              济  天         年                香  匠            环        悟              展               弘  体               探     训
民        时           水  枢      济      堑    变               修                        保            民                              扬  验               究     练
族        代           库  纽      蚌      通    一                路                        卫            企                              时                       
精        新                                                                                  士            文                              代                       
神        人                                                                                                化                              新                       
                                                                                                                                            精                       
                                                                                                                                            神                       
```

图1 愚公移山精神研学旅行课程结构图

课程涵盖人文类、科技类、地理类、历史类、体验类等多种课程类型，内容丰富，学习形式综合。在具体实施中，按照主题化、课程化、系统化、综合化、常态化的原则，根据学生的研学需求、学段特点，学校可以对照相应的课程模块选择课程、设计线路。

三、课程实施

（一）创新模式，科学推进

按研学前、研学中、研学后3个关键环节，依据年龄、学段特点及学生成长需求，我们不断优化课程内容、创新课程实施方式，在多方协同、不断努力下，形成了具有区域特点的"三主三辅八环"研学旅行课程模式。"三主"指教育部门主管、学校主导、学生主体；"三辅"指研学专家团队辅助规划决策和研究设计、基地（营地）辅助活动实施、研学服务机构辅助协调食宿交通等；"八环"指研学课程实施的环节步骤，即确定主题、厘定目标、整合资源、选择线路、审议备案、前置准备、优化实施、评价总结。通过建构课程模式、规范课程行为，提高实施成效。

（二）课程准备，充分蓄能

课程准备主要指师生研学前的集体"备课"，其质量决定着课程实施的效果。课程准备要关注4个重要环节：一是提前告知，深入动员，充分准备；二是提前探路，调研现场，对接课程；三是提前培训，明晰责任，强化定位；四是提前设计，目标引领，问题导向。在课程准备过程中，设计好导学卡和研学手册。引导学生明确研学任务，细化小组分工，做好知识链接，优化探究准备。小学可以设计《小愚公研学手册》，识愚公、学愚公、做愚公、说感悟、铸品格，强化养成教育；中学可以设计《励志研学手册》，通过课程实施强化励志教育和理想信念教育。学校可针对不同学段，结合学生的认知规律，循序渐进地设计研学任务。例如：

1. 学习背诵寓言故事《愚公移山》，熟知故事情节，能通过课本剧的形式，选择一个角色进行表演。

2. 了解歌曲《愚公移山》的歌词大意，有条件的学会演唱。

3. 不同行业被称为"愚公"的先进人物有哪些？熟悉并能讲述2~3个模范人物的典型事迹。

4. 选择水利、交通、农业等某一行业，调查其践行愚公移山精神的过程和成效。

5. 你认为本次研学中最大的困难和挑战是什么？你是如何克服和应对的？

（三）多方协同，优化实施

学校、基地（营地）、服务机构建立协同机制，强化课程意识，做好课程实施。中小学校要发挥自身在课程实施中的主导作用，建立由校长、教师、家长、社会人士及学生代表组成的学校研学工作领导团队；从学生成长需求出发，做好课程的规划和审议，选择好研学服务机构，优化课程和线路。基地（营地）要强化实践职能，把课程作为擦亮基地的"名片"，倾力开发打造有内涵、有特色的基地课程，满足不同学段学生的研学需求。研学服务机构要提高服务品质，发挥熟悉线路和环境的优势，重视开营、闭营等仪式教育和规则教育，创设现场情境，强化学习体验，彰显教育价值。

（四）教学有法，灵活多样

综合使用现场教学、体验教学、访谈教学、互动教学、音像教学、实践教学、报告讲座等多种教学形式，增强教学的感染力和趣味性。以愚公移山精神展览馆课程为例，在课程实施中，一是通过现场教学，探究愚公移山从寓言故事到民族精神的发展轨迹；二是通过音像教学，了解济源人民弘扬愚公精神艰苦创业的恢宏历史，给学生以情绪的感染和心灵的震撼；三是可以在展馆门口集体诵读毛泽东的《愚公移山》，合唱《愚公移山》歌曲，背诵《愚公移山》课文，以生动的表现形式，进一步激发学生认知、感悟愚公移山精神。

（五）创新学法，提高实效

研学旅行是学生走进自然、认识社会、获得体验的一种全新的学习样态。这需要引导学生综合利用观察、访谈、小组合作等形式，运用研究性学习、项目式学习、体验式学习等方法，激发学习动力，提高学生发现问题、思考解疑的能力，培养学生的探究精神。例如，在"水利瑰宝，秦渠枋口"现场体验课中，可设计一个具有开放性、挑战性的跨学科问题，通过项目式学习搭建学习的脚手架，拓展学生自主学习和发展的空间：

1. 秦渠枋口水利设施是我国古代第一个"隔山取水"的工程，其原理是什么？（"水流弯道"原理，暗渠"隔山取水"）

2. 和秦渠枋口水利设施同一历史时期修建的"三大水利工程"分别是什么？各有什么特点？（都江堰、郑国渠、灵渠）

（六）增加体验，强化历练

愚公移山研学课程强调突出情感体验和意志磨炼来强化精神引领和文化传承。研学中，学生通过对不同行业的实践体验，培养健康身心、意志品质、生活技能、集体观念等，满足其对未知事物的探究与学习需求。例如，在愚公移山红色教育基地开展研学实践活动时，学生参观愚公移山群雕，走进愚公故居，经历愚公村遗址院落、觉悟院、铁券广场、皮影馆、挑战自我训练区等情境场区，参与"搬石移山"等拓展活动。以"合理分组，遵守规则，保障安全，合作互助"为前提条件，熟悉掌握现有工具，组织小组竞赛。学生有的肩挑土石，有的推车前进，体验"叩石垦壤"的艰辛，增加实践历练。

（七）完善预案，保障安全

学校、基地（营地）、研学服务机构要协同成立研学实践教育领导小组，制订详细的安全应急预案。提前对师生做好安全防范知识和技能培训，熟知突发事件处置的程序，力求防患于未然。要求专人负责安全督查工作，尤其是涉及安全事项的线路信息、饮食来源、用车信息、保险信息、各方安全协议、安全承诺书、所有参与人员的联络方式等，做到资料齐全、全程携带，并做好备份，留档备查。

四、建立"赋能增值"的评价体系

在评价方面,我们依据多元智能理论,明确"多元评价,星级引领,赋能学生,全面发展"的评价理念,坚持"过程性评价与终结性评价相结合,自评、互评、师评相结合"的原则,关注表现性评价,突出评价的过程性、发展性、导向性,克服简单化分数评价的弊端。围绕学生发展核心素养,体现"多元赋能"评价多元化、校本化、进阶化的特点,开展"遵规守纪""文明礼仪""志愿服务""合作探究""创意创作""艺术审美""身心健康""自强坚韧""好学向上""最佳表现"等"十星"评定活动,让评价为学生成长赋能增值,让评价为研学旅行课程带来教育意义的升华和延伸,让评价成为学生自觉自律、探究学习、励志向上的"导航仪"和"助推器"。很多学校引导学生根据自己的爱好和特长,综合运用美篇、快闪、散文、诗歌、创意实物制作、书画、研学报告等形式,"纪实性""持续性"地记录自己的研学轨迹,展示研学成果,展现"行走的力量"。

精品课程对学生的成长影响深远,高品质的课程能带来学生品格与能力的提升。"行得顺,记得住,兴趣高,体验深"是愚公移山课程的基础要求。愚公移山精神主题研学是一场探究之旅、体验之旅、文化之旅。课程的实施,使学生在真实的情境中获得知识、增加体验、产生创新灵感、经受劳动历练,对传承和弘扬"敢想敢干、开拓进取、坚韧不拔、团结奋斗"的新时代愚公移山精神,坚定理想信念,提升综合素养发挥了重要作用。

参考文献:

[1] 王向军. 传承愚公移山精神 培养新时代新愚公 [J]. 济源职业技术学院学报,2018,17(4):5-8.

第三节　跨学科课程的创新实施

家国乡情，在研学课程中哺育
——以大运河（常州段）乡土文化研学旅行课程为例

刘加凤[①]

教育部等部门提出，中小学生研学旅行要因地制宜，呈现地域特色，依托自然和文化遗产资源、红色教育资源和综合实践基地等，逐步建立小学阶段以乡土乡情为主、初中阶段以县情市情为主、高中阶段以省情国情为主的研学旅行活动课程体系。[1] 由此可见，乡土文化是研学旅行课程（以下简称"研学课程"）重要而宝贵的资源，是中小学生开展主题文化研学旅行实践的基本条件。常州市大运河文化带建设研究院依托"运河文化融入研学旅行课程开发与设计研究"项目，组织专家团队以大运河为主题，以研学课程设计为载体，挖掘古老的运河文化，激发学生对乡土乡情的认识，培养其家国情怀和综合素养。以下以"大运河（常州段）乡土文化研学旅行课程"设计为例，探讨立足乡土乡情，挖掘地方资源，开发设计研学旅行课程的基本策略。

一、把握资源优势，厘清课程价值

（一）乡土性

经过2000多年的文化积淀，大运河（常州段）的3次变迁造就了大量富有地方乡土文化特色的人文资源，是中小学生了解家乡历史发展的极佳切入点。大运河（常州段）的唯一性，在于大运河是调节太湖和长江两大水系的唯一河段，而常州是大运河穿过的有府署住所的唯一古城，其赋予研学旅行资源鲜明的地方特色，为中小学生爱家乡、爱国情怀的培养提供了便利。

---

① 刘加凤，常州工业职业技术学院旅游与烹饪学院副教授。

（二）价值性

大运河本身所具有的漕运、自然生态修复、科学考古功能等，为中小学生开展科学研究提供了优质素材。乡土文化作为地方民众智慧的结晶，凝结了地方文化的精神内涵，是地方中小学生开展研学旅行的理想对象。大运河乡土文化研学旅行实践，不仅可以激发中小学生提出有价值的现实问题，还可以促使其将现实问题转化为有价值的社会课题，进而解决现实社会难题。

（三）真实性

研学旅行实践要走进自然和社会生活的真实环境，去观察真实现象，探究真实问题，从而获得真实的研究成果。大运河作为具象的物质存在，具有动态性、开放性、历史性、体验性、文学性等特点，使学生能通过实地观察、体验等学习形式对真实的社会现象和问题有所发现与感悟，为学生参与互动和科学考察探究创造了先决条件。

二、梳理整合资源，凝练课程内容

（一）研学资源梳理

通过文献查阅和实地勘察调研，我们将大运河（常州段）乡土文化研学资源划分为 4 大类。一是运河工程遗产。在古代，大运河主要用作漕运，其流经的地方留下了众多古闸、古堰、古埭、古坝、古桥等，常州现有的奔牛闸等古运河流域河道工程遗址，可开展考古、艺术赏析等科学研究活动。二是运河聚落遗产。江南古运河沿岸现存有孟河、焦溪、奔牛等古镇，可重点挖掘古运河历史；今运河流域现存古村、古街、古巷、古迹、工厂等，可开展文学历史追溯、文化遗产保护与传承等考察交流活动。三是运河非物质文化遗产。据统计，常州与大运河有关的非物质文化遗产涉及体育、文学、音乐、美术、戏剧、美食、技艺、医药等 9 类 24 种，可开展河川文化对社会经济影响类探究性学习活动。四是运河衍生文化。以运河文化为核心，衍生出多种文化类型，极大地提升了常州的知名度和美誉度，可开展革命传统教育、国情教育、职业体验等社会实践探究活动。

（二）畅通课程间的衔接

研学旅行是一门课程，也是一个开放包容的平台，这决定了其与学科课程之间的衔接性、交叉性及互通性。[2] 研究通过 3 个工具、3 个方法，实现大运河乡土文化研学课程资源与学科课程内容的有效衔接（图1）。

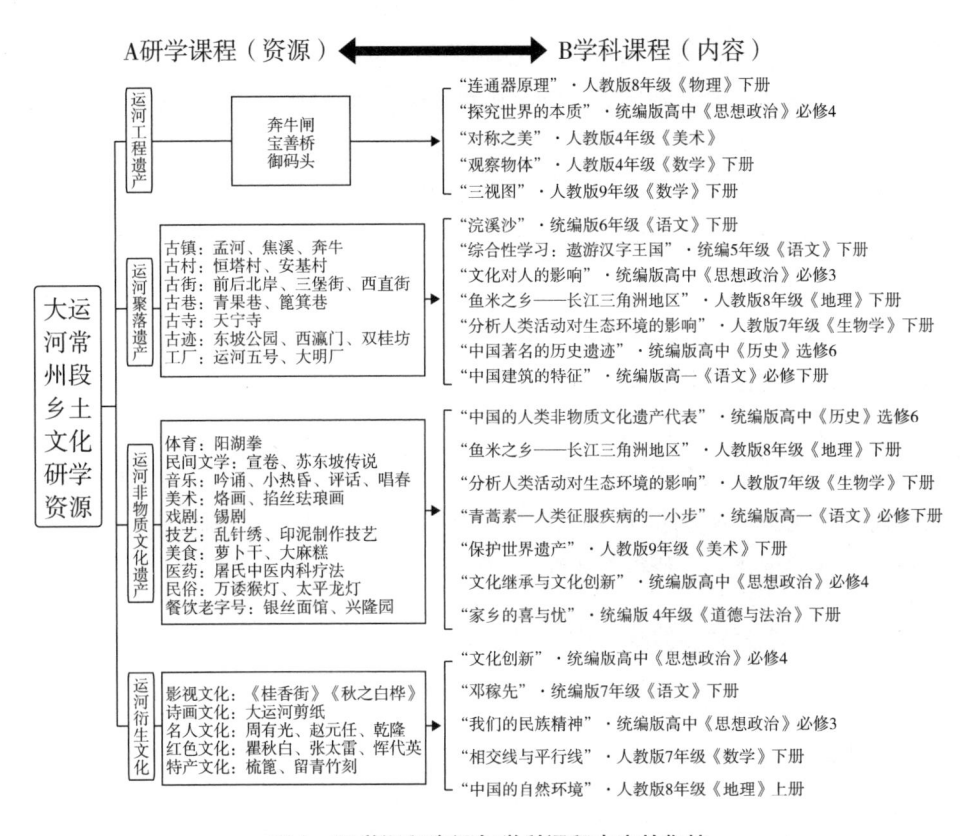

```
                    A研学课程（资源） ⟷ B学科课程（内容）

                                              "连通器原理"·人教版8年级《物理》下册
              ┌运河工程┐   ┌奔牛闸┐       "探究世界的本质"·统编版高中《思想政治》必修4
              │  遗产  ├──┤宝善桥│──────"对称之美"·人教版4年级《美术》
              └────────┘   │御码头│       "观察物体"·人教版4年级《数学》下册
                           └──────┘       "三视图"·人教版9年级《数学》下册

                           古镇：孟河、焦溪、奔牛      "浣溪沙"·统编版6年级《语文》下册
              ┌运河聚落┐   古村：恒塔村、安基村        "综合性学习：遨游汉字王国"·统编5年级《语文》下册
              │  遗产  ├──古街：前后北岸、三堡街、西直街 "文化对人的影响"·统编版高中《思想政治》必修3
              └────────┘   古巷：青果巷、篦箕巷        "鱼米之乡——长江三角洲地区"·人教版8年级《地理》下册
       大                  古寺：天宁寺                "分析人类活动对生态环境的影响"·人教版7年级《生物学》下册
       运                  古迹：东坡公园、西瀛门、双桂坊 "中国著名的历史遗迹"·统编版高中《历史》选修6
       河                  工厂：运河五号、大明厂      "中国建筑的特征"·统编版高一《语文》必修下册
       常
       州                  体育：阳湖拳                "中国的人类非物质文化遗产代表"·统编版高中《历史》选修6
       段    ┌运河非物┐   民间文学：宣卷、苏东坡传说  "鱼米之乡——长江三角洲地区"·人教版8年级《地理》下册
       乡    │质文化  ├──音乐：吟诵、小热昏、评话、唱春 "分析人类活动对生态环境的影响"·人教版7年级《生物学》下册
       土    │  遗产  │   美术：烙画、掐丝珐琅画      "青蒿素——人类征服疾病的一小步"·统编版高一《语文》必修下册
       文    └────────┘   戏剧：锡剧                  "保护世界遗产"·人教版9年级《美术》下册
       化                  技艺：乱针绣、印泥制作技艺  "文化继承与文化创新"·统编版高中《思想政治》必修4
       研                  美食：萝卜干、大麻糕        "家乡的喜与忧"·统编版4年级《道德与法治》下册
       学                  医药：屠氏中医内科疗法
       资                  民俗：万谚猴灯、太平龙灯
       源                  餐饮老字号：银丝面馆、兴隆园

                           影视文化：《桂香街》《秋之白桦》 "文化创新"·统编版高中《思想政治》必修4
              ┌运河衍生┐   诗画文化：大运河剪纸       "邓稼先"·统编版7年级《语文》下册
              │  文化  ├──名人文化：周有光、赵元任、乾隆 "我们的民族精神"·统编版高中《思想政治》必修3
              └────────┘   红色文化：瞿秋白、张太雷、恽代英 "相交线与平行线"·人教版7年级《数学》下册
                           特产文化：梳篦、留青竹刻    "中国的自然环境"·人教版8年级《地理》上册
```

图1　研学课程资源与学科课程内容的衔接

首先是3个工具。要想设计出好的研学课程，必须使用好中小学各学科教材、课程标准、教师参考用书3大"利器"，熟悉各学科课程内容和要求，为实现研学课程资源与学科课程内容的有效衔接奠定基础。其次是3个方法。要实现校内外教育的衔接，可从学科教材内容中挖掘研学实践拓展项目，也可从研学课程资源倒推关联教材内容，或给现有研学课程资源补充学科教材内容，通过上述3个方法，寻找研学课程设计的出发点。研学课程与学科课程教材衔接，旨在发挥学科课程教材作为研学行前的课程背景资料的作用，促使研学旅行成为学科实践活动的必备衔接课程，最终实现研学课程与学科课程的互相促进与融合。

（三）渗透学科融合理念

依据大运河研学课程资源的丰富性、多样性、教育性、开放性等特征，大运河乡土文化研学课程的设计始终以学科知识融合为指导，以"促进研学课程与学科课程的一脉相承"为目标。学科融合理念在大运河乡土文化研学课程设计中的运用，主要表现在：①地理与文学、历史的融合。如在东坡公园，可以通过苏东坡足迹追溯、诗词朗诵、常州见闻探寻等方式设计"遇见东坡"为主题的研学课程。②地理与数学、美术的融合。可以围绕东坡公园舣舟亭的形状、位置和艺术审美设计研学课程。③建筑与文学艺术、数学的融合。同样是舣舟亭，也可通过江南建筑结构解析、廊柱对联赏析、三视图绘制等方式设计研学课程。④物理与水利、哲学的融合。奔牛闸是大运河（常州段）为数不多的工程遗存，可以围绕其为学生设计用连通器原理解释闸的运行轨迹、用哲学观点解释人与客观规律的关系等研学课程。⑤思想政治与历史的融合。如通过常州"三杰"红色文化的传播，培养学生朴素的爱国、爱党情感，培养其文化自信和国家认同。⑥历史与人文、信息技术的融合。大运河作为我国珍稀的世界文化遗产，如何利用信息技术手段更好地保护、利用与传承，也是一个值得学生深思的研学课题。

三、以核心素养为目标，优化课程设计

教育家泰勒认为，一门好的课程应该包括四要素，即明确的课程目标、优质的课程内容、有效的课程组织和课程评价。[3]考虑到研学课程组织实施的完整性，本研究将课程评价置于"课程组织实施"中的"研学行后"部分。

（一）课程目标定位

作为学校课程有效补充的研学课程，应以落实立德树人为根本任务，以促进学生核心素养的整体提升为目的，以培养学生坚定的理想信念和高度的社会责任感，提高学生科学文化素养，养成学生终身学习、自主发展和沟通合作等多种能力为核心目标。[4]在中小学生教育教学目标的引领下，本研究将大运河乡土文化研学课程目标细分为6个方面：一是提高学生对自然、社会和自身的认知，二是激发学生学习探究的兴趣，三是培养学生会学习、会生活的能力，四是培养学生的集体生活和沟通合作能力，五是培养学生的创新思维能力，六是增强学生的社会责任感。

（二）课程内容选择

研究围绕初识乡土文化、品读乡土文化和传承乡土文化3个分主题，以遗产文化、红色文化、工商文化、名人文化等为主要内容，构建了具有一定逻辑性、整体性、层次性和递进性的学科融合的大运河（常州段）乡土文化主题研学课程体系（表1）。

表1　大运河（常州段）乡土文化主题研学课程体系一览表

研学主题	研学对象		研学地点	研学内容
初识乡土文化	市树市花	一年级	东坡公园	前往市花（月季）种植园——东坡公园，观察月季的颜色和品种，欣赏它的叶子和花，描述月季花的味道、色彩和形状，画下简笔画
		二年级	西瀛门	前往市树（广玉兰）观赏地——西瀛门，选取一棵广玉兰树作为对象，观察它的叶子、树干和整体造型，画下简笔画
	人文景观	三年级	银丝面馆	前往运河边餐饮百年老字号——银丝面馆品尝美食，了解五种具有本地特色的美食，且学做一种美食，用视频记下制作过程
		四年级	御马头	从御马头乘坐游船游览运河常州精华段，欣赏两岸风光，记下游览行程及所见所闻，并比较运河与其他河流的不同之处
	历史发展	五年级	博物馆	参观博物馆，深入了解常州的发展历史与璀璨文化，画出运河（常州段）三次变迁的大致线路图
		六年级	规划馆	参观规划馆，说说运河（常州段）未来五年或十年将会发生什么样的新变化；假设你是城市规划师，给市民提出运河生态保护的建议
品读乡土文化	城市精神	七年级	青果巷	参观位于青果巷的梳篦博物馆，体验梳篦制作过程，熟悉非遗文化价值，探究信息技术在文化传承中的应用
		八年级	奔牛闸	实地调研奔牛闸，运用物理知识（连通器原理）诠释闸门的运行轨迹，运用哲学知识说明人与客观规律的关系
		九年级	东坡公园	观察东坡公园的舣舟亭，说说亭子的来历及建筑之美，总结江南木结构建筑特色，利用三视图原理画出亭子不同侧面的造型
传承乡土文化	民族情怀	高一年级	瞿秋白纪念馆	参观瞿秋白纪念馆，了解常州"三杰"的英勇事迹和崇高精神，阐述中国共产党的先进性
		高二年级	运河五号	参观棉纺厂（运河五号），了解常州三位以上的实业家，理解他们的精神追求与时代意义，探讨民族精神还可以通过什么方式展现
		高三年级	中医街	走访中医街，了解常州中医发展进程和特色，说说中医药对世界医疗的贡献，论一论中医药对新冠肺炎疫情的防控作用

大运河乡土文化研学课程内容的选择，主要遵循以下原则：一是课程内容的层次性，即参考小学、初中和高中3个学段学生的知识储备、理解接受能力与身体体能的差异，将课程内容划分为12个不同的层级。二是课程内容

的逻辑性,即以学生为主体,依据学生开五感(小学)、观社会(初中)、探文化(高中)的认知规律,② 设计适合中小学生的大运河乡土文化研学系列课程。三是课程内容的递进性,即课程内容设计遵循由易到难原则,逐步拓展课程研学的广度和深度。四是课程内容的整体性,如用市花市树、人文景观、历史发展3个由具体到一般的序列主题构成完整的研学课程体系。

(三)课程组织实施

以大运河红色文化——常州"三杰"为主题的研学课程方案为例(表2),结合研学行前、行中和行后的全过程组织实施与评价的案例进行分析。

表2 大运河红色文化——常州"三杰"研学课程方案一览表

研学主题	常州"三杰"		研学时间	2天	研学对象	高一
研学目标	1. 通过教材阅读和行前一课的讲解,熟悉新民主主义革命发生的历史背景和历史意义 2. 通过博物馆、纪念馆参观和专业讲解聆听,深入了解常州"三杰"红色革命故事和新民主主义革命知识 3. 通过读书节和数据中心的体验参与,理解常州"三杰"的崇高精神,感知城市精神和民族情怀					
研学进展		研学课时	研学主题	研学项目	能力指向	研学日程
行前		自定	"起锚"	衔接教材	阅读理解 信息搜索 信息整理 信息转化 演绎推理 思维认知 辩证思维 归纳概括	准备阶段
		1课时	"扬帆"	行前一课		
行中		2课时	"起航"	参观考察		第一天
		2课时	"传承"	专家讲座		
		2课时	"洗礼"	参观考察		
		2课时	"感悟"	体验互动		第二天
		2课时	"奋进"	拓展延伸		
		2课时	"共享"	总结分享		
行后		自定	"收获"	成果展示		结束阶段

1. 行前

行前主要通过三项工作开展课程导入。一是课程衔接。常州"三杰"研学课程以普通高中思想政治选修1《科学社会主义常识》中的"新民主主义

---

② 开五感指通过研学活动创设,训练强化学生视觉、听觉、嗅觉、味觉、触觉等感官;观社会指通过感觉活动开展,为学生创造观察社会、感悟生活的机会;探文化指通过研学课程实践,促进学生对文化的认知、理解与传承。

革命的理论和实践"一课内容为蓝本,进行研学相关背景知识阅读。二是行前一课。指导教师分发研学手册,讲述研学课程的具体行程安排、物质和心理准备、安全提醒等事项。三是知识储备。引导学生搜集常州"三杰"有关资料,了解常州城市精神、民族情怀与红色文化的联系,撰写研学笔记。

2. 行中

行中主要根据研学主题和研学项目,逐步落实研学地点、研学内容和研学课程授课教师等具体工作。首先是课程地点的选择。研学地点既要考虑到安全性、可操作性问题,又要考虑其与知识的整体关联性。其次是研学内容的设计。研学内容是实现研学目标的重要抓手,内容紧扣研学主题展开,既要循序渐进,又要拓展延伸。最后是授课师资的安排。研学课程师资既可以是学校教师,也可以是营地研学指导教师,还可以邀请社会各界专家担任授课教师。

3. 行后

行后主要是研学课程成果展示与学习效果评价。课程成果展示,可以采用征文比赛、校园文化艺术展等形式展出,一方面对学生学习成果予以肯定,另一方面为学生相互借鉴交流学习提供平台。课程评价是研学课程非常重要的环节,它既是对学生学习效果的检验,也是对研学指导教师和学校教师教学成果的检验,是研学课程得以不断优化的重要条件。课程评价应注重过程性评价,适当以成果为导向,以学生学科素养的提升为目标,设计自评、互评和他评等多种形式。

四、未来思考与建议

(一)构建学科融合的课程体系

研学课程设计不能单从学科知识体系出发,而要从学生真实生活的世界出发,去引导其观察探究有教育意义的研学课题。大运河乡土文化主题研学资源涉及专业类目多、学科知识面广,为构建学科融合的研学课程体系创造了条件。此外,研学课程体系构建应注意研学主题的鲜明性、研学对象的差异性、研学地点的独特性和研学内容的合理性。

(二)建设研学旅行课程资源库

未来,大运河乡土文化研学课程的建设与优化,可从师生最熟悉、最有价值的乡土研学资源入手,将课程分为若干个模块,分工协作完成研学课件制作、师资团队组建、参考书目罗列、研学行程设计、课业评价创新等工作，构成研学课程资源库，通过实践检验后在本地推广。此外，可以与其他城市的大运河主题课程共建"大运河"主题群研学课程资源库，实现研学课程资源实时在线共享。

（三）健全研学课程实施保障机制

研学课程从设计到实施，需要全员、全过程、全方位的保障。首先是安全。研学安全贯穿于研学始终，是研学实施最基本、最重要的条件，各级责任主体应探索建立专门为中小学生服务的研学安全保障机制。其次是师资。研学师资应优先从研学师资资格考评制度抓起，逐步推进研学师资培养与考评制度的完善。最后是经费。结合地方实际，建立和完善政府、学校、社会、家庭共同承担的多元化经费筹措机制，保障研学课程的全面推广实施。

参考文献：

[1] 教育部等11部门. 关于推进中小学生研学旅行的意见 [EB/OL]. （2016－12－02）[2022－04－01] http：//www. moe. gov. cn/srcsite/A06/s3325/201612/t20161219_292354. html.

[2] 祝胜华，何永生. 研学旅行——课程体系探索与践行 [M]. 武汉：华中科技大学出版社，2018.

[3] 拉尔夫·泰勒. 课程与教学的基本原理 [M]. 罗康，张阅，译. 北京：中国轻工业出版社，2008.

[4] 教育部考试中心. 中国高考评价体系 [M]. 北京：人民教育出版社，2019.

跨学科课程的设计与实施

寿　延[1]　亓玉田[2]

学生发展核心素养的培育要依托各学科教学，但绝不是单学科教学所能达成的。现实社会面临着大量的综合性问题，越来越体现出自然、社会与人之间的复杂联系，这些问题的解决需要多学科的联合和协作，需要超越各学科的视野和思路。综合运用各学科知识和方法来研究某一实际问题，已成为科学研究的重要形式。因此，学校教育要为学生提供综合学习的机会，帮助他们建立起整体的世界观和方法论。

北京育才学校高中部着眼于培育学生发展核心素养，经过多年的实践尝试，设计了多个基于真实生活情境的跨学科学习课程。下面以"南京社会实践课程"为例，阐述学校的课程设计思想和实施过程。

一、顶层设计，跨学科交融贯通

核心素养是不同学习领域、不同情境中不可或缺的共同素养，它强调任何学科的内容只是促进人发展的一个素材。只有将不同学科的知识与能力相"关联"，将知识与知识运用的情境相"关联"，才可能提升学生整合不同学科知识的能力，才可能切实促进一个"人"的发展，真正实现培养全面发展的人的目的。为了达到这一目的，我们集中各学科的骨干教师形成跨学科核心研究团队，就"育什么样的人、怎样育人"进行共同讨论并达成共识，核心团队的理念逐渐形成。

南京社会实践课程的设计着眼于学科综合，把语文、数学、英语、物理、化学、生物、地理、历史、政治等多学科核心素养融会贯通于课程中，让学生在实践活动中掌握学科知识，并能跨学科理解运用，最终达到提升学生发展核心素养的目的。

【课程设计意图】

1. 探索学科学习与立德树人紧密结合的有效方法。将现阶段所学知识放

---

[1]　寿延，北京育才学校副校长。
[2]　亓玉田，北京育才学校教师。

在历史长河中、放在社会发展中思考，感悟祖国的发展变化，增强育才学子的历史责任感和社会责任感，树立"四个自信"。

2. 探索学科课程与社会实践紧密结合的有效方式。将校内课堂扩展到校外，让学生在社会中学以致用。

3. 探索跨学科整合理念与实际综合问题紧密结合的有效方法。将分学科学习整合为跨学科的联动学习，运用综合学科知识思考、分析实际复杂问题。

4. 探索学科核心素养的培养对学生发展核心素养培养的呼应、促进、达成的有效方法，最终实现培养全面发展的人的目标。

5. 将课程的设计实施过程作为培养教师课程建设能力的过程，提高师德修养、学术修养的过程。引导教师从课本走向实践、从学校走向社会、从只关心成绩到关注国家发展变化、从单一学科思维到多元逻辑思维。

【课程目标】

1. 学生通过南京社会实践课程，了解南京在中国近代发展史中的重要地位；了解南京在中国"一带一路"国家发展规划中的地位和作用；了解南京的传统文化及对传统文化的保护与传承等。

2. 培养学生的独立思考能力、系统思维能力、综合分析问题、解决问题的能力和理论联系实际的能力。

3. 加深学生对中国传统文化的了解与传承。

4. 激发学生的爱国主义情怀，增强学生的社会责任感和建设祖国的使命感，进一步培育践行社会主义核心价值观。

【课程结构】

1. 课程分三大领域：（1）南京在中国近代发展史中的重要地位；（2）南京在中国"一带一路"国家发展规划中的地位和作用；（3）南京的传统文化及对传统文化的保护与传承。

2. 每个领域确定具体的重点观测点。

3. 每个观测点有具体的思考题。

【课程实施方式】

每个领域以项目研究的方式实施，并设计了研学项目书。以课题"南京在中国近代发展史中的重要地位"为例，其研学项目书如表1所示。

表1　南京研学项目书（一）

班级：_____　姓名：_____　填报日期：_____　指导教师：_____

课题名称	南京在中国近代发展史中的重要地位	
归属研究领域	南京在中国近代发展史中的重要地位	
组织形式	学生自愿分组	
研学地点	观测点	思考提示
南京博物院	历史馆 民国馆 非遗馆	政治：南京在古代和近代重要的政治地位 历史地理：魏晋南北朝江南经济开发的表现及原因；南京与"海上丝绸之路"相关的历史遗迹 历史：了解古代和近代与南京相关的历史名人；了解昆曲、评弹、文人画等传统艺术形式
秦淮河风景区	夫子庙 江南贡院 科举博物馆	历史：探究孔子受到后世尊崇的原因及对后世的影响；列举与江南贡院相关的科举名人或帝王 历史政治：思考科举制对世界文明的重大制度性贡献
中山陵	中山陵	政治历史：思考孙中山为何是"中国民主革命的伟大先驱"
总统府	总统府	历史：列举在总统府发生过的重要历史事件
静海寺	郑和航海史料馆 中国近代不平等条约史料展	历史：郑和下西洋最远到达的地区及所带来的影响；列举近代清政府与西方列强签署的不平等条约及所带来的影响
浦口火车站旧址	浦口火车站旧址	地理政治：了解近代津浦铁路对该地区经济发展的重要作用
南京大屠杀遇难同胞纪念馆	南京大屠杀遇难同胞纪念馆 "三个必胜"展馆	历史：日本14年侵华战争给中国人民带来哪些苦难？探讨抗日战争胜利在中国反抗外来侵略斗争中的历史地位；"三个必胜"是什么？
研学成果与评价	研究报告、实践报告、原创作品、微电影、摄影	
备注		

二、跨学科联合培训和实施，综合培养学生多种能力

核心素养自身的特征表现出"关联性"与"整合性"的特征，核心素养视角下的跨学科能力必须要求有整合学习经验的能力。基于这一认识，我们在课程实施之前首先对学生进行课程培训，指导学生通过查阅资料补充学科知识，自学网络工具的使用；同时教师指导学生课题研究方法及研究报告的

撰写方法等。

【课程培训】

数学、物理、化学和生物等学科的教师负责对相关学科知识和研究工具进行培训。培训形式包括课堂梳理、研究性学习小组研究、专题培训讲座、网上查阅等。培训内容有：了解与建筑排水有关的知识，像房顶设计、地面地势、建筑材料（屋顶、砖瓦、墙等）；组织开展对比研究，如古建筑排水的异同，北方古建筑（故宫、天坛、先农坛）与南方古建筑（阅江楼、总统府）的异同等；了解现代城市排水结构，如城市街道、地下管网、景观辅助作用等。同时对相关工具的使用也进行了培训，如利用手机软件测加速度、测空间角度以及摄影和微视频制作技巧等。

语文和综合社会实践学科的教师负责对课题研究方法及研究报告的撰写进行专题培训。主要内容包括：常见课题研究方法及研究步骤；研究报告的撰写基本要求；研究报告的写作目的、研究报告的选题角度、研究报告的格式要求、研究报告的文字表达等。课前培训能让学生在课程实施之前对知识有识记与理解，然后带着这些知识进入到实践活动中，这样就能调动学生的思维，培养学生的综合能力。

下面举例说明课程实践过程中师生的具体行动和效果。

【课程实施过程】

学生坐高铁，来往分别乘坐的是"和谐号"和"复兴号"。在高铁上，教师组织学生分组测试高铁的速度，并让学生在测试的过程中感受祖国的交通发展速度之快。

到阅江楼上，学生在教师的引导下完成"关于南京的传统文化及对传统文化的保护与传承的研究"课题的下列任务：①诵读宋濂《阅江楼记》，结合文本内容了解阅江楼建造历史，记录（可拍照）文章中的3个"必曰"和3个"益思"，思考宋濂这样写有什么用意，对当下社会有什么现实意义。②用几何学知识和软件工具估算此段长江的宽度；记录10分钟内长江上货轮（客轮）数量。③从各个角度观察阅江楼，它是几层几檐的古建筑？用几何学的知识和手机软件等工具估测每层飞檐的角度大致是多少；阅江楼"碧瓦朱楹、檐牙摩空、朱帘凤飞、彤扉彩盈"，思考这些建筑设计对排雨水有何作用。

学生站在阅江楼上，远望长江，看江水浩浩荡荡，回味着诗词名句，每一个人都心潮澎湃，对各个问题也都各抒己见。例如关于测长江宽度：4 班一位学生站在阅江楼上恰好看到长江大桥上过一列火车，通过记录火车过桥时长，查阅火车运行速度，估算长江宽度；2 班一位学生想先利用自由落体测出阅江楼顶距地面的高度，再利用工具辅助测角度，就可计算长江宽度；5 班一位学生利用手机下载了一个"多功能测量"App，可在地图上测得两点间距离。此外，可以参照南京长江大桥长度估测长江宽度，还可以利用地图及比例尺测量和计算等。再如关于估测阅江楼建筑屋顶坡度：目测不好把握，误差较大，利用"多功能测量"App 和一个量角器，可大致测得屋顶坡度。

学生走到阅江楼和总统府时，观察古建筑，教师适时地引导学生进行讨论：这些古建筑中的防水措施有哪些呢？让学生试着去找明道和暗道。阅江楼和总统府的房顶是如何设计的？整个建筑群是如何布局的？这些与防水、排水设计又有哪些联系？让学生从物理、化学的角度去观察和研究问题。

核心素养旨在提升个体应对复杂、多样、未知情境的能力，这就需要利用复杂开放的现实情境、有意义的真实任务去促使学生核心素养水平的发展。基于这一点，核心素养视角下的跨学科能力培养注重真实环境、具体任务。本次实践活动课程中的情境多达 15 处，有意义的真实的具体任务多达 30 多项，通过在实践过程中对学生表现的观察和对学生课程手册的检查，我们发现，学生在跨学科课程中的观察、学习、思考的活跃程度远远高于课堂内单一学科的学习，这是对学生的综合素养的一次全方位提升。

三、多种形式展示课程学习成果，促学生核心素养再提升

课程评价是对学生学习过程、结果的客观评价，是课程实施效果的有力保证，评价的过程是对核心素养的再提升过程。该课程设计了多种形式展示课程学习成果，如研究报告、实践报告、学生原创作品、微电影、摄影展等。最终该年级 7 个班，完成了 42 份研究报告、42 个微视频，每位学生均完成了实践学习手册。报告以及微视频首先在班内进行分享交流，将每位学生的收获和心得进行分享与思想的碰撞。每班推选出 3 个研究领域的报告和视频参加年级展示评比。教师组成评审团，进行审核评价，评出一、二、三等奖，并让领域负责人进行点评，展示、评选和点评的过程是对全体学生核心素养培养的再提升过程。学生还有感而发地原创或改编了大量诗词，在语文课上进行展示，语文学科组将学生的作品整理成原创诗词集；艺术学科组则对学

生的摄影作品进行收集、评比，将有特色的作品装裱，挂在教学楼内进行墙面展示，吸引了众多学生驻足欣赏，点评回味。

南京实践课程并没有终止于课程成果展示与评价，在后续的课内学习中，每个学科仍将延续课程的学习。如历史、政治、地理、英语、物理、化学等都以南京实践课程的内容为情境，设计学科问题，编写原创试题，并在自主命题考试中体现。通过对考试结果的分析，能看出学生对学科知识的灵活运用、综合分析能力明显提升，其思考、分析问题的方式在潜移默化地发生着变化。

四、总结与反思

在本次实践活动中，我们从3个维度去落实跨学科核心素养的培养，即"识记与理解""运用与实践""创新与迁移"。无论哪一学科，知识和经验的输入都离不开识记与理解，知识和经验的输出都需要运用与实践能力，知识和经验的高级输出则表现为创新与迁移能力。这3种能力是解决任何跨学科的情境问题时都必须具备的能力，同时又贯穿于核心素养目标体系之中。

识记与理解，是训练学生将自己的意识外化、言语化，训练学生将信息作出多种形式的转化。设计该课程，首先在课程实施之前对学生进行各学科知识的培训，并指导学生自行查阅、自学等，以获取尽可能多的有助于输出的信息，并在实践中运用。运用与实践，是运用学过的概念、原理、规则等知识来解决认知性问题，运用知识解决实际生活中的问题。在课程的设计中，我们充分运用设计课程的资源，挖掘每一个观测点的内涵与外延，巧妙地设计问题，让学生用识记与理解到的学科知识解决实践中的实际问题。创新与迁移，是创设有利于学生思维形成的民主、开放、和谐的环境，鼓励学生提出自己的意见或见解，激励学生学会在与各种资源互动的过程中建构自己的实践能力、创新能力。课程评价中，我们采取多种形式展示学习成果，给予学生多元化评价，让所有学生在不同的领域都能展示自我、提升自我。

核心素养的培养是复杂的多维建构过程。通过南京实践课程的设计与实施，我们体验了以跨学科综合设计课程来培育学生学科核心素养，提高了学生发展核心素养的实践意义与效果，同时也看到了实践中教师教学理念和行为的积极转变，更重要的是看到了学生的成长。为此，我们将坚持在这条路上继续探索。

学科融合背景下综合实践活动课程的设计与实施

——以北京市中关村中学"一带一路"课程开发为例

朱 军[①] 马 珏[②] 孟 宇[③]

2017年8月教育部印发的《中小学德育工作指南》明确提出,在坚持"课程育人"的同时,要积极推进"文化育人""活动育人"和"实践育人"。同年9月颁布的《中小学综合实践活动课程指导纲要》指出,要通过学生参与主动实践和开放生成的学科课程,提升学生的核心素养。然而,在综合实践活动课程开设的过程中我们意识到,其开展不仅仅需要"活动",还要依托学科教学将"活动"课程化。因此,北京市中关村中学充分考虑"一带一路"背景,借助国际、国内两种资源和市场,以为相关港口设计文创产品为情境,进行课程开发。我们在课程实施过程中又发现,学生依靠单一学科背景很难完成任务,因此综合运用地理、历史、政治学科的相关知识开展跨学科研究成为必然要求。

一、课程目标明确课程实践实质

学生走出学校后需要面对的问题与在校时不同,往往需要解决复杂情境中的问题,因此,综合素养的培养需要突破碎片化、快餐化、微型化的浅层学习方式,在学习中理解和掌握复杂概念的深层含义,建构起复杂的情境化知识体系,以知识迁移推进现实任务的完成。

为避免综合实践活动出现活动空泛、各科拼盘的现象,课程目标在设定之初就需要明确综合实践活动课程的实质——这是一门"强调学生综合运用各学科知识,认识、分析和解决现实问题,提升综合素质,着力发展核心素养",旨在培养学生综合素质的跨学科实践性课程。同时,在课程目标中学校还需要关注学科内容的作用。以本课程的课程目标为例,史、地、政三科教师分别从价值体认、责任担当、综合思维、问题解决、物化创意等不同角度

[①] 朱军,北京市中关村中学政治高级教师。
[②] 马珏,北京市中关村中学地理特级教师。
[③] 孟宇,教育部基础教育课程教材发展中心教材处处长。

分解了各学科在本课程建设中需要达成的目标。

如"综合思维"目标。三科教师确定的具体目标为：

以"全球关联"和"人类命运共同体"为核心概念，结合实例，说明地域文化在城乡景观上的体现。结合实例，说明运输方式和交通布局与区域发展的关系，探究历史现象的时代背景、历史条件、形成因素，分析经济全球化的机遇和挑战。坚持正确义利观，阐释秉持开放、融通、互利、共赢的合作观，构建开放型世界经济的意义。最终，以文创企业充分利用"一带一路"搭建的发展平台为情境，自主选择推动"一带一路"倡议的关键港口，为选择的港口进行文创产品设计和制作，为文创企业充分利用"两种资源""两个市场"，积极贯彻落实"走出去"战略提出发展性建议，进而达到实现整合运用相关学科知识、提升解决真实复杂情境的能力目标，形成综合思维能力。

再如"问题解决"目标。三科教师确定的具体目标为：

学生结合实例，说明地域文化在城乡景观上的体现，理解"一带一路"以"共建共享"为手段重构"世界空间格局"。结合实例，说明运输方式和交通布局与区域发展的关系。从地理环境整体性和区域关联的角度，比较不同区域发展的异同，说明因地制宜对于区域发展的重要意义。结合"一带一路"建设，说明国际合作的重要意义。结合实例，分析旅游业对区域经济、社会、文化发展的带动作用。具备历史时空观念，学会温习与辨析史料，理解与认识港口城市在历史发展中的特点与作用，帮助学生理解并形成包括多元多样、平等相待、美人之美、美美与共、以交流交融化解对抗冲突、基于自身历史传统进行文明交流互鉴等现代文明观。学生学会探讨如何在利用好国际国内"两种资源""两个市场"，交流经济全球化对个人生活的影响。调研我国当前的比较优势，提出符合我国比较优势的产业发展建议。能够坚持正确义利观，阐释秉持开放、融通、互利、共赢的合作观，构建开放型世界经济的意义。引用实例，说明中国如何推动经济全球化朝着更加开放、包容、普惠、平衡、共赢的方向发展。

从目标来看，本课程充分体现了因需要而学习、为问题解决而学习、跨领域学习等观念，体现了跨学科知识、技能的融合。

二、课程内容指向学科学习要求

教师在开展综合实践活动课程前，需要明确活动中涉及的学科教学内容，这样可以使学生的综合实践活动得到学科理论的支撑，将思维活动引向深入。例如，我们从三科的角度对涉及的课程内容分别做出了如下界定：

1. 地理

学生选择推动"一带一路"倡议的关键港口作为主题，在相应港口文创产品的设计中，会有不同问题的提出和追问，并运用学科概念和知识解决相关的基本和综合性问题。引导学生学会从地理环境整体性和区域关联的角度，比较不同港口和区域发展的异同，以及因地制宜对于区域发展的重要意义。文创产品还能展示港口的区位和所在地域文化特点等内容，让学生更加充分地了解不同港口在区域联系和区域发展中的作用，理解以"一带一路""共建共享"为手段重构"世界空间格局"以及"全球关联"等。

2. 历史

以"一带一路"为切入点，学生以自己研究的港口为中心，能够通过选取与辨析相关的历史史料，提取相应的历史信息进行合理阐释。具有全球视野，联系古今，通过文创产品展示其具备的港口的历史文化与现代价值，从而顺应"一带一路"背景下人类命运共同体与顺应全球关联的历史特性。

3. 政治

围绕当今世界政治多极化与经济全球化趋势，说明国际关系的主要影响因素和世界经济发展的基本特点，引导学生在拓展国际视野的过程中，坚持总体国家安全观，坚定不移地走中国特色社会主义道路，积极贡献中国智慧和中国力量，推动构建人类命运共同体。

由于课程内容指向明确，教师将本课程模块分为倡议背景分析、港口要素挖掘、相关港口文创产品设计3个部分，分别由历史、地理、政治作为主导学科，开展学科实践指导工作；同时，在每个课程主模块中，三科教师既有学科侧重，又有学科融合，帮助学生在不同模块的学习中综合运用学科知识分析和解决问题。例如，在"相关港口文创产品设计"这一模块中，虽然主导学科是政治学科，但三科教师根据任务完成的需要，又确定了课程内容方面的具体要求，以地理学科的要求为例：

选择港口的区位和所在地域文化。结合图文，说明选择港口的区位。结合地理、历史、政治等学科知识，综合分析港口所在地域文化的特点；结合材料，说出港口所在地域建筑的特点；引用资料，说出港口所在地域方言文化等的特点；结合材料，说出港口所在地域饮食文化等的特点；利用资料，说出港口所在地域文化产业的特点。

港口在区域联系与区域发展中的作用。结合港口所在区域的主要地理环境特征，说明因地制宜对于区域发展的重要意义。引用材料分析港口在区域联系和发展中的作用以及它是如何体现全球关联和人类命运共同体的。

三、课程实施围绕核心概念开展

在具体的综合实践活动课程实施过程中，如果只注重活动的开展、成果的呈现，则可能会导致学生学习停留在"感知"层面，使实践活动流于表面化和肤浅化；如果只注意学科介入，则可能导致个体对系统的知识体系进行概念背诵与记忆，从而不能形成综合思维能力，不能自觉地运用全面、系统的知识体系开展思维活动，创造性地解决问题。艾里克森认为，课程综合的目的在于提升思考层次，故综合实践活动课程的学习焦点应放在重要概念及相应的通则上，各相关学科学习内容与活动的安排，可以具有学科特性，但应以引向深度理解及激发较高层次的思考为目的。这种课程单元以深层的概念性观念为中心，一个个具体的主题是建构不断复杂化观念的基石。因此，本课程在设计时，为了解决相应问题，以"全球关联"和"人类命运共同体"为核心概念作为统领，寻找各学科的基本概念，在任务的不断推进中追问，认识概念、关注关联，提升学生的认知与思考层次。

三科教师将课程的实施过程分为"课程介绍、组建小组→文创产品市场现状调查→制定文创产品评价量规、选择研究港口→港口文创产品设计→港口文创产品展示与交流→产品生成并反思"6个阶段。其中，在第二阶段"文创产品市场现状调查"中，学生提出了"什么是文创产品？成功的文创产品需要具备哪些要素？文创产品有怎样的历史文化背景？"等问题。而这些问题指向的各科核心概念则是：地域文化、旅游资源、景观欣赏（地理）；文创产品历史背景、手工业发展、文化交流（历史）；商品、商品的基本属性、文化、传统文化、外来文化、文化传承与发展、文化创新（政治）。

在第四阶段"港口文创产品设计"中，学生从不同学科角度提出了不同的问题。

如，地理：港口的总体发展状况如何？港口及其所在区域的地域文化怎样？倡议前后港口有哪些空间联系方面的变化？影响港口布局和发展的因素有哪些？如何提取港口的地方文化特征？

历史：可以运用哪些方法查找历史资料？如何汇总分析这些资料？

政治：文创产品与市场有什么关系？文创产品如何赢得市场？文化创新的意义是什么？"一带一路"倡议对港口发展有何影响？港口发展对"一带一路"倡议的实施有何作用？

这些问题指向的概念分别为：

地理：区域发展、地域文化、港口所在地域建筑特点；地域方言文化等特点；所在地域饮食文化等特点；所在地域文化产业的特点。

历史：历史资料选择，实物史料、口述史料、文献史料、图像史料。

政治：市场资源配置、商品、使用价值、价值、价格、企业、企业成功经营的要素、外汇、汇率、对外开放格局和开放型经济体系、共商共建共享原则、我国的外交政策、文化多样性。

在上述问题追问和概念提炼中，我们不难发现，如果没有核心概念的统领，呈现出的知识、实践将是零散的，而成果也将是低水平的事实性的知识。而将"全球关联"和"命运共同体"作为核心概念时，学生所做的"'一带一路'某港口文创产品设计"则紧紧围绕借助文创产品挖掘该港口历史渊源、地域特点、文化要素等元素，将认识最终落脚于"一带一路"倡议为该港口和城市发展搭建了怎样的平台，以及该港口在"一带一路"倡议下怎样发挥其枢纽作用。

四、课程评价保障课程有效实施

为保障活动的有序开展，本课程从活动兴趣、参与程度、学习态度、合作意识、探究意识、创新意识、活动体验等不同维度进行过程性评价，并将自评、互评和师评等形式结合起来。其中，针对学习态度、合作意识、探究意识3个维度的评价量规如表1。

表1　过程性评价量规（部分）

评价项目	评价内容及标准			评价方式		
	优秀（9—10分）	良好（7—9分）	一般（6—7分）	自评	互评	师评
学习态度	积极主动参与，有进取心，出色地完成活动任务	能参与讨论交流，较好地完成活动任务	较少参与讨论，不能独立完成自己的任务			

续表

评价项目	评价内容及标准			评价方式		
	优秀（9—10分）	良好（7—9分）	一般（6—7分）	自评	互评	师评
合作意识	在文创产品开发过程中，积极主动承担小组任务，团结合作，积极帮助他人	在文创产品开发过程中接受小组的任务安排，积极配合，帮助协调出主意	在文创产品开发过程中参与小组活动，但只关注自己任务的完成			
探究意识	不断自主去思考和发现"一带一路"倡议背景下，港口发展与"一带一路"主题相关问题，独立、积极地思考和分析问题，形成具有特色的文创产品	能自主发现"一带一路"倡议背景下，港口发展与"一带一路"主题相关问题，寻求解决文创产品开发时出现的问题，但遇到瓶颈或寻求他人帮助	能发现"一带一路"倡议背景下，港口发展与"一带一路"主题相关问题，但对问题不能做出进一步思考；有一定的探究，但容易放弃			

由于本课程是以文创产品开发为活动主题，因此在展示部分，教师与学生共同从内涵、商品性、创意性、汇报等维度制定了本课程的表现性评价量规（见表2）。在课程实施中，学生以表现性评价量规为依据，设计产品、进行汇报。

表2 表现性评价量规

项目	评价内容	分值	1组	2组	……
内涵	能够充分反映港口历史渊源，准确体现港口所具有的区位特点，体现了该港口对外联系，突出"一带一路"倡议背景，突显"一带一路"倡议提出后其空间发展和格局地位的变化；与各学科主题紧密联系	16—20分			
	能够反映港口历史渊源，体现港口所具有的区位特点，符合"一带一路"倡议背景，能够结合各学科主题	11—15分			
	能够反映港口历史渊源，具有港口区位特点，基本符合"一带一路"倡议背景，尚能结合各学科主题	6—10分			
	未反映港口历史渊源，不能体现港口的区位特点，不符合"一带一路"倡议背景，不能结合各学科主题	0—5分			

续表

项目	评价内容	分值	1组	2组	……
商品性	受众广泛或对某小型受众群体具有极大吸引力，具有足够的实用性或收藏价值，有利于身体健康，不易损坏，便于通过安检；价格合理	8—10 分			
	受众群体有限且吸引力不突出，具有一定的实用性或收藏价值，有利于身体康健，便于通过海关；价格较为合理	6—7 分			
	吸引力一般，实用性与收藏价值小，通过海关有障碍；价格欠合理	4—5 分			
	过于普遍以至于近乎毫无吸引力，并无实用及收藏价值、无法通过海关或不合法；价格不合理	0—3 分			
创意性	设计新颖美观，有重大推广价值，吸引力强，有鲜明特色	8—10 分			
	设计立意有一定创新性，有一定推广价值和特色	6—7 分			
	设计有部分创新，大体模仿其他文创产品	4—5 分			
	设计与大多数文创产品雷同	0—3 分			
汇报	小组合作分工合理；选取材料注明资料来源，真实可信，内容丰富，与文创产品主题特征契合；汇报清晰有逻辑、流利、准确；能够很好地质疑、解疑	8—10 分			
	小组合作有分工；选择材料注明资料来源，真实可信，内容丰富，与文创产品主题特征契合；汇报清晰、流利；能够解疑	6—7 分			
	有小组合作；选择材料内容丰富，与文创产品主题特征契合；对产品进行汇报	4—5 分			
	小组无合作；汇报材料无准确依据；汇报不清晰；不能应对质疑、不能解疑	0—3 分			
合计		50 分			

在课程实施的全过程中，我们深刻地感受到，量规的使用使课程设计更加规范的同时，也更好地保障了课程的有效开展和实施。过程性评价量规和表现性评价量规在本课程中不仅引导学生向既定的学习目标努力，还作为一种有利的学习支持工具为学生所乐于使用，促使学生更加关注学习的过程。

"一带一路"综合实践活动课程从开发到实践至今已有3年，作为课程的设计者和实践者，我们深刻感受到，综合实践活动课程在课内与课外、学科

> 基于核心素养的跨学科 学习

世界和生活世界之间架起了一座必要的桥梁。课程开发过程中，我们也遇到了诸如核心概念确定困难、问题梳理时框架不明等问题，但在一路的探索中都得到不同程度的解决，未来，我们还将继续前行。

在节日课程中体认传统文化种子

——"与月亮牵手"主题节日统整课程的实践

蒋银慧[1]

中华优秀传统文化进学校,其核心价值体现在哪里?在现有学校课程体系下,传统文化以何种形式切入?在常州市星河小学的老师们眼里,一个人、一个故事、一个时间节点,无一不能成为课程。学校以推进传统文化教育为目标,以培育学生的好奇心、想象力和创造力为导向,围绕中秋节日和学生的兴趣点进行了全学科统整,引导学生走进中秋、认识月亮,进行互动、交流、探索、分享。

一、砥砺人文素养:科学构建中秋节日课程体系

1. 全人范式理念下的中秋课程目标指向

人是如何学习的?当教育回到人本身,我们就必然需要跳出学科本位,跳出学校本位,回到儿童本位。隆·米勒提出了"全人范式"(holistic paradigm)的概念,从当今时代来看,也就是说教育应更着重于人的内在,比如情感、创造力、想象力、同情心、好奇心等,尤其要注重自我的实现。为促进学生的整体发展,尊重学生的独特性,重视学生的主体性,培养学生面向未来的核心能力,学校研发了"与月亮牵手"主题节日统整课程,通过学科间的整合学习,提升学生对以中秋节为代表的传统文化的关注和认知。

2. 儿童成长立场下的中秋课程价值体认

统整课程的学习以全人发展为导向,有助于促进学科间教学内容及三维目标的有机融合。如在学习语文学科《嫦娥奔月》的神话故事之后,音乐学科教师带领学生进行戏剧演绎,美术学科教师就带着学生尝试运用捏、搓、揉等方法制出嫦娥、玉兔、月饼等,创作嫦娥奔月的故事。学科内容的有效整合,不仅实现了各学科间知识的内在关联,在深切感受节日浓烈氛围、传统文化魅力的同时,也进一步提升了学生对中秋传统文化的整体认知及传承。

---

[1] 蒋银慧,江苏省常州市武进区星河实验小学教师。

3. 多科协同统整下的中秋课程体系建构

在基于主题的节日统整课程中，通过学科项目小组的课程探究学习，依据学生不同的个性特征和需求，以绘本故事为桥梁，以课堂游戏为主打，建立科际间的学习纽带，引导学生通过亲身体验感知月相的变化，行星的运行规律，学习演绎和月亮相关的神话故事等，打造在同一主题下多维度的合作学习（图1）。

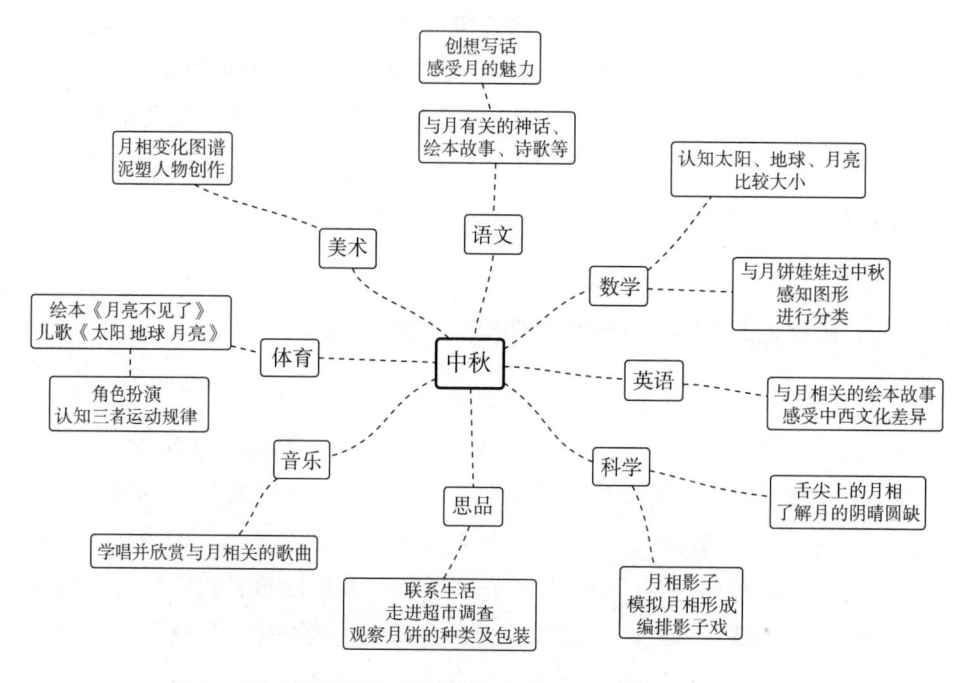

图1 "与月亮牵手"节日统整项目课程下的多维度合作学习

在课程整合过程中，各科教师围绕主题结合本学科特点，共同设计课程，实现知识的脉络化和课程结构的网状化。学科教师将与月亮相关的诗歌、故事、课文等主题素材加以整合，跨学科、跨教师、跨资源、走出教室、走出课堂、走出学校，将语文、数学、英语、品德、音乐、美术、科学、体育等多学科知识相融合，引导学生在歌曲欣赏、文字诵读、人物感知、创想写话、游戏活动等综合性实践活动中，通过说、唱、演、画等形式了解中秋，在月中畅想邀游，感受月之魅力，对学生进行科学启蒙，培养学生好奇心和思考探究能力，提升学生综合素养。

二、习得文化种子：中国灵魂在中秋节日课程的渗透

课程统整的实施不仅需要弹性的教学时间、课时安排和教室配置，还需要丰富的课程资源、跨学科的知识及探究式的教学策略，通过不同专业背景的教师齐心协力，步调一致地规划、统整课程的组织结构，才能带出实践上的效果，实现课程统整的核心价值和理念。

1. 汲沐民族之根，学科间嵌入式实施

各学科深入挖掘学科教学中传统文化的学习内容与育人点，将主题课程嵌入各学科学习与实践之中，并科学规划每一类主题课程的学习内容、课时分配、实施策略、评价办法。以中秋课程中经典阅读主题为例：

（1）明确经典阅读内容。从国学素读、诗词吟诵、经典阅读3个方面梳理出不同学段的经典阅读内容，学生利用晨读时间在《望月》《八月十五供兔儿爷》《月饼谣》《静夜思》《十五夜望月》等诗词吟诵课、经典阅读课中积淀人文底蕴。

（2）开通课程实施通道。重点进行经典吟诵课方法的指导，通过反复有声的朗读，于熟读经典、背诵经典中领悟智慧。诗词吟诵课，尝试采用吟唱的方式，引导学生在平仄音韵中体悟诗词独特的意境，感受中华传统文化的独特魅力。

（3）创生阅读评价方式。开通攀小思阅读平台——学校借助小思阅读跟踪评价系统，通过累积阅读积分的方式激发学生的阅读兴趣，强化学生的阅读行为。以经典故事会、经典剧场、阅读大观园等方式，生动展现学生一学年的阅读史，让学生自由表达对书籍的独特理解。

2. 徜徉文化之序，学科间贯通式实施

（1）青苹果学园，做学玩合一。一、二年级组老师以低龄段孩子爱听故事的心理为依托，结合生动的PPT介绍中秋节的由来、民间各种不同的庆祝方式等，并组织开展了"小小巧手做灯笼、品芋头"活动。活动得到了家长的热烈响应，纷纷争当爱心义工来校参与活动。每个班八仙过海、各显神通，做的灯笼各具特色，有传统宫灯、圆球彩灯、卡通灯、红包灯……在制作过程中，通过亲子合作、朋辈合作，组建了一个个合作共同体。在丰富多彩的中秋民俗文化活动中，小朋友们理解了"团圆"在民族文化中的特殊意义，感受到了节日带来的快乐与幸福！

(2) 红苹果学园，童趣创环保。为迎接中秋佳节的到来，三、四年级组的老师组织学生开展了"绿色再创造"的创意活动。一个个月饼纸质包装盒、铁皮盒、塑料盒在学生的巧手演绎下，化身为一款款造型独特的作品。瞧！"足球场"上队员意气风发，个个摩拳擦掌；"农场"上鸡欢鸭乐，牛羊悠闲地吃草；"旧式相机""超级赛车""大红灯笼""海底世界"各有各的特色，把大家的目光牢牢地吸引住了。"绿色、环保、创意"，星河的学生用自己独特的方式变废为宝，将一件件形象美观、栩栩如生、充满童趣的作品献给中秋！创想、合作、智慧共生，学生不仅感受到节日浓浓的氛围，更得到了个性展示的机会，件件创想作品的背后正是个个独特生命个体的呈现。

　　(3) 金苹果学园，古韵话文化。金苹果学园即五、六年级组老师和学生共同努力，设计了内涵丰富的知识展台。展台的内容分为"古韵中秋""文化中秋"和"亲情中秋"，由三年级学生共同完成。"古韵中秋"是由一幅幅可爱又生动的画报组成，在画报上你可以看见孩子们稚嫩的笔触和他们搜集的关于中秋的传说、古诗等，虽然画报很小，但是承载了大家对中秋节的喜爱之情。"文化中秋"展示的是关于嫦娥奔月的系列故事，故事情节、插画都是由孩子们手工完成，卡通的嫦娥、后羿、西王母可爱有趣，让人看得忍俊不禁！在"亲情中秋"的展板上，大家还精心制作了许多贺卡，里面写了对家人、老师、朋友的祝福，写了自己的美好愿景，还画了许多栩栩如生的人物呢！说自己想说的话，做自己感兴趣的事，节日文化就在这样的课程生活中沉淀下来。沟通、分享、生成、创新，学生的脑袋里不断有新想法、新问题出现，不断发展自己的兴趣，生态的课程像一条河流，始终新鲜、活泼。

　　3. 浸润国学之地，学科间嫁接式实施

　　生动的戏剧课上，学生个个都是小演员，演一演《嫦娥奔月》。看！教室里用橡皮泥捏出想象出来的人物，并为人物配音进行演绎；科技馆，用影子模拟演示不同月相的形成，编排一出影子戏剧。学生在戏剧体验中完成自我思考、自我创造、自我成长的过程。一年级学生带来了他们心中的月亮，一张张图画上描绘出的是中秋节课程带给他们的所学所想。二年级学生带来了他们心中的月亮，一个个故事里呈现出的是他们关于中秋节课程的所思所感。多学科贯通的方式，让同一学习领域，在不同学科的学习与实践中濡润交融，使学生深刻领悟中华传统文化的睿智和隽永。多学科嫁接，为学生搭建了多样化的学习与体验平台，使中华优秀传统文化的精华要义内化于心，外化于行。

三、顺应文化源流：传统文化在节日生活中的流淌

1. 问题导向，国学就是生活

一个相关的、有趣的、能够引人深思的问题情境对于学生提出和解决问题是非常重要的，而一个兼具合理性、趣味性、意义性的问题情境，就必须链接真实的生活世界。如在品德课中，以中秋节为背景，学生走入超市为家人选购月饼，需要了解哪些知识，解决哪些问题呢？在一个真实、合理的问题情境下，学生提出一系列问题。为了保证学生提出的问题具有适切性和意义性，教师需要帮助学生对问题展开合理的、具有创造性的思考，并对提出的诸多问题进行筛选、整合、归纳。在中国，中秋节自古就被赋予了独特的意义。古有中秋祭月、文人赏月、民间拜月、中秋宴俗、玩花灯、舞火龙等风俗，现在比较常见的是赏月、吃月饼、朋友三两人小聚的场景。通过此次活动，学生对中秋节这一传统节日有了更深刻的了解；学生通过了解中秋节的蕴意，培养自己的传统观念，重视亲情友情，理解"团聚团圆"在中华民族文化中的特殊意义，从而热爱和向往美好的生活。

2. 实践主体，情境促进生长

在引导学生主动探索各学科领域的相关学习实践活动中，构筑学科渗透、专题课程、主题活动"三位一体"的课程架构。在课程发生的场域中，学习主体体验参与是相遇的起点，学习过程中的情感共鸣则是相遇后激荡出的主旋律，教师通过对学科内容的梳理与挖掘，让学生对知识产生初步的了解，并由此激活学生对知识的深入探索与实践。经过探讨交流，在整合归纳后，教师以学生的问题生成为驱动，推动课程学习的实施，引发学生有意义的学习。学生从月饼的制作、月饼的种类、最受欢迎的月饼口味、月饼的包装文化等进行研究主题的确定，通过自由组合选择研究主题，形成项目探究合作小组，在家长、导师的带领下，带着课程学习单，走出学校、走进超市开展实地调查。在一个真实合理的生活情境中，通过营造一个有利于知识建构和意义生成的学习场域，将承载着知识与情感，联结着个体生命与意义世界的课程，在生生、师生的互动学习、交流分享过程中，以问题生成为驱动力，形成课程学习与人"相遇"的美好情境。

3. 民族视野，经历提升素养

通过经典诵读、中秋典故等形式，让学生充分了解中秋节的渊源、形成，民间各种不同的庆祝方式以及其中所承载的中国所独有的文化内涵，增强学生热爱祖国、继承中国传统文化的朴素感情，弘扬创新节日文化，让节日真正给我们带来快乐与幸福。

在统整视域下打造的中秋传统节日课程从中秋节的来源、习俗到中秋节的神话故事、历史故事、中外绘本故事，再到中秋节的诗词歌赋和学科延伸，通过多种形式让学生了解中秋节的来历和含义，了解中华民族传统节日的相关知识和习俗，增强中华传统文化的底蕴，扩大学生的民族文化视野，从而提升学生的科学和人文素养。

依托低碳教育课程基地，实现跨学科综合学习

葛志强[1]

2011 年 8 月，我校以"低碳改变世界，绿色创造未来"为主题创建低碳教育课程基地，该基地被江苏省教育厅列为省普通高中首批课程改革基地，也是全省唯一的以低碳教育为特色的课程研讨基地。随后我校申报的《普通高中低碳教育课程基地建设的研究》课题被教育部批准为全国教育科学规划课题。

课程基地是以创设新型学习环境为特征，以改进课程内容实施方式为重点，以增强实践认知和学习能力为主线，以提高综合素质为目标，促进学生在自主、合作、探究中提高学习效能，发掘潜能、特长的综合性教学平台，对提高教师专业水平，促进教师专业成长，引领学生在实践中提升认知能力，在探究中激发学习潜能具有十分重要的意义。因此，建设课程基地可以推进学校从应试教育向素质教育转变，推动学校内涵建设，创新育人方式，提升教育质量。

一、低碳教育课程基地建设引发教育教学方式的改变

随着低碳课程基地建设的不断深入，我校对课程基地进行了二次深度研发，逐渐衍生出一批丰富多彩的新课程资源，以不同课程为龙头，整合相关学科教学力量，形成学科交叉，优势互补的跨学科综合型课程，为学生全面综合发展提供可能。

一是以低碳为核心，组织了一批理、化、生、政、史、地各学科的精英深入挖掘本学科的课程资源，在已有的课程开发基础上，寻找新的突破点，推动课程基地建设向前发展。

二是建立学科联盟，跨学科综合发展。不同学科之间打破学科界限，在低碳层面上找出能相互联系的点。比如，生物与化学在碳循环等方面的联系，化学与物理在新能源等方面的联系，生物与地理在环境保护等方面的联系，

---

[1] 葛志强，江苏省盐城第一中学生物教师。

政治与历史在低碳历史的发展以及相关政策法规的制定等方面的联系。通过学科联盟构建学科之间的联系,有助于突破单一学科的思维定势,打破学科内的条条框框,使学科之间相互渗透,培养学生综合发展的能力,跨学科的思维能力。

三是成立社团,引领第二课堂。我校有 20 多个社团,其中"低碳实验社团"就是与低碳课程基地相关的。社团定期开展活动,教师和同学共同研究,开展了一系列实验,如"C 测量""光伏实验"等。社团带领学生走出课堂走向实验室,从书本的枯燥文字走出来,走向鲜活的各种实验操作,从机械地接受结论到亲自动手操作验证和探究实验。社团拓展了学生视野,激发了研究兴趣,有部分同学甚至明确了将来的发展方向。社团已成为我校第二课堂的领跑者,成为打造学生热爱学习、探究知识、发展能力和提升教育质量的新的增长点。

二、依托基地开展跨学科融合式教学

以低碳实验社团开展的"温室效应碳循环与新能源"为主题的实验教学为例。低碳实验社团成立以来开展了一系列研究活动,这些实验都是社团的各位成员在老师的指导之下独立完成的。如他们以"温室效应碳循环与新能源"为主题,选择了 3 个探究实验串联组合成一节课,3 个实验涉及理、化、生、地等学科的教学内容。

1. 实验设计思路

学生是课堂的主体,因此这堂课以学生为主讲,讲述实验过程,分析试验数据,得出实验结论。老师扮演主持人的角色,起到了一个课堂组织者、引导者的作用。为了能更有层次地展现这 3 个实验,他们将第一个实验《空气中 CO_2 的测定》在课前做,拍成照片,课堂上由学生介绍实验过程及结论;将第二个实验《贝类生物吸收 CO_2 的测定》设计成学生分组实验,课堂上现场做;将第三个实验《有关光伏电池的实验》在课前做,拍成视频,课堂上由学生介绍实验过程并分析实验结果。

学生社团是一个平台,社团活动是一个学生学习的载体。低碳实验社团开展了低碳课程基地的一系列实验,开始时由老师带领、引导学生做,最后学生逐渐学会了自己去组织、去实验、去探究,从实验原理到实验过程到最后实验结果分析。有很多实验看似简单,实验操作过程也很快,但涉及的相关知识却很多很复杂，自然就会产生一些疑问。有同学会刨根问底探寻真理，他们会到书上查、到图书馆查、到网上查、与同学讨论、与老师讨论。比如，有同学会问《空气中 CO_2 的测定》实验为什么要先测当天的温度，为什么有同学的计算结果误差大，怎样改进实验才能减小实验误差，等等。由此可见，学生通过社团活动不但可以巩固和加深课内所学到的知识，而且更是学到了许多课内没有的知识，激发了学习兴趣和学习潜能，拓宽了学习途径。

本节课通过"碳和能源"这个角度选择的 3 个实验将理、化、生、地等各学科串联起来，形成一个有机的跨学科的整体，而不是只片面地谈一个学科的知识。如本节课，化学中渗透着生物、地理，生物中联系到物理、化学，有利于消除学生孤立地看待各门学科知识的情况，启发学生探寻各门学科知识之间的内在联系，以发现新的知识，培养学生广阔的认知视野，提升学生的知识整合能力，使学生学会综合性地认识问题、解决问题。

2. 实施过程及思考

课堂上首先展示的是实验《空气中 CO_2 的测定》，测定空气中的 CO_2 用的是化学方法，实验原理是用酚酞溶液作指示剂，将浓氨水适当稀释后与空气中 CO_2 反应，直到溶液中红色褪去，表明氨水与 CO_2 完全反应。实验在课前进行，学生用照片在课堂展示、介绍实验过程以及计算结果。第一次工业革命以来，空气中 CO_2 逐年增多，引起越来越严重的温室效应。温室效应引发的原因是什么？如何减缓温室效应？

这些问题引发同学们的思考，有同学提出：空气中本身就存在含量很少的（约 0.03%）CO_2，而且 CO_2 的增加量很少，这能不能引起温室效应？引起温室效应的气体有没有可能是其他气体如水蒸气？还有同学提出：CO_2 的增加应该引起植物光合作用的增强，植物数量的增加会导致光合作用的增强，进而会降低 CO_2 的含量，温室效应的后果有没有那么严重？全球气温的升高是不是有周期性？学生掌握的知识以及思考的深度和广度远远超过我们老师的想象，这些问题的提出将会引起学生的兴趣，指引学生的成长。

第二个实验《贝类生物吸收 CO_2 的测定》，实验原理是贝壳中的 $CaCO_3$ 与 HCl 反应释放 CO_2，用电子台秤测出减少的量。学生在课堂上分组来现场操作这个实验，根据实验结果可以计算出贝类生物吸收 CO_2 的量。通过该实验可以观察到学生实验动手操作能力并进行及时纠正和评价，可以让学生亲眼看到贝类生物固定 CO_2 的量不多。虽然吸收 CO_2 的实验材料最好用植物，

基于核心素养的跨学科学习

但由于测定装置中的 CO_2 的量的变化要用气相色谱仪，操作烦琐，等待时间较长，在课堂上不容易展示，所以选择贝类生物替代。

植物可以通过光合作用吸收更多的 CO_2 形成糖类等有机物，有机物中还有能量。糖类等有机物中的物质和能量传给动物和微生物而形成 C 循环。提问学生对 C 循环了解多少，发现大部分学生知道的是生物和大气之间的 C 循环，有小部分同学知道大气和海洋之间的交换，海洋中也有动植物和微生物，还有个别同学知道地壳中有含碳酸盐（如碳酸钙）的岩石的形成和分解，速度很慢，周期很长。学生的知识面真的很广，对于感兴趣的话题他们会自己查资料自己钻研，书本上没有就去网上查，课内没有就去课外学，真的是"兴趣是最好的老师"！

C 循环启发学生思考如何减缓温室效应：可以植树造林，减少化石燃烧使用，开发新能源，低碳生活。学生谈了很多低碳生活的方式，如节约纸张、节约用电、夏天用空调时将温度调高一点、少开汽车多骑自行车或步行，等等。开发新能源是减缓温室效应的重要途径之一，如利用核能、光能、水能这些清洁能源。

第三个实验是有关光伏实验的探讨。这是一个物理学实验，学生做了很多关于光伏电池性能的测定，既测定了距光源的距离与太阳能电池板输出功率的关系，又测定了用不同颜色的挡板遮光与太阳能电池板输出功率的关系。我们从中选出一小部分拍摄成视频。学生分组合作并记录了实验数据。课堂上由一同学就着视频材料介绍了实验过程，然后另一同学根据记录的数据画出了坐标图，并分析了自变量与因变量之间的关系，最后给出了结论。

低碳社团中的学生来自高一和高二，虽然分属不同年级，但共同的兴趣使他们组合在了一起。在实验过程中，学生之间相互帮助，相互合作，相互启发，相互影响。有些问题高一年级同学不懂，就会问高二年级同学，高二年级同学也不清楚的就会去研究。如在《贝类生物吸收 CO_2 的测定》实验中，高一学生对无水氯化钙的作用是什么、实验过程中为什么会产生很多气泡、实验结束后气泡为什么没了等问题不清楚。对于第一个问题高二同学用化学课上学过的知识进行了解释，是为了吸收空气的水分。后两个问题课本上可没有，是在实验过程中生成的，需要高二年级同学仔细思考、查阅资料后才能解决。高二年级同学毕竟在知识上要丰富些，在解决问题的时候既促进了自己进步，也带动了高一年级同学共同进步。这正是学生之间"兵教兵"带来的教学相长。

在研究的过程中，同学们逐渐学会了如何提出问题，学会了如何探究，如何记录、分析实验数据，并能给出一定的解释。科学的发展离不开实验，特别是理科，但课本告诉我们的很多都是直接的结论，很多教者也是直接告诉学生结论。这种照本宣科，没有知识的来龙去脉，没有知识的生成过程的教学，对学生的学习有多大作用呢？授之以鱼不如授之以渔！丢掉固有的老套的教育思维，改变教学方式与育人模式，才能取得更好的教育效果！

三、低碳教育课程基地建设的理性思考

1. 课程基地是物化平台，与学科教学深度结合才能发挥功能作用

低碳课程基地实质是一种综合性的教学平台，直接与理、化、生、地相关，辐射政治、历史等学科，各个学科应积极与基地配套对接，深度挖掘与之相关的教学内容。基地提供了许多实验器材、模型。这些设备能让学生亲手实践、亲眼观察、亲身参与、自主合作探究各种实验而不是纸上谈兵、雾里看花，真正做到做中学，学中思，思而有得，培养了学生的学习能力、动手操作能力和创造精神。

2. 课程基地建设要具有持久的生命力

很多学校的基地在建设时轰轰烈烈，各种设备纷纷买进，建成后大多闲置不用，落满灰尘，很快废弃。怎样使课程基地走出这个瓶颈，不断发挥作用，拥有持久的生命力？通过实践，我们认为可以做到以下几点：一是坚持跨学科融合方向培养学生能力。以基地带动，整合各个学科资源，形成多学科交叉，多学科合力，突破课堂仅限于本学科的教学内容，提高学生的综合能力。二是推进学生自主实践活动。说一千道一万不如学生做做看，因此，可以建立学生社团，定期开展活动，以社团推动课程基地向深层次发展建设。三是深入挖掘社会实践资源，在更大的平台上实践，如带领学生到盐城华锐风电科技（江苏）有限公司参观，了解风能发电的情况等。学以致用，当学生看到这么多与低碳课程基地有关的产业高科技，必定会激发更大的热情投入基地活动，对学习产生更大的推动力，反过来也必将推动课程基地健康有效地建设发展，使之持续成为引发学习革命的新领地、新引擎。

打破空间藩篱 创建"ILOVE"活动课程

李 军[①]

课程是一所学校的灵魂，是学校未来发展的蓝图，是学生生命成长的载体，是教师专业发展的基石。课程改革以来，各校都将推进课程建设作为学校工作的核心任务，在自身办学理念、培养目标和学校文化的引领下，努力构建与其相适应的课程体系，以满足学生多元化、个性化发展的需求。

一、以"三合"思想为理念，为"ILOVE"课程奠基

常州市实验初级中学创建于1997年，位于市中心，占地近16亩，建筑面积1.28万平方米。虽然在建校之初，经过科学规划，学校的空间场地与设备设施尚能基本满足教育教学需求，但时过境迁，全球教育已经进入了剧烈变革的时代，教育目标、师生角色、学习环境、学习内容、学习方式、学习资源都已发生或正在发生着重大变化，人们对通过教育改变未来社会、提高生活品质寄予前所未有的厚望。碎片化学习、翻转课堂等教育新形态已触发了教育变革的新浪潮，个性化、信息化、体验式、交互式等学习方式已深入人心。没有教室的学校、打破围墙的课程、与众不同的课表，这一切都昭示着教育3.0时代的到来。新形势下，学校如何充分利用各类课程资源，打破学校、班级之间的界限，打破空间、时间的限制，打破课程、学科的边界，针对学生个体发展水平、性格、兴趣、特长开展个性化教育，已成为学校科学发展、绿色发展、可持续发展的重要课题。学校在跨越这重障碍时，面临着不少挑战：学习空间不足、个性化学习资源匮乏、教师第二专业发展程度不够等问题日益凸显。如何才能摆脱困境，闯出具有学校特色的建设之路，是学校迫切需要解决的问题。

面对发展瓶颈，我校主动改变思维方式，转换思考角度，摆脱视野局限，提出打造"学习社区联合体"的口号，主动打破学校界域，拆除学校围栏，让校园向社区扩展，向企业扩展，向高职院校与社会教育机构拓展。为了让

[①] 李军，江苏省常州市实验初级中学副校长。

这种"联合体"的打造具有更广泛的合作基础和更长远的合作效能，以及更深层的合作影响，我们确立了以文化共融引领合作、以资源共享推进合作、以互惠共赢促进合作的基本构想，提出以"文化融合""资源整合""校企联合"为内核的课程建设新思想，并将其作为学校"ILOVE"活动课程建构、开发与实施的核心指导理念。

1. 文化融合

"文化融合"是指学校文化、课程文化与社区、企业文化三位一体，拥有共通文化价值观念，共用文化构建平台，共享文化建设成果。

以校园为主体空间的学校文化与课程文化在封闭的学校环境体系中逐渐成熟并达到顶峰的同时，也不可避免地走向模式化，并丧失其活力。因此，只有以多元开放的心态，兼容并蓄的精神，破旧立新的勇气打破空间的桎梏、领域的界限，接受和吸纳，融通与整合，才能创造出更符合时代特点与社会需求的学校文化与课程文化。常州市前后北岸文化社区是全市重点打造的三大文化社区之一，这里拥有"老常州"文脉的根与景——纵横交错的市井街巷，灿若繁星的名士大家，黛瓦粉墙，曲径通幽，一式明清江南民居风格，沉淀了千年的常州文脉气息，集东坡文化、状元文化、园林文化、民俗文化于一身，堪称常州传统文化的典范。该社区与学校毗邻，间隔仅有 200 米，两者具有天然的联系，相近的地理位置也导致两者具有相近的文化价值观念与追求。学校近年来倡导的以"忠诚、友爱、坚守、担当、创新"为特色的雁文化，在这里处处都能呼之欲出，学校培养目标提出的"家国情怀"更是可以在这里得到充分体现，学校课程文化所倡导的基本理念也可以在这里获得诠释。我们将其作为学校课程的基地，试图通过各自文化的接触、碰撞与整合，抽取共同的文化元素，调适融合成更完善的文化体系。

2. 资源整合

"资源整合"指学校资源与社区资源的互补与调和，充分利用社区的空间资源、人力资源、设备资源、人脉资源为学校课程的开发与建设提供必备的软、硬件资源。仍以前后北岸文化社区为例，它拥有常州方志馆、常州家谱馆等历史场馆，藤花旧馆、意园、吕宫相府等多个名人故居，还有常州梳篦馆、手工旗袍馆等传统工艺展厅，很大程度上缓解了学校在课程建设中所面临的空间狭小、资源短缺的困境。

3. 校企联合

"校企联合"指学校与企业共同参与课程建设，用学校和企业两种不同的教育环境和教育资源，采取课堂教学与课外活动有机结合的教育方式，从而达到完善课程体系、提升课程品位的目的。常州市前后北岸文化社区现有嘉琪会馆、纯艺斋、刑粮梳篦、远山设计等多家企业，这些企业不仅具有专业的场地和设备，还有一定的课程可供选择使用。通过校企联合，企业借助学校的参与，可以提高企业资源的利用率，提高企业知名度与影响力，提升企业的生存力与发展力，使企业具有更大的受体，服务于社会与教育；而学校借助企业的支持，可以充实校本课程内容，丰富校本课程形式，提升课程质量。

二、以文化和制度建设构建"ILOVE"活动课程

1. 理念引领，重塑课程文化

课程文化是课程系统的灵魂。在实践中，我校以校训"卓尔·能群"作为课程文化价值的核心，以培养目标"慎独态度 合作精神 家国情怀 公民素养"作为课程建设的愿景，关注社会需求与学生的兴趣，强调文化融合与学科整合，并与生活和社会融合。立足现在，关注未来，在课程设计中，将与学生生活、学习相关的一切事物都视作课程设计的来源，将课程设计的基础定位为科学、社会、知识、学生四者的融合，并实现四个整合——学校文化环境资源与课程教学资源相整合，学校德育资源与学科教学资源相整合，学校资源与社会、社区资源相整合，线上资源与线下资源相整合，从而构建起强调系统性、综合性、适应性与本土化的校本课程。

2. 目标融合，完善课程体系

在课程文化的引领下，以"培养未来的中国人"为目标，以提升学生发展核心素养为宗旨，学校确立了ILOVE活动课程图谱（图1）。ILOVE活动课程意为"我喜爱的课程"，ILOVE分别取用创新（innovate）、自主（liberty）、操作（operate）、多元（various）、探索（explore）5个英文单词的首字母拼写而成。

"创新"指ILOVE活动课程中，学生在教师的引导下，以具有良好设计的活动为载体，以提出独特、有见地的见解或观点为导向，利用现有的知识基础、方法基础和物质条件，在特定的环境中，为满足某种特定的需求而进

行改进或创造。

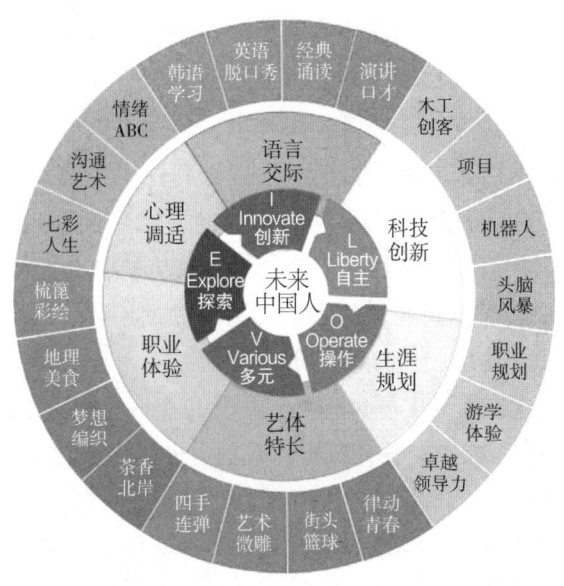

图1 常州市实验初级中学"ILOVE"活动课程图谱

"自主"指 ILOVE 活动课程中，学生在学习活动前自己能够确定学习目标、制订学习计划、作好具体的学习准备，在学习活动中能够对学习进展和学习方法做出自我监控、自我反馈和自我调节，在学习活动后能够对学习结果进行自我检查、自我总结、自我评价和自我补救。

"操作"指 ILOVE 活动课程中，学生能够基于一定的学习任务，将动脑与动手结合起来，在操作实践的过程中体验知识形成与发展的过程，经历问题思考与解决的过程。

"多元"指 ILOVE 活动课程中，课程实施的方式是多元的，学习资源获得的方式是多元的，学生解决问题的途径是多样化的，学生获得的体验与形成的结论是多样化的。

"探索"指 ILOVE 活动课程中，学生基于特定的问题情景与任务要求，在发现中探索，在探索中体验，在体验中感悟，在感悟中升华，以独特的视角、个性化的方式，形成对知识的认识，对方法的养成和对结论的获得。ILOVE 活动课程以 5 个关键词为中心，构建了语言交际课程、科技创新课程、生涯规划课程、艺体特长课程、职业体验课程、心理调适课程以及对应的六个模块，共包括 20 多门课程。

3. 项目驱动，激活课程实施

（1）转变实施方式，实现课程实施由独立主体向联合主体的转变。加强"文化融合"，如通过由本校教师开设《常州乡土史》《姓氏探秘》等课程将前后北岸社区所倡导的传统文化融入课程中去；通过引导教师在前后北岸社区开设语文课、美术课、摄影课，让学生体会和感悟古典语言之美、东方园林之美、常州民俗之美；通过引导学生参加前后北岸社区组织的"灯谜会""诗歌会""中秋赏月"等活动，让学生不断被传统文化包围与浸润。拓展"资源整合"，增加牵手的高职校的数量，携手青少年活动中心，借助其空间资源与设备设施资源，以职业体验的形式，或以技术实践的形式等，丰富课程的实施形式，优化课程的实施过程；创新"校企联合"，引入"青少年时光机"项目、"FabLab"等社会教育机构的办学力量，借助其专业项目与专业团队，为学校培训教师、训练学生，保障项目实施的高质量。

（2）转变学习方式，实现学习方式由单一学习方式向多元学习方式的转变。学校在活动课程教学中，积极提倡以下3种学习方式：

其一，做强"项目学习"。通过整合项目主题，优化项目设计，拓展项目内容，使课堂教学转化成具有序列性、层次性与趣味性的项目活动。学校现有的"科技创新类"课程、"艺体特长类"课程均是以项目活动形式开展的。

其二，做实"真实学习"。真实性学习是指学生进入真实世界或逼真的虚拟世界中，围绕真实问题或经由真实问题建模获得的合理性问题展开探索与互动，从而获得直接经验、现实体验并进而追求高级思维技能发展的过程。许多学者都指出，"与现实世界相联系"是所有真实性学习的共同特征。学校在活动课程教学中，特别注重走出自我、走出教室、走出校园，走进群体、走进社区、走进自然，让学生在自然的情境与真实的问题中，主动参与、深度思维和真实表达，从而在现实认知与课程学习之间建立联系，提升学生整合知识、协调技能、解决实际问题的能力。因此，与高职院校携手合作，组织学生进入高职院校从事职业体验项目，让他们在真实的职业岗位上感受劳动的光荣与职业的魅力，为职业规划与未来就业倾向奠定基础；因此，学校与青少年活动中心沟通联系，组织学生进入青少年活动中心开展技术实践活动，让他们在专业的空间里，利用现代化设备与工具，体验技术的价值与创造的喜悦，为特长发展与提升未来生活品质留下印痕；因此，教师带领学生走进"慕尼黑生化科技展"，让他们领略世界尖端科技成就与技术发展前沿，引导他们立志并为之奋斗终生。

其三，做优"跨域学习"。基于学生综合素养的提升与适应未来发展的需求，学校还通过活动主题的整合、项目领域的叠加、课程内容的联合，开发了《木工创客》《梳篦彩绘》等跨学科综合性课程，让学生学会综合应用知识认知问题、分析问题、解决问题并付诸实践。

（3）转变评价方式，实现学习评价由一般评价向创新评价的转变。课程评价是课程建设的方向标与领航灯塔，也是课程建设深度推进的重要瓶颈。为了打破这个瓶颈，学校将活动课程评价从学科课程评价的模式中解脱出来，凸显过程性评价、发展性评价与个性化评价的原则，并将其具化为"展示评价""体验评价"与"协商评价"3种具体方式。

如参加"艺体特长类"课程的学生，学校将新年音乐会的举办权交给他们，由他们负责组织实施，制订流程、宣传发动、编排节目、准备服装、添置道具。他们给全校师生奉献了一台精彩的视觉盛宴，充分展示了活动课程的学习成果，这就是我们的"展示评价"。学校给全校师生发放"课程体验卡"，每个师生可以进行各科课程的"走穴"体验，同时也给予各科课程教学团队提供空间，让他们展示自己学习的精彩瞬间和得意作品，吸引未参加过该课程的同学进行课程体验，吸引的学生越多，学生的点赞越多，该课程教学团队获得的评价就可能越高，这就是我们的"体验评价"。在这种评价过程中，课程管理方、教学方、学习方，甚至课程体验者都将作为评价者参与到课程评价中，他们用对课程教学的过程与结果的最直观感受对课程进行评价，并最终达成一致，这就是"协商评价"。当然，我们的"协商评价"还不止于此，教师对于校方给予的课程评价，学生对于教师给予的学习评价，如有异议，均可提出自己的证据和主张，并且进行商议直至达成一致。

三、扎实推进，成效初步显现

ILOVE活动课程的实施，给学校发展注入了新的活力，给学生发展打造了新的空间，给教师成长提供了新的可能。

1. 让学生具有另一种发展的可能

通过ILOVE活动课程，在给学生打下坚实知识、技能基础的同时，又为学生的未来发展预留了足够空间。系统完善、结构合理、内容充实的活动课程体系，借助课程整合作用于教学全过程，有效增强了学生的动手操作能力，使学生能把思维转化为行动方案。对培育学生的反思批判精神，使学生正确认识自我、他人与社会，培养学生的科学态度与探究能力，提升学生的团队意识与合作能力等产生了积极的作用和影响。

2. 让教师在"跨域"中第二次成长

以活动课程建设为契机，学校加强引导教师更新教育观念，转变教育思维，优化教育习惯，改善教育行为。以活动课程研发、落实为载体，促使教师在活动课程的实践过程中，加强理论学习、实践探索与自我反思，深化教师对活动课程本质的感悟、对课程体系的认知以及对课程教学特质的理解，从而提升教师的专业素质。

3. 让课程成为学校口碑的第一要素

学校的高位、均衡发展需要秉持科学发展、内涵发展、文化发展、特色发展的特质。学校以提升活动课程的品质为载体，进一步优化办学条件，均衡师资配置，强化教育管理，推进学校定位科学化、校园文化特色化、培育模式创新化、课程体系校本化，使课程成为学校最靓丽的名片，成为吸引学生最核心的要素。

4. 让课堂教学生态走向自由和谐

课堂教学生态是课堂教学过程中，行为主体之间以及行为主体、特定时空中的生态环境、个体心理环境之间动态、多维、复杂的关系结合，关乎学校、教师和学生的可持续发展。通过活动课程的落地生根，有效改善了课堂教学中的社会心理环境问题、个体心理环境问题、师生角色倾覆与师生关系失衡问题，乃至课堂物质环境建设问题，从而构建起兼容并包、动态开放、多元发展的课堂教学新生态。

5. 让教育评价真正成为课程改革的风向标

以活动课程建设为载体，我们注重引导教师树立科学的教育质量观，理解教育评价内涵，完善教育评价体系，重建教育评价流程，丰盈教育评价内容，丰富教育评价策略，强化表现性评价、过程性评价和发展性评价以及评价结果的科学、合理的运用，从而充实课程建设决策依据，完善课程建设决策机制，改善课程实施、课堂教学状况，科学诊断教学成果、不断修缮教学计划，增强公众对活动课程的理解，提高教学效益。

激活密码 创生活力

——薛瑞萍中国故事课程的开发信念与讲述策略

何春光[①]

今天的课程，就是明天的人才，就是后天的社会。课程改革如何才能落地生根、开花结果？薛瑞萍作为一名一线普通教师，以自己日常的课堂为阵地，在中国故事课程的开发与实践方面做了很多有意义的探索。是一种什么样的力量支撑她一直坚持着这方面的实践？有哪些开发策略值得一线教师借鉴？本文从薛瑞萍老师的教育教学实践和《薛瑞萍讲中国故事》《薛瑞萍母语课堂：讲述课》等著作的文本入手，探索其中国故事课程的开发信念与讲述策略，希望对一线教师课程信念的转变与教学习惯的改变有所启发。

一、情理相生的"植根"信念

薛瑞萍老师将民间故事视为母语的根，其中沉淀着民族精神和人性的解读。故事本身是情与理的融合体，她期待的是将故事作为种子播到孩子们的心田，即故事本身是情与理的融合体，要"让故事作为种子完整地活在孩子内部"。薛老师的这种"植根"信念体现在3个方面。

1. 面向世界的民族情怀

最民族的最世界。经典文本的传承是一种优秀民族情怀的体现。根据薛老师自身的体验，传统文化的传承首先需要的是源自心根的热诚，其次才是理性的认识与判断。创造的首要动力不是理性思维，而是非理性的、发自内心的热情。《把大象牵进教室》就饱含着这种民族情怀。"作为有理想、有志气的中国教师，我们也要用与介绍译作一样高涨的热情，去传承、发掘、更新我们自己的好东西。"不能听任儿童沉醉于"奥特曼"的文化之中，用薛老师的话来说，"这件事，我们不做，没有一个外人会帮你做"。

2. 养育经典的理性选择

薛老师对中国故事的选择更是基于一种理性的认识，或许有人以为故事

[①] 何春光，江苏省海安县教师发展中心教育科学研究部研训员，南通市学科带头人。

浅薄，或许有人以为故事老旧，但中国孩子不读中国故事一定是一种损失。《夸父逐日》《后羿射日》的抗争、《钻木取火》《愚公移山》的坚韧、《精卫填海》的豪情……都应当成为中国孩子的精神底色。《孙中山破陋习》《颜色国的秘密》之类的故事也许离经典还远，然而要想收获经典的花朵，首先要有养育经典的土壤，而饱含中国元素的中国故事本身就是成就历代经典的丰厚土壤。

3. 甘为点灯人的心态

薛老师有着一种生在大众、为大众服务、甘心做一名普普通通的"点灯人"的心态，不痴迷于华丽舞台的灯光闪耀，没有强烈的做课成名成家的意识，有的只是今年端阳、明年端阳、年年端阳给学生讲《端午节的故事》的朴素心愿，一直坚守着平平常常的班级读书讲述行动。很显然，在薛老师的信念中，她已经把这种平平常常的读书行为视作一个语文老师的"根"。

二、植根"常态"的讲述策略

薛老师的班级读书行动，利用的是普通教师常态的工作时间，内容面广，涉及小学一至六年级的大循环，持续时间长。学生在大量的实践探索中积累了很多可供借鉴的案例，其中有不少"点醒"故事的策略。

1. 思维导图策略

民间故事情节结构简单易懂，故事的核心转折点一般也不复杂。简明的板书能起到思维导图的作用，如薛老师就有学生读前板书的习惯，以便引导学生尽快切入故事。在《清明节的故事》《端午节的故事》课中，薛老师通过板书简要呈现故事背景和故事情节的核心信息；在《阳燧宝珠》《五彩的玉田》课中，薛老师更是先诵读板书，然后根据板书空手讲述。集体的诵读营造了集体期待的氛围，教师的空手讲述更能营造与学生面对面目光交流的空间。

2. 节奏调控策略

比绘声绘色讲述更重要的，是对故事内在节奏的理解把握和创造性运用。为了奠定听故事的良好基调，薛老师和学生一起安静地听古琴音乐，用《平沙落雁》的古音去除学生课间的浮躁，让学生回归到自然的学习状态。讲述《老天娘》时，她从板书就开始创造性地把握着故事的节奏，悬念处精心留白，关键处增添旁白……故事内部的轻重缓急犹如人的呼吸一般，让故事在学生心中有呼有吸、有活力，成为有生命力的种子。讲述《会听鸟语的公冶长》时，每到喜鹊跟公冶长对话的内容，她都让学生齐读，这绝不仅仅是为了活跃课堂气氛，更是为了增强故事的旋律感，师生沉浸在故事中的过程就好似呼吸一般，起伏自如。

3. 文图结合策略

精品图书是图文相映的。讲述《端午节的故事》时，薛老师首先带学生一起"读"故事书的底色——黄中带微绿，这是煮熟了的粽叶的颜色，渲染了故事的底色氛围。《田忌赛马》是黝黑发亮的底色，渲染的是赛场的凝重，衬托的是人物的智慧豪情。《舜耕历山》用壁画作底图，迷蒙淡雅、堂皇飘逸，既显对民族梦想追忆的空间，又有对民族自信唤醒的倔强。《海瑞惩霸》用红色作主调，海瑞的官服是红色，封面上的字是红色，捆人的绳子是红色……红色代表了善良和正义。学生还发现，书名页上的海瑞，正是第六幅厉声拍案而起的那个，那正是整个故事的焦点形象所在。讲述《女娲补天》时，教师循序渐进地指点9幅图后，再和学生一起回顾整本书，集众图成一图，让故事以图文结合的方式种到学生的心田，引导学生在插图内容外收获新发现——人们永远想念女娲。

4. 隐喻揭示策略

读《开天辟地》时，薛老师追问：盘古死了吗？"风起云涌是盘古在呼吸""雷声隆隆是盘古在呐喊"……学生用诗意的语言道出了盘古的隐喻意义。薛老师再追问：盘古就活在我们身上，为什么？"不惧艰困、甘守孤独、勇于奉献、造福众生的就是盘古！"原来盘古就是这种精神的化身。在《五彩的玉田》中，"茶"和"璧"无疑是真理的象征，伯庸为路人奉茶既有菩萨心肠又显儒家情怀，隐喻着"诸恶莫作，众善奉行""上善若水，君子如玉"。《桃花源的故事》中的桃源其实是一个梦，是祖祖辈辈中国人的集体梦想，我们其实都是桃源的主人。

5. 文化寻根策略

《共工触山》课上，薛老师适时呈现相关的文化元素，引导学生在联系中打通文化的寻根之旅。开读之前先读《全阅读》中《名言佳句·处世篇》里的句子："天时不如地利，地利不如人和。""梅须逊雪三分白，雪却输梅一段香。""二人同心，其利断金；同心之言，其臭如兰。"翻书之前先看封面和环衬：封面的土黄色是正宗、大气的中国色，土黄背景上的八卦图，桃红和暗青相配，桃红是阳，暗青是阴。阳气太盛就有了后羿射日，阴气太盛就有了夸父逐日。八卦图的阴阳合抱就是指阴阳调和。此时再来读《共工触山》的故事，有了前面的铺垫，学生在通透的联系中就不难理解太极图告诉我们什么，联系《全阅读》中的处世警句来理解中华民族的处世要义。最后薛老师富有深意地追问：《淮南子》《史记》都有共工触山的故事，你是喜欢前者的神话传说还是后者的史实记述？学生通过比较体验到神话故事更能丰富和深化我们对自己、对世界的认识。不管何种形式——名言、用色、故事、记史，所承载的是共同的文化之根。

6. 联系创生策略

文化的传承不是信息符号的交接，联系生活在创造中运用才是最好的传承。理解《自相矛盾》的故事寓意理解并不难，关键是在生活中灵活运用。薛老师点出了楚人叫卖的逻辑漏洞后，请学生为楚人设计逻辑合理、没有漏洞的广告语，要求是把矛和盾都卖出去。学生立即摇身变成故事的主人，激发出全新的创新潜力。薛老师没有停留在浅层的语用创新层面，紧接着就道德追问：我们可以这样替楚人拟广告词吗？赢得顾客的正确方法是什么？学生通过联系实际的讨论，懂得了过硬的质量和实事求是的宣传才是真正的营销之道。这样的设计"点醒"学生：故事留给我们的不仅是逻辑层面的语用规则，更是道德层面的正确取向。

优秀文化的继承不仅仅是故事文本的交接传递，与故事文本一并流传的还有民族文化和民族精神，具体可以表现为渗透其中的价值取向、情感表达、人际规则、语用智慧等，呈现的方式可以是文本的内在节奏、形象隐喻、配图的用色渲染等，但其中永恒不变的是中国元素。作为传承人，我们需要将这些元素联系当前的文化生活进行激活。只有在创新中的继承才是最好的继承。有意义的求索一定是执着而又开放的，也必定是同时让儿童和教师得到滋养的。我们要永远走在激活中国故事"密码"的路上。

项目统整视野下班本课程的美第奇效应

——以三年级班本课程《奔跑吧，小鸡》为例

陈 益[1]

一、基于研究主题的班本课程

班本课程最基本的特点就是基于自己的班，发生于自己的班，服务于自己的班。班本课程是与班集体共生互融的课程。

在常州市武进区星河实验小学教师的心中，真正的课程不仅发生在学校，也发生在班级，而且班级更有必要也更有条件创建属于自己的课程。班本课程的研修有利于提高教师设计开发的能力，能够调动教师课程实施的积极性。星河小学班本课程秉承创新理念，旨在培养学生面向未来的综合素质，提高学生的核心素养。在我们星河，一场自下而上的班本课程飓风急卷而来。这样一场飓风的价值和意义究竟何在呢？

（一）赋权，让课程的开发主体成为一个生态链

班级是一个生态系统。班本课程涉及班级中特定的人、事、物，即教师（多指班主任）、学生、家长和环境（多指班级环境）等多种因素，它们之间的关系构成了一个生态链。一个因素的状态不佳，就会影响相应的生态链功能的发挥。而班本课程的开启则是这条生态链课程开发的重要引擎。班本课程是自下而上生长起来的，这样一来，一个班级共同体的所有学科教师、家长、孩子都成了班本课程的开发主体，真正成为课程的实践者、课程的批判者和建构者，充分发挥他们的自主性和创造性。

（二）契合，让课程的实施内容寻找一组交叉点

"美第奇效应"是社会上的一种现象，指当我们立足于不同领域、学科和文化范畴之上且会产生相契合的焦点成为"交叉点"，进而在交叉点上爆发出的非凡的创新思维。随着人类的进步，美第奇效应已经逐渐扩展到各大领域，在教育领域，美第奇效应为各科项目统整和实现个性化学习、主题式学习提

---

[1] 陈益，江苏省常州市武进区星河实验小学教师。

供了有力的理论支撑。按照美第奇效应，在整个教育领域当中，多个科目存在"交叉点"，寻找到合适的"交叉点"便能够打破各个学科之间的壁垒，真正实现学科之间的协同。

（三）统整，让课程的价值指向儿童

课程，是指学习进程。统整，是指将两种或两种以上相关事物联系在一起，简单地说，就是合并同类项。美第奇效应的本质是"开放""统筹""结合"，这又与新时期人们的观念不谋而合。班本课程要以综合性为主，应对学科课程进行统整，增强学科与生活的融合，超越学科的综合性是班本课程的基本特征。综合，指开阔学生的视野，丰富学生的心智，引导学生在学科的交叉地带生成创造性思维，培养学生的创新精神。班本课程更具实践性。坚守实践性，是为了让学生在丰富多彩的实践活动中，在调查访问中，在动手操作中，在游戏中，在田野里，在社区中，在企业里，生长兴趣、爱好，培养特长，生成实践智慧。这样的课程无疑是非常受孩子们欢迎的，且更加贴近小学阶段的孩子。

班本课程是学校课程体系中的一个部分、一种课程形态，是课程深化中教师的一种创造。班级文化情境凝聚着班级的文化愿景，体现了班级的文化认同，折射着班级师生的个性特点，最终形成班级风格。

二、基于项目学习方式的班本实践

项目化学习首先从问题开始，所有的创造都来源于问题。在学习的过程中，强调多种人员的合作，多种方式的组合与创造，还有多种资源的整合和利用，以及多元文化的融合。笔者以《奔跑吧，小鸡》为例，谈一谈基于项目化学习方式的班本课程的建构与实施。

（一）学科融通撬动课程群落

1. 确定主题，源自生活中的问题

在项目化学习中，最关键的步骤是探索具有一定广度和深度的主题。我们征求学生的意见，选择自己认为有意义的话题，班主任收集统计。2017年，丁酉年，一个崭新的鸡年。很多学生对鸡很感兴趣，开学第一天就围着我问这问那，于是，我和学生共同制定主题，用一个月的时间尝试建设班本课程，共同研究班本课程《奔跑吧，小鸡》。

2. 贯通学科，打破学科间的壁垒

在教育领域，基于一定的制度支持，沟通各学科间存在的交叉点，便能够在打破学科间壁垒的同时，实现知识和方法的创新，产生新的知识和培养新的能力。学校集合品德、体育、语文、数学、英语等多学科，寻找各学科交叉点，梳理学生发展所需的核心素养，形成课程群落，关注、发展并尽可能挖掘每一个学生的兴趣点。有了课程群落的支撑，班本课程的实施有了相应的指导方向。《奔跑吧，小鸡》结合各门学科资源开展，学生们邀请数学、英语、体育、美术、科学等学科的教师走进课堂，共同研究。

3. 头脑风暴，生发项目化的联结

围绕这个主题，我们开展思维导图的绘制，厘清可以研究的内容，然后邀请各科教师参与。具体内容如：语文关于鸡的成语、俗语，数学鸡兔同笼问题，英语火鸡的来历，美术鸡蛋画，科学鸡蛋实验，等等。各科教师兴致高昂，通过系列头脑风暴，将学生感兴趣的点、自己的思路转化成可行的课堂实践。

（二）课程群落衍生项目化框架

在项目化学习的探究过程中，我们对4个问题有了更深入的认识：学习内容从碎片化向连贯性转变，学习方法从随机性向科学性转变，学习目标从基础性向创造性突破，学习成效从散点性到过程性的发展。我们认为，流程化的设计更重要的价值是便于固化操作环节，便于保持流程细节，便于教师执行教学，便于管理的跟进。在创造性表达的部分，我们关注的是多样性、差异性，关注联系与比较，关注发现与差异，同时还要关注问题的探究和解决。经过学科教师间的协调，我们形成了完整的课程实施框架。《奔跑吧，小鸡》班本课程初步定为8周完成。

第一周主题为"鸡年画鸡"。结合升旗仪式微队课、语文、英语、音乐等学科，让学生走近鸡这种动物形象。具体内容为：1. 和全校一起参加以"鸡极向上"为主题的教育微队课；2. 班级开展有关鸡的名言、俗语、谚语、古诗文、成语、对联、"五"德、风俗等的学习和研讨，围绕主题开展各项游戏活动；3. 分享与"鸡"有关的生活中的小秘密及"打鸡血""鸡肋""鸡冠花"等常用词语的来源和意思；4. "我做小厨师"，做一做有关鸡和蛋的美食，图文并茂分享；5. 了解英语方面有关火鸡和感恩节的知识；6. 音乐课上唱一唱有关鸡的歌谣，或者自己编唱。

第二周，我们把主题确定为"探索鸡科学"。在初步了解的基础上，向纵深行进，进一步探索鸡的种类、构造、禽流感、鸡蛋上浮实验、鸡兔同笼问题，等等。

第三周是"妙手制作"。游戏是吸引孩子、将学习推向高潮的一种有效手段。这周，孩子们绘画各种各样的鸡，用中国传统的笔墨书香来书写鸡的古诗、对联等，制作鸡毛键，寻找动手的乐趣，感受鸡的浑身是宝。

第四周是"我做鸡妈妈"，感受生命的不易，渗透人文教育，关照孩子生命。开展为期3天的护蛋活动，每天写日记记录护蛋心得；结合三八妇女节，引导孩子感受母亲怀胎10月的艰辛与不易，体会母爱，激发内心感受；最后形成习作，感恩亲情，植根孝心文化。

第五周是"小达人评选"。课程结束，教师根据学生表现，评选最富创意小达人、最强大脑小达人、最佳口才小达人、最美达人团队，学生就在这样的班本课程中找到了快乐，触发了激情。

（三）项目化菜单催生新的学科育人价值

班本课程仍是有内在结构的，把学习的个体作为我们课程设计的出发点，同时体现出对创造性课程的本质理解。在项目化学习中，语文、数学、历史、科学、艺术等学科各司其职，有着自己独特的价值和担当。在项目化学习过程中，每个学科教师不再固守自我的立场，而是站在儿童的立场来设计和践行，下面继续以《奔跑吧，小鸡》为例做相应阐述。

1. 跨学科的相融开启好奇与想象

在《奔跑吧，小鸡》主题活动中，通过把"小鸡"这一主题引入课堂中，既可以调动学生学习人文知识的积极性，又能够开发学生的创造力与想象力。如"鸡年话鸡"专题活动。"鸡年话鸡"活动的时间定在"奔跑吧！小鸡"班本课程方案的第一周，意在炒热气氛，调动学生的积极性。在语文课堂的前3分钟，组织学生进行与"鸡"这一话题有关的演讲活动，演讲主题应紧密贴合语文课程，如分享"猫和公鸡""黄鼠狼与鸡""猕猴与鸡"等寓言故事，或是讲述与鸡有关的成语，如"闻鸡起舞""鹤立鸡群"，讲述英语中"火鸡"的来历等。在演讲中，应当注意统筹其他学科，如请体育课代表讲述"闻鸡起舞"的故事，以激发学生奋发向上、积极锻炼的心态，从侧面带动体育课程的学习。学生是一个对世界充满着好奇心的个体，通过与鸡有关的演讲活动既能够调动学生的好奇心、启发学生的想象力，又能够在不知不觉中令学生融入"奔跑吧,小鸡"这一主题,通过创建浓厚的"鸡文化"气氛带动整个班级探讨和学习鸡文化的兴趣——这就在不知不觉中,通过美第奇效应中的"交叉点"带动了整个班级的活跃气氛,从而推动其他学科的学习。

2. 超学科的相融唤起品格和品性

如"我做鸡妈妈"系列活动。应该说,现在许多学生都较为缺乏动手能力,护蛋活动开始前先发动学生研究与"小鸡"相关的生物学知识,再开始为期3天的护蛋活动,既能够锻炼学生的动手能力,又能够培养学生的感恩之心。语文这一学科是与生活结合最为紧密的学科之一,语文来源于生活又回归生活,通过"我做鸡妈妈"活动令学生感悟生活,学生通过对自身感悟的纪实既能够在不知不觉中培养写作能力,又能够进一步加深对鸡文化这一主题的学习,令"鸡气氛"更为浓烈。"我做鸡妈妈"系列活动预定为第二周和第三周,因为学生目前自主动手能力较差,一时间难以接受多个学科的知识,需要较长时间的培养和引导。

3. 本学科的相融涵咏智慧与文化

以围绕鸡文化的作文活动为例。通过先前的活动已经创造出了足够浓烈的气氛,下一步便是通过鸡文化的相关写作统整班本课程。这一作文过程可以从第四周开始,为期3周完成,笔者认为可以将这一活动化为3个小过程,即:主题讲读、主题阅读和主题作文。主题讲读活动是引导,以"读懂一篇好文章"为教学目标,通过讲解与鸡有关的生物学散文、音乐散文等培养学生的阅读理解能力,陶冶情操,进一步深化"鸡文化",统整各学科。主题阅读是对讲读的深入,通过学生自主阅读与鸡文化有关的各学科作文,既关联了其他学科、调动了学生的兴趣,又在潜移默化中提高了学生的写作能力。以上两个部分预计活动时间为两周,最后一周则是主题作文部分——通过让学生自主写作来培养学生的写作能力,因"鸡文化"是源于生活的,通过"鸡文化"主题写作协调其他学科,从而真正达到启迪学生智慧、做到课程项目统整的目的。

三、基于朋辈合作的价值探寻

(一)让儿童站在中央,实现多角度无痕融合

儿童是一个个具有鲜活生命的人,儿童应该站在课程的正中央。在确定班本课程前，可以和学生共同商定，选择大家比较感兴趣的话题来实施。为此，在继《奔跑吧，小鸡》之后，我们又开展了项目化学习，引进课程导师等，将生活和学习有机结合起来。

发展一：小组共同体建设。小组共同体建设是当下热门做法，众人拾柴火焰高，在以小组共同体为团队的基础上，学生经过思维的碰撞、语言的迸发、灵感的创生，让一次次讨论热火朝天，在你我交谈中，寻找最佳点。

发展二：师生共同体建设。师生平等的对话关系奠定了师生共同体建设的基础。在学生感兴趣的话题中，教师可有选择、有倾向性地去搜集相关资料，进行前置性学习，在前置性学习中让自己不断充实，为开展下一轮班本课程做好准备。

发展三：家长共同体建设。家长是学校发展的有力支撑，拥有众多的资源，在班本课程的建设过程中，家长积极参与，利用"晨光爸爸""故事妈妈"的时间，选择合适内容不断充实大家的知识，形成合力。

（二）让素养站在圆心，实现多学科跨界协同

在应试教育向素质教育不断转变的过程中，教育工作者逐渐关注人的发展，不断培育人的综合素养，提升学科核心能力。班本课程更具综合性，基于主题的班本课程，实现以学科为中心到以人为中心的转变。班本课程不是为国家课程服务，更不是为应试教育服务的。直白地说，它不应围绕应试科目来开发，学生有多种不同的学习方式，我们通过打破传统布局，打破多功能区间的划分，打破教师为主体、学生为客体的角色设定，甚至还可以打破传统的评价方式，更多地鼓励团队合作进行过程性评价展示。

（三）让创想站在焦点，实现多思维统整渗透

学校教师从独立研究到协同合作，具有学科融合视野。创设班本课程后，我们还统一时间进行了班本课程的展示，各年级各班小朋友在校园展示区尽情享受班本课程的成果，涵盖各个学科。

一是基于标准，项目化学习需要考虑多学科知识的交叉与整合，只有这样才能够达到发展、提升学生综合素养的目的。

二是聚焦任务，角色转换，建立联系。项目化学习将课堂转移到了真实的情景和体验之中，在设计和实施这个项目的时候，我们会有一个真实的问题或一个真实的任务开始，让学生驱动问题，聚焦任务。

三是立足评价。在项目学习的过程中如何评价学生，是我们一直在思考

的。我们以互联网平台和数字化工具作为信息获取、交流沟通、成果呈现的方式，系统记录学生成长的学习经历，获得对学生的真实评价，激励学生在深度学习中不断自我反思、自我调整。

班本课程的结合，形成了班级特有的课程景象，进而形成丰富的班级文化气象。班里的每个孩子都享受到幸福生活，在圆满完成学业的基础上，个人能力和综合素质得到了实质性提升。开设美第奇效应视域下的班本课程，在不知不觉中，教师的观念也发生了转变，班本课程已经成为教师和学生同活动、同成长、共欢乐的一场丰富多彩的聚会。孩子收获的是长久的幸福感。班本课程的美第奇效正逐渐蔓延开来！

基于核心素养的跨学科 学习

"未来学校设计"项目式学习的师生实践

罗晓航[1]　吴舒意[2]　王冀艳[3]

一、基于核心素养的项目设计

我校的"未来学校设计"学习项目，以设计未来的学校模型为载体，旨在提升学生各方面的核心素养，特别是学会学习、实践创新和科学精神。在活动中，我们采用了小组合作的形式，希望培养学生的责任担当意识，鼓励每名学生成为灵动自信的"盐小创客"。

在以"未来学校设计"为主题的项目式学习课程设计中，我们整合了部分课程内容，例如，在第三单元《丁丁冬冬学识字（一）》中，引导学生认识北京的一些典型建筑，激发学生对首都北京的热爱之情和对建筑的好奇心；在第五单元《好奇》《苹果落地》及第十一单元《努力》中，通过调动学生的好奇心，引导他们探寻游戏的设计原理，以积极、乐观的态度对待各种挑战。

我们把整个项目式学习分为引入课题、知识储备、设计制作、成品修正及展示分享几个部分，由语文、科学、信息技术、英语和美术等多学科教师共同参与，帮助学生完成完整的项目式学习过程。

二、指向深度学习的项目执行

第一步，教师通过一些基础性的学习了解学生最感兴趣的点，例如"说说喜欢哪些建筑，并且说出喜欢的理由"。同时，学生通过学习课文《平房和楼房》，了解一些有关建筑的基本知识。

第二步，画"未来学校设计图"。学生通过小组合作制作未来学校的草图，在制作过程中，各学科的教师要进行必要的引导：①重视材料的选择引导；②重视引导学生体会设计中包含的科学原理；③重视引导学生欣赏精美

---

[1] 罗晓航，四川省成都市盐道街小学教育集团总校长。
[2] 吴舒意，四川省成都市盐道街小学盐道校区教科室主任。
[3] 王冀艳，四川省成都市盐道街小学盐道校区副教导主任。

的学校设计,设计和制作中要有审美的意识等。

第三步,学生经过自创、评选、讨论,选出一致认可的"未来学校"的图纸,然后进行分工。各小组分工有:"材料家"(负责准备材料)、"摄影人"(负责在讨论、制作时拍照,保存过程性资料)、"海报手"(负责制作海报)、"推送家"(负责模型推广、宣传),每个组员都是"制作家",一起动手制作"未来学校"的模型。在活动中,每个小组记录并呈现问题及解决方案,加强了小组成员间的沟通与配合。

第四步,制作完成后进行班级展示——举办一次"未来学校展览会"。学生以小组汇报交流的形式呈现小组协作设计的未来学校设计稿或成品模型。同学之间互相启发、交流、建议,通过互动,使一些突出问题得以呈现并解决,提升了学生发现问题、解决问题的能力。

第五步,科学教师再进一步引导学生了解设计中涉及的科学原理,培养学生初步的科学素养。学生根据同学的建议和科学教师的指导,打开设计思路,修改自己的设计或制作,并在美术教师指导下,完善自己的产品,使自己的"未来学校"既精美又富有科技感。

三、促进多元发展的项目评价

(一) 项目评价体现"三多"

1. 评价主体多元化

在项目活动中,教师不再是评价的唯一主体,参与评价的还有学生、家长、专家和第三方。在"未来学校设计"项目中,有学生对项目的自评和互评,有家长对学生探究的过程性评价,有教师对学生协作的形成性评价,有专家对学生作品的专业点评,还有第三方即参与活动的来宾对学生的现场展示进行点评。

2. 评价标准多元化

项目不采用"一刀切"的形式,而是对学生在学习过程中的各方面表现进行评价。在"未来学校设计"项目中,我们评出了"最佳设计奖""最佳展示奖""最佳人气奖"等,其中"最佳设计奖"和"最佳动力奖"由知名公司设计师点评,其他奖项由其他活动参与者点评,此举既激发学生的创造力、想象力,又引导学生将创造、想象与现实结合起来。

3. 评价方式多元化

在项目评价中，注重形成性评价，对学生的学习过程予以评价；在项目总结阶段，多进行展示活动，以表现性评价为主。

（二）以评价促教师理念更新

为使课程得到不断改进和完善，提升教师的课程评价力十分重要，这就要求教师要通过对课程的感知、反思、批判和改进，引导自身在课程实践中创造和实现课程价值，不断增强课程对核心素养培育的作用。在项目推进过程中，我们重点关注、提升教师以下几个方面的能力：情境感知力、价值引导力、反思批判力、筹划改进力。

1. 形成性评价促进教师对项目过程的引导

教师对项目过程的引导体现在：创设生动的课程情境展开活动，通过回顾、诊断、监控和调试，不断开展反思和批判，调节原有课程理解和课程行动，进而形成新的课程理念，筹划新的课程实践方案。这些行为的外显形式之一就是对学生进行形成性评价。

2. 表现性评价促进教师对学生个体差异的正视

教师在对学生的项目完成情况进行评价时一般采取表现性评价，而不采用诊断性评价。可以用量规来评估学生的学术词汇掌握情况、解决问题能力、合作和沟通能力等学习情况。

四、形成持续建构的项目反思

"未来学校设计"项目给整个学校的教育教学都带来了巨大的变化，项目式学习不仅促成了教师专业素养的提升、团队的发展，也提升了学生的核心素养，形成持续建构的项目反思。

（一）教师的专业成长

盐小的教师队伍是一个执行力很强的团队，但在第一次"尝鲜"时，大家感到很迷茫：项目的主题是什么？如何实施？如何评价？这一系列的问题困扰着我们。于是项目组开展了"头脑风暴"与学习研讨，进行资源的搜集和整合，找到了一些实行项目式学习的灵感：

第一，学习与借鉴国内外项目式学习先行地区的经验是帮助我们打开思路的好方法。

第二，通过前期的调查，我们发现学生想参与的项目大多是源于生活的真实问题，低学段学生对校园生活这一板块特别感兴趣，于是我们将项目主题划定在"未来学校"范围，再找到主题与各学科的契合点，最终制定项目主题。

第三，进行项目分工，"未来学校设计"项目的顺利实施不是单一学科或教师能够完成的，它涉及语文、数学、英语、美术、科学、信息技术等多种学科知识，因此需要基于项目内容进行学科分工。我们的教师因长期从事单科的专一教学，跨学科意识不够强，为了让项目顺利实施，多学科教师的指导团队应运而生，团队中的教师在项目实施中基于项目共同发挥效力，跨学科意识和能力得到了提高。

短短一年研究，我们在"实践—反思—再实践—再反思"的过程中不断厘清对项目式学习概念的认识，不断修改、完善项目的设计、实施、评价方法，一次次找出问题，并找到解决问题的方法。在此过程中，项目式学习在盐小生根发芽，教师的专业素养也得到了突破性的发展。

（二）学生核心素养的发展

"未来学校设计"活动一经推出，在学生中立即得到热烈响应，并取得了很好的效果。设计"未来学校"贴近学生的生活，符合他们的心理特征，相较于传统的课堂教学方式，项目式学习更容易让学生享受学习的过程，所以他们喜欢学、愿意学。当学生的兴趣调动起来了，一切学习问题就迎刃而解了。平时被动的学习状态瞬间转换了频道，学生变得愿意主动学习和探究知识。

在整个项目式学习的过程中，学生通过实践，最终生成产品，项目引领学生经历"质疑—想象—设计—创造—测试—改进"的完整学习过程，在此过程中学生实现了对新知识的主动建构。这种知识的建构是通过学生在解决问题的过程中不断对问题进行研究，选择信息，分析信息，合成信息，并将新获得的信息与以前所学的知识联系起来所得。因此在我们看来，基于项目的学习不仅有利于学生在学习时进行知识建构，更有利于学生在实践中进行知识综合运用，从而促进深度学习。

在项目式学习中，学生培养了科学探究精神、自主发展和责任担当意识、实践创新能力等，这使学习目标更加聚焦，它直指学生应当具备的核心素养，使目标能够兼顾到最优化的核心素养组合。

发生在学习社区里的学习

——小学课程整合的另一种探索

柴曙瑛[1]

江苏省常州市博爱小学是一所百年老校。学校地处老城区中心，占地面积较小，客观上造成了学校物理环境资源不足的现状。与此同时，传统的班级授课制将学生长时间集中在教室，有限的空间不足以支撑课程改革的推进和学生学习的需求，亟需空间的突破和理念的更新。2015 年，学校整体改造，提出了"学习社区"概念，将学校建在"图书馆"里，畅想未来学习新生活。在学习社区理念的统摄下，图书馆式的学校完美建成，博爱特色整合课程也厚积薄发，应运而生。积累、迭代、助推，让学校内涵发展更有深度和广度，实现了育人理念和育人方式的进阶。

一、构建学习社区：全时空、场景式、立体化

学习社区是一种理念，一种构想，一种场域。它重组空间，从"单一时空"走向"多元时空"；重设情境，从"统一时空"走向"个性时空"；重建关系，从"区隔时空"走向"互联时空"，让不同的学习者在打破教室壁垒的学习场域中，围绕共同的目标愿景，在互动交流、合作分享中完成学习任务，实现自我成长。

建设学习社区。图书馆中的博爱，集阅读、体验、实践、探究为一体，是为学生课程学习服务的教育场域，体现着奔向未来的美好。一楼阅读共享大厅，二楼红领巾街区，三楼开放式阅读馆，四楼数学科技创意街区，让学习可以处处发生。同时，打破学校边界，有效运用校内外资源和线上资源，构建"博爱微学园"，让学生可以线上线下融合学习，打造了全时空的学习社区。

建立运行机制。为保障学习社区的体验、阅读、实践功能落到实处，学校逐步建立了一套社区建设运行管理机制。每一个街区和功能区又有独立的运行机制和相关管理制度，为三大街区的正常运作和日常管理提供了助力和

---

[1] 柴曙瑛，江苏省常州市博爱小学党支部书记、校长。

保障。同时，红领巾街区中的"博爱小当家"服务站，由大队委员统筹管理。自主申报，岗位竞聘，培训考核，得分晋级，实现了学生诚信、自主的参与式学校管理。每个博爱娃都有一张博爱乐享卡，通过建立不同的得分晋级机制，让学生参加不同种类的街区课程或活动并获得不同的积分，且能享受对应的奖励，如用美食卡兑换能量罐活动，参加游学活动……这张卡把社区内所有的活动联系在一起，盘活了社区资源，也让学生的秩序感悄然生长。

二、形成课程样态：综合性、丰富性、选择性

在学习社区的视域下，学校不断完善课程体系，形成学校课程的顶层设计。学校将坚守的"博爱"教育哲学作为课程之魂，以一以贯之的"用生命感受生命，用爱心滋养爱心，用智慧启迪智慧，用心灵体悟心灵"的教育理念和"行知天下事，涵养博爱心"的培养目标为统领，在全面落实国家课程的基础上，整合融通，创生了学科内整合、跨学科整合、超学科整合的课程内容（图1），通过在学习社区场域下的课程实施，促成学习方式的转变，让师生生命成长更加丰富多元，让校园成为真正的博爱"巴学园"。

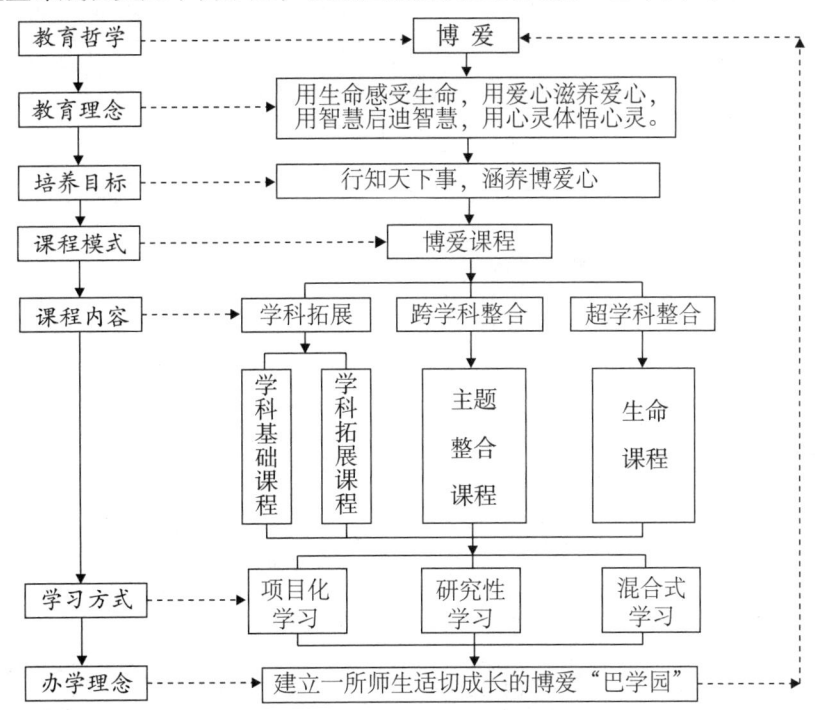

图1　常州市博爱小学课程逻辑图

(一) 博·学课程（学科内整合）——深度学习在发生

博·学课程着重指向学科内课程内容的有效整合，是国家课程的有效延伸和补充。博·学课程以单学科教师实施为主，春季学期分散在平时的课时中进行，秋季学期在学期结束的最后一周集中进行。在实施过程中，学习社区为学生提供开放的活动空间和交流场所，丰富学习资源，拓宽学习渠道，使学生从多重视角、多个方面整合处理学科相关知识，能够更全面、客观地理解知识和解决问题，促进深度学习的发生，提升课程学习的效能。以语文拓展课程为例，主要做法是：整合教材的相关知识点，生成中华优秀传统文化拓展主题，同时突破班级授课制的制约，在学习社区里延展学科教学，丰富学习方式（表1）。

表1　博·学（学科拓展）课程安排表（2019—2020学年第一学期）

年级	课程内容	活动地点（学习社区：校内、校外、虚拟）	活动内容
一	漫游成语王国之寓言故事中的成语	博爱微学园	观看《滥竽充数》《囫囵吞枣》《塞翁失马》《愚公移山》视频
		博爱讲坛	漫游成语王国
二	古韵诗文	博爱微学园	观看《猫捕鱼》《猫斗》《读书》《郑人买履》视频
		博爱讲坛	古韵诗文
三	论语	教室	诵读讲解《论语》名言
		博爱讲坛	《论语》中"孝""仁""信""学""礼"有关的小故事
四	漫游神话王国	领养书架	推荐神话系列书籍
		开放图书馆	阅读相关神话故事书籍
		星空小剧场	表演神话故事
五	中国民间故事之封建爱情故事	领养书架	推荐民间故事系列丛书
		博爱讲坛	趣话民间故事
		博爱讲坛	欣赏越剧团表演的《化蝶》
六	走近苏东坡	领养书架	好书推荐
		博爱讲坛	走近文学大家系列之苏轼
		东坡公园	实地寻访

（"中国传统文化"为三至六年级课程内容的统一主题）

【案例】以《走进苏东坡》课程为例。在课程实施之前，学生对苏轼的了解只是蜻蜓点水式的。在六年级老师的点拨下，学生迅速地整理出苏轼出生、政绩、诗词、美食、书法以及与常州的渊源等内容和研究方向；然后，各学习小组的组员选择研究内容，明确分工，开启有关苏轼的探寻之旅。苏东坡纪念馆成为探寻之旅的首选，纪念馆内的史料、东坡的雕塑、东坡井，纷纷留在了学生的相机和记录本上。回到学校，阅读街区的相关书籍成为大家争相取阅的资料，另外，大家在一楼共享大厅"好书推荐"栏也能看到关于苏轼的系列书籍。大家还上网观看了百家讲坛之《苏轼》全集，进一步丰富了人物的形象。如果在班级中进行交流分享还不过瘾，就上博爱讲坛，让全校更多的学生走近立体、丰满的苏轼。复古的服饰、生动的讲解、精美的语言，让本期博爱讲坛成了一场视听盛宴。

（二）博·融课程（跨学科整合）——综合素养在提升

博·融课程实现了跨学科整合融通，主题从教材、问题、兴趣需求中产生，学科界限并不清晰。通过近年来的努力，学校把创生的博·融课程分成6大学习领域，涵盖6个年级，让学习从教室延伸到校内社区，从学校延伸到社会，让学生在合作、探究、体验中提升综合素养（图2）。在具体实施方面，学校每学期用一周时间围绕特定主题，各学科教师裹挟式参与其中，根据主题的需求介入不同学科、各有侧重地教学。为了让课程内容更加鲜活，学校十分关注课程的动态生成，实现主题内容的自动更迭，同时确保它的丰富性、多样性。

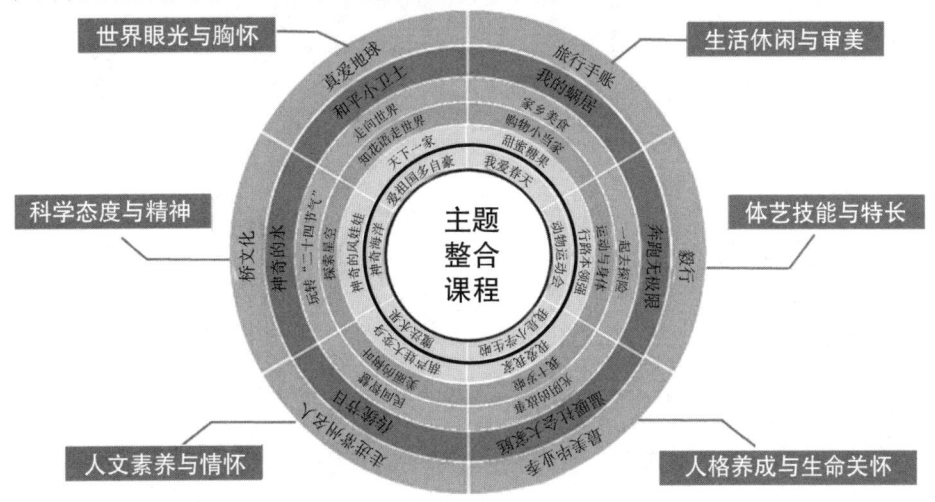

图2　常州市博爱小学博·融主题整合课程结构图

【案例】以《探索星空》主题课程为例。该课程整合了语文、数学、科学、美术和音乐等多门学科有关星空主题的知识点,语文教师讲绘本、诵诗歌,感受语言的音乐美、节奏美,创作趣味故事、诗集,开启探索星空之门。数学教师负责指导学生绘制季节的星空图,学生组队分工,用滚刷在白色的油画布上大胆涂抹,亲手绘出苍穹。如何才能准确地绘出每个星座、每颗星的位置呢?学生讨论后想出了办法:按比例放大。先用工字钉钻洞,钉上隐形按扣,然后再将棉线绕在按扣上连出各个星座。于是,春季大曲线星空、夏季大三角星空、秋季四边形星空和冬季大三角星空大功告成。心灵手巧的学生还把刮画纸与七色彩泥完美搭配,制作出专属于自己的独特星座……整合了多学科知识的《探索星空》主题课程,目标清晰、内容有趣,激发了学生探究自然奥秘的兴趣,延展了知识的宽度和厚度。

(三)博·涵课程(超学科整合)——生命教育在渗透

博·涵课程即超学科整合的课程,旨在涵养学生生命成长,最典型的是学校自主开发的"生命小课程"。该课程围绕生存需要、生活技能、生活品位3个维度建构,涵盖学生6年的学习生活,共36个小课程(图3)。"生命小课程"采取自主认领、项目化实施的方式推进,除了在学科教学中进行渗透,还让学生在校内外学习社区中体验和实践。

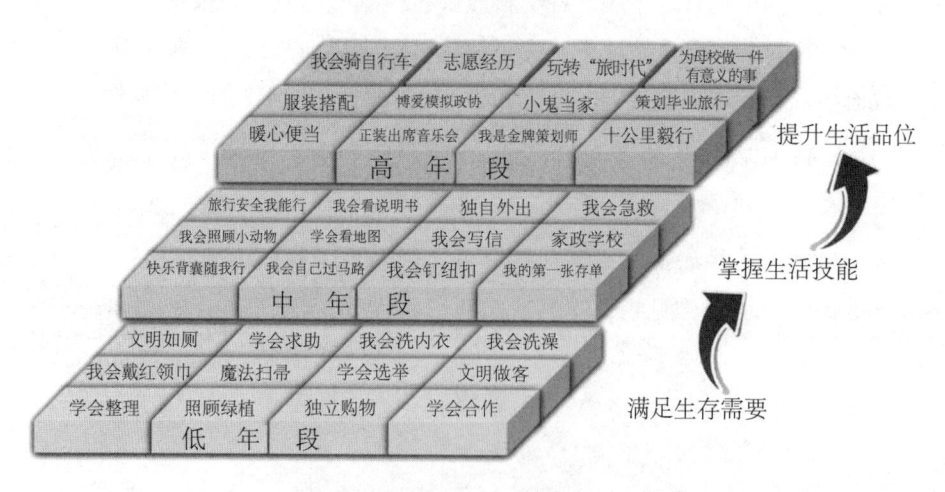

图3 常州市博爱小学博·涵"生命小课程"结构图

课程实施以来,"学会整理""正装出席音乐会""策划毕业旅行"等已成为大家心目中的品牌课程……通过6年的参与和体验,这些课程将学校、家庭、社会有机联结，学生在实践中感悟、在感悟中提升，逐步成长为有能力、有涵养、有品位的少年。

【案例】一年级的"生命小课程"开始了，"学会整理"课程首当其冲。在第一阶段的"小书包减肥记"活动中，大家首先分析了如何帮助小书包减肥瘦身，很多人都在带与不带间徘徊。"小蘑菇"同学抉择的样子别提有多痛苦，这种痛苦整整持续了一周，一周以后，她才勉强把小书包降到标准体重，勉强获得了第一枚整理勋章。接着，第二阶段的"小书包优雅记"活动也开始了，对此，"小蘑菇"同学已经小有想法：该用学科分类法还是从大到小排序法整理自己的物品呢？她主动找同伴反复商量。3天后的早晨，她拉着班主任的手悄悄地说："老师，您知道吗——我的书包已经在小组评比中获得5个优雅勋章了。""学会整理"课程实施后，大家背着书包连走路的姿态都优雅了许多。而能力、品位的提升，正是"生命小课程"重要的价值诉求。

三、丰富学习方式：项目化、研究性、混合式

教有时限，学无边界。学校通过任务驱动、情感体验、实践运用、走访调查等方式，让学生置身于真实情境中，围绕实际问题开展项目研究、操作实践，进而解决问题，逐步形成了着眼于课堂内外的项目化学习、社区内外的研究性学习、线上线下的混合式学习等多种学习方式，丰富了学习样态。在学习社区里，学生呈现出最舒展的生长状态，新书发布区、领养书架、漂书吧，总能吸引他们最惊喜的目光；开放图书馆、小剧场、博爱讲坛，总能看到他们最惬意的读书姿势和最自信的表达；出彩博爱娃、红领巾服务站、自护自理室，由衷点赞他们最阳光的展示，最暖心的服务；爱心超市、数学实验室、机器人工作坊，成全了他们最专注的探究，最团结的合作；校外实践基地更让他们增长了见识，提升了自我。在课程的引领下，学习内容是鲜活的，学习规则是有序的，学生自主、自由、自在地深度学习，诗意地栖居……学生有秩序感地自然生长，已然成为学校最美妙的风景。

四、遇见教育成长：目标性、坚守性、豁达性

在学习社区里，汩汩生发着教育美好，遇见着教育成长，涵养着坚守与豁达。教育是一种慢的艺术，需要守望，而课程改革更需要勇气和执著。如何为学生的成长铺设更好的课程跑道？博爱教师拧成一股绳，以立德树人为

目标，抱团成长，在学习社区的视域下，在国家课程实施的基础上不懈探索，从一个学科内生发一个知识点，有效拓展；在一个主题下集结多学科内容，深度融合；基于学生生活技能和品质培养，打破知识边界、形成合力……经过10多年的努力和完善，学校的特色课程方向明确、路径清晰，一个庞大的学习社区借助课程力量正在生成。在这里，学生开阔了眼界、润养了品格、收获了成长。在这里，学校的课程结构、教研方式、学习生活悄然发生着改变，教师的课程理念、合作精神、专业成长实现了质的飞跃。学校始终抱着开放、共享的心态，与集团校和兄弟校共享特色课程资源，共促成长。

博爱，与学习社区结缘，让学生、教师、课程交汇在这里，不断寻找自由生长的姿态，在静水流深的岁月里，用心打造幸福的博爱"巴学园"。

第四节　跨学科课程的国际实施

从"动物园保护区项目"看澳洲跨学科教育的推进

方凌雁[①]

在澳大利亚，被誉为体现未来教育改革方向的《墨尔本宣言》中明确提出"跨学科教学"的概念，并单独将之列为与学习领域、核心能力并列的课程设置目标，这足见澳大利亚教育部对跨学科课程的重视。澳洲如何有效推进跨学科教育，教育是怎么样的？和中国的跨学科课程比较，有何优劣？2017年，受浙江省教育厅委派，在澳大利亚维多利亚州的莫纳什大学的12天研修期间，我们对此问题进行了学习思考。

一、跨学科教育：一个与学科并列的学习领域

1. 被纳入课程设置规划的跨学科学习

澳大利亚课程设置组成包括学科领域、基本能力、跨学科教学3个部分。其中，跨学科教学主要包括：原住民及托雷斯岛民文化、亚洲文化与澳大利亚可持续发展能力3个领域。前两个领域及澳洲自身的移民文化和国家发展战略有关，可持续性发展教育主题则源于联合国教科文组织的提法。这些项目的构建除了需要学校内部的跨学科视角，更需要优先考虑在地区间构建与学校和社区的联系。在《中澳课程介绍与比较》的专题讲座上，Libby Tudball副教授重点推介了一个跨学科学习项目——维多利亚动物园项目。

动物园项目，应该类似中国学校的传统春、秋游项目吧。我国这几年努力通过课程化的改造，一些传统的春、秋游项目已经被纳入学校课程领域。那么，澳大利亚的动物园项目也是这样的吗？有什么值得我们借鉴的呢？"下周一去了你就会有进一步了解。"Libby Tudball副教授如是说。

[①] 方凌雁，浙江省教育厅教研室综合实践活动课程教研员。

2. 学校课程体系中居然没有专门科目

仔细研析 Libby Tudball 副教授的讲座后我们发现，澳洲的基本课程为英语、数学、科学、人类学及社科（历史、地理、商业、公民）、艺术、语言、体育教育与健康、信息网络设计。此外还有丰富多彩的选修科目，但找不到类似中国综合实践活动课程那样的跨学科活动课程。课间，我询问了在场的陈博士。

"是的，没有独立课程，只能纳入学科领域。"陈博士的回答甚是干脆，"推进跨学科领域项目，会遇到一些阻力，许多老师会说，这个与我有什么关系呢？我的任务是学科教学。甚至也有网上留言，认为学校的任务是教授学科基础知识，跨学科学习不是重点。"这让我想到了日本教育系统内关于综合学习时间课程设置争议的文章。看来，跨学科领域的学习进入学校课程领域在世界各国都会遇到一些阻力。

"在中国，有综合实践活动课程，从国家课程设置角度承认并确保了跨学科教育的独立课程路径，但也面临着如何保证这样的课程不折不扣地被学校执行的问题。"我如是说。

"一些老师在学科领域还是做了些努力的。那个动物园项目，也许可以给你启示。"陈博士的回答让我对下一阶段关于此领域的观察有了方向和重点。

二、学科实施路径：跨学科教育的学科课堂观察

学科领域的跨学科教学如何实现？在接下来几天的进校学习中，一节科学课、一节人文课解答了我的疑问。

1. 一节关于遗传与健康的研究课题展示课

七年级的科学课是在格伦沃弗利中学考察参观时听的。上课伊始，学生便走上讲台打开课件，开始有条不紊地轮流讲演。这是关于疾病与健康的学生研究成果汇报课。第一组的 3 个学生，分别来自澳洲、亚洲、非洲，3 个不同肤色的小女生轮流从生物学的细胞原理、现有治愈方法、社会认识等不同角度进行深度分析，合作展示很是成功。第二组都是亚洲学生，也遵循了这样的程序，主要是学生汇报和答疑，提问者是在座的科学老师。

身边陪我听课的中国学生告诉我，课堂演讲是澳洲课堂学习的常态。"从小学开始就这样，不断地合作演讲。"而这个主题的研究任务在学习这个单元时就布置了，学生组成三人小组后，在学习新知识过程中进行项目的准备，

并利用课余时间进行项目讨论，而教师也会有意在课堂上安排两个课时供学生围绕项目合作进行学习。今天的课堂是项目展示，每节课展示两组，一个班需要 3~4 节课完成全部展示。

遗传和健康的问题研究，涉及伦理和社会发展等内容，很容易和可持续发展主题项目目标对接。我想，这应该是澳洲教授们心目中理想的跨学科目标融入学科教学的样例吧，其核心纽带是主题聚焦和项目研究。

2. 一节关于全球化问题的人文课

在东唐卡斯特中学访问时，再次听到一节跨学科教学课——关于全球化问题的讨论。课堂上，教师引导学生讨论全球化带来的问题和好处，如劳动力就业、经济、社会等问题，并引导学生聚焦对耐克品牌做具体分析。学生在课堂上自主交流、讨论，并填写教师给予的讨论任务单，包括全球化对发展中国家带来的经济好处和坏处的罗列及对比分析。

"是否所有学科教师都愿意做？是否有学科教师会认为这样的学习对于本学科而言意义不大，或者不愿意拿出课时来关注这些主题？"为了印证之前陈博士的观点，我把这个问题抛向了学校。校方回答是："我们正在努力让更多的老师认同和接受。"看来，学科融入跨学科的确是任重道远。

三、动物园项目：真实情境聚焦的跨学科项目

走近动物园项目已经是第 6 天，这是个聚焦可持续发展的跨学科项目。在动物园中最具澳洲地域特征的考拉区，我们看到了"将来的你能看到未来吗？"的宣传语，还有变身环保大使的考拉，用文字呼吁"我承诺一定用 100% 可回收的厕纸"。动物园的可持续性发展理念和环保主张一目了然。

1. 每天要模仿多次鸟类的工作人员

接待我们的是两位动物园里的教育工作者。沿途，一大批学生正在动物园进行项目学习。两位教育工作者指引我们观察那位带着黄色禽类头饰、卖力地模仿着小鸟的翅膀动作、努力摆着双臂并向孩子们介绍着什么的工作人员。"他是专门负责带学生体验学习鸟类的教育项目工作者，每天，他都得重复这样的动作和语言。"我们笑了，想着这位可爱而敬业的教育工作者每天充满乐趣却也不免单调地工作着，为他的爱心和责任感感叹不已。

2. 你们会让学生带着纸笔来动物园吗？

学生在动物园短暂集中后，就是分组活动。我们观察了一下，基本是一

位工作人员带着4个小朋友组成一组。"接下来，老师会带着这一组的孩子去观察和研究，这样的配置，老师的指导会比较到位！"果然还是人少的优势，想到国内2~3位老师一起带40~50个学生考察的情况，4~5人配置一位老师确实有些奢侈。

"你们那里会让学生带着纸笔来进行动物园项目学习吗？"当动物园工作人员听说动物园考察也是中国学生的必修项目时，冷不丁冒出了这样一句话。"会的！"回答是不假思索的。来动物园学习当然需要纸笔，最好还夹个文件夹、画板、照相机之类，记录、绘制、拍摄的工具必不可少。我眼前浮现了那些带着诸多研究辅助工具、在动物园忙碌的国内学生学习的情景。

"我们以前也这样，但现在不会。"工作人员的回应却出乎意料。"办起第一期动物园项目学习时，我们也鼓励学生带着图书和纸笔来。但渐渐地发现，其实学生并不需要这些，他们可以通过与动物的互动和交流来更好地完成体验学习。纸笔依托的学习在学校完成即可，动物园发挥的是体验学习的优势。"听了他从体验学习的特点出发所做的专业论述，我们不得不刮目相看。

"学生要追求的是长期记忆而不是短暂的知识获取，我们期望每一位学生到动物园是来发现和展示自己之前学习中的问题，思考和解决关于环境教育和可持续教育的问题。我们的项目就是引导学生感受动物和环境，在与动物的亲密接触中加深体验。我们的教学方法就是期望和孩子不断地互动和交流。同时，期望孩子在动物园旅程中，自己控制学习进程，自己选择项目，进行自我管理。"此话引发了大家的思考。

3. 两位动物园内的专业教育工作者

来到专门的研讨活动场地，我们和两位工作人员有了更深入的讨论。"我是中学教师，有教师资格证。我的专业是环境教育。"自我介绍后，工作人员介绍了维洲动物园保护濒临灭绝动物的教育项目。另一位有中学地理教学背景的工作人员也介绍了自己所承担的教育任务，包括如何通过校内外合作的模式，把动物园项目及环保教育理念带给更多学校，支撑学校教育的做法。"我们愿意期待培养独立及积极的公民：表现出积极的环境价值；对环境问题有很强的理解、可以付诸行动去保护野生生命以及野外的场所""我们试图把学生培养成为环境教育的领导者，让孩子真正为保护濒临灭绝的动物做出贡献"。两位教育工作人员如是说。他们的介绍，让我们从课程目标、课程体系构建、学与教的方式、课程的实施策略和评估方式及学校合作机制等方面，对澳大利亚跨学科项目有了系统的了解。

四、在差异比较中我们可以做什么

关注跨学科领域是教育综合化的国际趋势。差异对比带给我们的启示是什么呢？对比澳洲没有把跨学科学习单独列为独立课程的做法，我们以为，中国的课程顶层设计更为合理完善。在跨学科主题学习推进中，两国都很强调使用社会资源对跨学科主题学习提供支持，但澳洲的社会资源利用还需通过第三方合作。在中国，2016年教育部等11部门发布《关于推进中小学生研学旅行的意见》，2017年教育部印发《中小学综合实践活动课程指导纲要》，从制度上对我国跨学科实践学习的活动资源提供了有力的保障。

尽管从课程制度角度看，中国的综合实践活动课程设计有其独特的优势，但我们也应认识到，推进跨学科学习更多还需要依托专业实践项目的支撑，而在这方面，澳洲有以下5个方面值得借鉴。其一，以动物园项目为例，更多地考虑到学生的年龄特点，重视引导低年级学生做跨学科项目学习，高年级学生关注科学探索。其二，有教育背景的专门教育工作者使项目的实施更具有教育意义。其三，项目自身的完整性。金字塔的学习目标，严密的数据反馈和分析，多样的组织形式，游戏化的活动方式，构成了一个完整的课程体系。其四，强调体验式的学习，不强调学生的纸笔式的学习，这样的设计和组织有一定的意义。要求学生学习前有所准备，提前了解相关的资料和信息，与在校内的体验学习同时进行。其五，重视学生学习的反馈，分析学生在这种体验学习中获得了什么，建立了体验学习的评估体系。

为应对未来不可预知的挑战，我们需要有一种超越单纯的学科的视角，用相互理解和联系的方式对世界进行认识和理解。因此，未来的学校教育，一方面要加强基础性学科的学习，另一方面则需要引导学生把各学科分条块的知识转变为对世界的相互联系的探究与理解的跨学科学习。无论是澳大利亚艰难前行的学科领域的跨学科推进，还是如动物园保护区这样独立于学校课程体系之外、基于真实情境的跨学科项目，都为我们展示了从学科走向跨学科、从课堂走向生活的跨学科学习的路径和方向，这一点，我们殊途同归。

美国英语课程跨学科整合设计的改革动向与启示

庄燕泽[①]　吴刚平[②]

随着 21 世纪的到来，传统学科本位的语文课程越来越难以适应大学学习与职业发展对学生语文素养提出的要求和挑战。因此，许多国家都在采取措施加强语文教育的基础性作用。其中，美国英语课程的跨学科整合设计思路尤为引人注目。

2010 年，美国出台了英语课程标准《英语语言艺术及历史、社会、科学、技术科目中的语文素养州共同核心课程标准》（以下简称"美国英语课程标准"），该标准相当于我国基础教育语境中的语文课程标准。这一全国性英语课程标准分为 3 个部分：一是《K—5 年级英语语言艺术及历史/社会研究、科学和技术科目中的读写素养标准》，二是《6—12 年级英语语言艺术标准》，三是《6—12 年级历史/社会研究、科学和技术科目中的读写素养标准》。英语课程标准的出台，使得美国语文课程跨学科整合设计有了统一的专业规范和质量标准，为学生语文素养的跨学科培育和整体提升奠定了重要的课程政策基础。

当前，我国高度重视语文课程的人文性与工具性价值，在采用全国统编教材的大背景下，我们需要认真研究美国英语课程跨学科整合设计中值得借鉴的改革思路和专业措施，从而更好地理解语文教育的整合基础。

一、基于大学与职业准备的课程目标整合

美国英语课程标准中的课程目标不仅仅是单一的学科目标，而是根据学生升学和就业的双重需要对课程目标进行整合设计。比如，《6—12 年级英语语言艺术标准》就是由《大学与职业准备标准》与《具体年级标准》两部分组成，前者从升学和就业的角度提出了广泛的总体标准，后者则根据不同年级的学生发展需要和学业特点提出详尽的具体目标。其中，《大学与职业准备

[①] 庄燕泽，华东师范大学课程与教学研究所研究生。
[②] 吴刚平，华东师范大学课程与教学研究所教授。

标准》确定了学生进入大学和职业前所必须满足的跨学科综合语文素养，并且渗透到阅读、写作、听说、语言等 4 大板块的具体标准之中。上述 4 大板块都有与之相应的"大学与职业准备锚定标准"，对语文素养要求进行了详尽刻画，以统领语文课程目标的整合设计。

（一）阅读板块与大学及职业准备的目标整合

阅读标准从关键思想和细节、技巧和结构、知识与思想整合、阅读范围和文本复杂度等 4 个维度出发，呈现出细化的 10 条"大学与职业准备阅读锚定标准"（表 1）。

表 1　大学与职业准备阅读锚定标准

目标分类	具体条目规定
关键思想和细节	1. 通过仔细阅读以明确文本所表达的内容，从中做出逻辑推论；在写作或口语过程中引用特定的文本证据，以支持从文本中得出的结论
	2. 确定文本的中心思想或主题并分析其发展；总结关键的支持细节和观点
	3. 分析个体、事件、思想是为何及如何在一篇阅读文章中发展和互动的
技巧和结构	4. 解释文本中使用的单词和短语，包括确定技术性、内涵性和修饰性意义，并分析特定的单词选择是如何塑造意义或语气的
	5. 分析文本的结构，包括特定的句子、段落和文本的较大部分（如一节、一章、一个场景或一节）是如何相互联系，以及它们与整体之间的关系
	6. 评价观点或目的如何塑造文本的内容和风格
知识与思想整合	7. 整合和评估以不同媒介和形式呈现的内容，包括视觉上的、数量上的和文本上的★（★参观写作板块中"知识建构与呈现研究"以及听说板块中"理解与协作"有关印刷品和数字读物信息搜集、评估和应用的相应标准）
	8. 描述和评估文本中的论点和具体要求，包括论证的有效性以及论据的相关性和有效性
	9. 分析两个或两个以上的文本如何处理相似的主题或话题，以建立知识或比较作者所采取的方法
阅读范围和文本复杂度	10. 能够独立、熟练地阅读和理解复杂的文学类和信息类文本

基于阅读板块与大学及职业准备目标整合的"大学与职业准备阅读锚定标准"建立了阅读素养的基本框架，整个阅读标准以此为基础，将"文学类文本"和"信息类文本"两种文本类型放在同样重要的地位，配合"阅读基础技能"的相关要求，分为 K—5、6—12 两个不同阶段分年级细化标准，对

美国学生的阅读素养培育提出具体要求。

（二）写作板块与大学及职业准备的目标整合

写作标准从 4 个角度描述写作素养，分别为文体类型和目的、写作成果与发表、知识建构和呈现研究、写作范围等方面，细分为 10 条具体要求进行刻画。

"大学与职业准备写作锚定标准"将写作板块与大学和职业准备目标要求进行统整，建立了写作素养的基本框架，确立了一般性写作锚定标准，基于此细化出适合学生年龄阶段、学业成就要求的分年级具体目标（表2）。

表2　大学与职业准备写作锚定标准

目标分类	具体条目规定
文本类型和目的	1. 在分析实质性主题或文本时，使用有效的推理和相关且充分的证据，写出论据来支持主张
	2. 通过对内容的有效选择、组织和分析，撰写信息性/解释性文本，以清晰准确地检验和传达复杂的想法和信息
	3. 使用有效的技术、精心挑选的细节和结构良好的事件序列，撰写记叙文，以发展真实或想象的体验或事件
写作成果与发表	4. 写出清晰而连贯的作品，其组织和风格适合任务、目的和读者
	5. 通过计划、修改、编辑、重写或尝试新方法，根据需要发展和加强写作
	6. 使用技术，包括互联网，以生产和出版作品，与他人进行互动合作
知识建构和呈现研究	7. 根据重点问题进行简短且持续的研究项目，展示对调查主题的理解
	8. 从多个印刷和数字来源搜集相关信息，评估每个人来源的可信度和准确性，并在避免抄袭的同时整合信息
	9. 从文学或信息类文本中获取证据，以支持分析、反思和研究
写作范围	10. 为一系列的任务、目的和读者，在延长的时间框架（研究、反思和修订的时间）和更短的时间框架（一次或一天或两天）内进行常规写作

（三）听说板块与大学及职业准备的目标整合

听说标准则从理解与协作、知识与思想表达两个维度，细分为 6 条锚定标准（表3）。

表3 大学与职业准备听说锚定标准

目标分类	具体条目规定
理解与协作	1. 准备并有效地参与和不同伙伴的一系列对话与合作,以他人的想法为基础,清晰而有说服力地表达自己的观点 2. 整合和评估各种媒体和形式的信息,包括视觉上的、数量上的和口头上的 3. 评估演讲者的观点、论证以及证据和修辞的使用
知识与思想表达	4. 呈现信息、发现和支持证据,以便听众能够遵循论证路径,组织、开发、风格应适合于任务、目的和听众 5. 策略性地利用数字媒体和数据的可视化显示来表达信息,加强对演讲的理解 6. 使演讲适应各种语境和交际任务,在指示或适当的时候展示对正式英语的掌握

听说标准通过与大学和职业准备标准的目标整合,奠定了听说素养的基本框架,旨在培养学生适应升学、生活与职业需要的口语交际能力和社会交往技能,要求学生在有效接受与评估信息的同时,能够组织语言、清晰地表达观点,实现多向互动的交流沟通。

(四) 语言板块与大学及职业准备的目标整合

语言标准从标准英语惯例、语言知识、词汇习得与使用3个维度来展开(表4)。

表4 大学与职业准备语言锚定标准

目标分类	具体条目规定
标准英语惯例	1. 在写作或口语中展示对标准英语语法和用法的掌握 2. 在写作时展示对标准英语大写、标点符号和拼写惯例的掌握
语言知识	3. 运用语言知识了解语言在不同语境下的功能,有效地选择语意或语体,更全面地理解阅读或听力
词汇习得与使用	4. 根据上下文线索,分析有意义的词类,适当查阅一般和专业的参考资料,确定或阐明未知的和多义的单词和短语的含义 5. 展示对词义中比喻语言、单词关系和细微差别的理解 6. 在大学阶段和职业准备阶段,准确掌握和使用足够的阅读、写作、口语和听力的专业词汇和短语;当遇到对理解或表达很重要的未知词汇时,要表现出独立的词汇收集能力

通过语言标准与大学及职业准备目标的统整,注重学生语言规范培养的

同时，要求学生在词汇、语法及表达等各方面达到满足大学与职业准备要求的语言技能。

《大学与职业准备标准》对美国学生的升学、职业、生活所需的语言能力做出规定，是渗透了跨学科元素的整合型目标。美国英语课程在整合设计时，围绕大学与职业准备目标整合，将跨学科元素渗透到听、说、读、写及语言能力的各个方面，形成上下衔接、左右贯通的跨学科课程整合目标体系。

二、基于语言能力的科内板块整合

英语作为美国通用语文课程，在培养学生语文素养方面起着基础性的作用。美国英语课程标准以语言能力为核心，从听、说、读、写各方面展开，实现科目内的课程板块整合设计。标准将语文课程分为阅读、写作、听说、语言4大板块，并确定各自领域的关键概念、内容及范围。各个板块虽然是分项实施，却并非各自为战，听、说、读、写之间始终强调基于语言能力协同发展。从标准的要求来看，阅读、写作、口语、听力和语言是学校教学共同的责任。虽然在标准的制订中，为了概念层面的清晰，标准对阅读、写作、听说和语言等4大板块进行分类陈述，但实际上在表达沟通的过程中，这几个方面始终是紧密相连、彼此贯穿的。[1]

（一）阅读板块的整合

阅读标准要求所有学生在高中结束前，都能够具备与大学和职业生涯要求相适应的阅读水平，并且随着年级增长，保证学生能够获得更多的阅读训练，保证学生的阅读素养不断提升。但阅读标准在对阅读板块本身做出要求的同时，兼顾与写作、听说、语言技能等3个板块的衔接贯通。

阅读板块在"阅读锚定标准"的统领下进行整合设计。"关键思想和细节"维度的目标要求学生通过阅读获得有效信息，包括把握文本的主题和主要观点，关注其形成过程中的细节、证据等因素，同时融会贯通于写作或口语等板块。锚定标准第一条中就指出"在写作或口语过程中引用特定的文本证据，以支持从文本中得出的结论"[1]。而"技巧和结构"维度的目标包括分析词汇特色、文本结构以及文本各部分之间的整合联系等，反映在年级细目标准中更是直接与写作、口语等板块有效统整。如二年级文学类文本阅读标准第6条要求学生在阅读时"体认角色观点的差异，包括在大声朗读对话时，针对每个角色用不同的音色进行朗读"[1]。四、五年级阅读标准第5条要求"在基于某一文本的写作或口语训练时,参考故事、戏剧和诗歌的某些结构元素,并描述每个连续部分如何建立在前面的部分之上"[1]。"知识与思想整合"维度的目标则重视利用不同的方法和媒介的整合来达到对文本主题和内容的整合评估,对不同文本进行比较分析以建构知识。

阅读标准在对阅读素养本身做出要求的同时,阐明写作、口语等板块与文本内容、文本结构、文本风格之间的关系。在进行文本阅读时,需要整合写作、口语等其他板块的相关知识与技能,阅读素养的培养亦为写作素养、口语素养等其他板块的发展提供支撑。

(二)写作板块的整合

写作板块对学生进入大学和职业生涯前需获得的、与之相适应的写作水平做出规定。不同年级在相同的锚定目标框架下,以写作学习结果为导向,实现写作能力的螺旋式提升。写作标准不仅关注写作板块自身对写作素养的培养,亦基于语言能力实现各板块的融通整合。

"文体类型和目的"维度的目标阐述议论文、说明文、记叙文3种类型文章的写作方法和要求,指导学生从主题确立、题材选择、格式规范等各方面进行创作。与此同时,写作不是独立进行的,而是在听、说、读等其他语言能力板块的支持下有效展开的。如一年级写作标准分别针对不同的写作文体,要求学生学会围绕主题陈述观点,提供事实进行论证,使用细节进行叙述。"写作成果与发表"维度的目标具体描述了作品的质量要求及发行的方式渠道等,且强调互动与交流中写作的重要性,写作锚定标准第6条就明确强调"使用技术,包括互联网,以生产和出版作品,与他人进行互动合作"[1],重视写作在沟通交流中的作用。"知识建构与呈现研究"维度的目标提出对研究性写作的要求和方法,事实上,写作并不是单独训练的,而是通过各类文本的阅读获得信息,进行分析与思考的结果。写作锚定标准第9条就明确要求学生从文学或信息类文本中获取证据,以支持分析、反思和研究,充分将阅读与写作相联系。

因此,写作标准不仅着眼于学生写作技能的培养,在进行写作训练时,重视对阅读、听说等板块知识与能力的整合,在科内板块中培养写作素养,还在写作板块中兼顾其他语言能力的发展,以提高学生综合语文素养。

(三)听说板块的整合

听说标准旨在培养学生一系列实用的口语交流能力和人际交往技能,要求学生在听说训练的过程中学会合作，整合不同来源的信息，实现有效的倾听与沟通。

"理解与协作"维度的目标要求学生积极参与对话与合作，整合不同来源及不同形式的信息，并能进行有效评价。在这个过程中，要整合不同媒介及不同形式的信息，强调互动与合作探究。而"知识与思想表达"维度的目标则关注学生如何进行适应于不同语境与任务的倾听与表达，这不仅是对听说板块自身的规范，更要求学生将听说训练与其他基于语言能力的各科内板块相统整。如听说锚定标准第4条要求"呈现信息、发现和支持证据，以便听众能够遵循论证路径，组织、开发、风格应适合于任务、目的和听众"[1]，期望学生能够共享信息及研究成果。听说锚定标准第6条展示出对语言素养的要求，"使演讲适应各种语境和交际任务，在指示或适当的时候展示对正式英语的掌握"[1]。

（四）语言板块的整合

语言标准将语言技能要求贯穿于听、说、读、写的各个方面。"英语语言惯例"维度的目标对学生在听说和写作中的标准英语规范做出细致的要求，包括语法、标点等基本语言技能，保证听说、写作过程中语言的规范化。"语言知识"维度的目标要求学生了解不同的语言功能，希望学生更好地将语言知识运用于阅读与听说。"词汇习得与使用"维度的目标更是强调词汇在阅读、写作、口语和听力领域的重要性。

在美国英语课程整合设计过程中，始终以语言能力为核心，从听、说、读、写等不同科内板块搭建纵向衔接、横向贯通的整合路径。

三、基于历史、社会、科学和技术科目的跨学科语文素养整合

英语课程不仅为英语本学科的专业知识和基本技能的培养服务，也为其他学科的学习打下基础，不同学科也都需要以语文素养为基础。与此同时，其他学科也共同承担着对语文素养培育的责任。为此，美国英语课程标准规定，K—5年级段的相关标准既适用于语文学科，也适用于其他学科的语文素养培育。而6—12年级的标准分为两部分，一部分是语文学科自身的课程标准，这一部分强调选用不同学科的文本材料来学习语文学科，另一部分是历史、社会、科学和技术课程中的读写素养标准。这样的整合设计思路，既意在实现语文教学中融入其他科目的专业性文本教学，也促使其他科目中融入

语文教学，实现了语文教育的跨学科双向科际整合。

（一）在语文中学习历史/社会、科学、技术等其他科目

美国英语课程在跨学科整合设计方面，运用科际整合策略，在语文教学中融入历史/社会、科学、技术等其他科目的专业文本材料，实现"在语文中学习其他科目"。其具体做法是在各学段中增加信息类文本的比重，比如，阅读锚定标准在"阅读范围和文本复杂度"维度上，要求学生能够独立、熟练地阅读和理解复杂的文学类和信息类文本，并对信息类文本的范围做了详细说明，包括传记和自传历史、社会研究、科学和艺术类书籍、说明书、表格，以及显示在曲线图、图表或地图里的信息、话题广泛的数字信息等。

在标准的细化表述中更是将信息类文本和文学类文本放在同等重要的地位，阐明了跨学科阅读的重要性，增加语文教育中其他学科文本的阅读。如表5所示，"国家教育进展评估学会"（NAEP）在阅读计划的评估中同样提倡"课文内容信息量的增加"。相比于传统学科本位的语文课程，美国跨学科整合设计的英语课程更注重学生在课堂内外进行大量的信息类文本阅读。

表5　NAEP阅读框架中文学类和信息类文本在不同学段上的比重

年级	文学类	信息类
4	50%	50%
8	45%	55%
12	30%	70%

（二）在历史/社会、科学、技术等科目中学习语文

美国英语课程标准坚持将跨学科的综合语文素养贯穿始终，不仅在K—5年级阶段的英语课程标准中融入了历史/社会研究、科学和技术科目的相关要求，而且在6—12年级还专门建立历史、社会、科学和技术课程中的读写素养标准，在历史、社会、科学、技术课程中融入语言学习标准，做到"在其他科目中学语文"。

这种跨学科课程整合设计，既强调语文学科本身在培养学生语文素养上的基础性地位和作用，又关注其他学科在提高学生语言能力方面的重要作用，充分体现出培养学生语文素养的跨学科性质。如表6所示，6—8年级科学和技术学科的阅读标准就是基于学科特性，围绕科学、技术课程的专业文本而设计阅读要求的。

表6　6—8年级科学/技术学科阅读标准举例

目标分类	内容要求
关键思想与细节	1. 引用专门的文本证据来支持对科学和技术文本的分析
	2. 确定文章的中心思想或结论；提供与先前知识或观点不同的准确摘要文本
	3. 在进行实验、测量或执行技术任务时，严格遵循多步骤的过程
技巧与结构	4. 当符号、关键术语和其他领域术语及短语在与6-8年级的文本和主题相关的专业科学或技术类文本中使用时，明确它们的含义
	5. 分析作者用来组织文章的结构，包括主要部分对文章整体的贡献以及对主题的理解
	6. 分析文章中作者解释、描述过程或讨论实验的目的
知识与思想整合	7. 将文本中文字表示的数量信息或技术信息与可视化表示的信息版本（例如，流程图、图表、模型或表格）整合在一起
	8. 区分文本中的事实、基于研究结果的理性判断，以及推测
	9. 将从实验、模拟、视频或多媒体资源中获得的信息与从阅读同一主题的文本中获得的信息进行比较
阅读范围与文本复杂度	10. 8年级结束时，能独立、熟练地阅读和理解6-8年级的科学/技术类文章

也就是说，在语文课程跨学科整合思想指导下，历史/社会、科学、技术等科目学习也要运用跨学科整合设计策略，提炼各自科目学习对语言学习的基本要求，在学习各自科目学科素养的过程中，同时实现语言技能与语文素养的培育。

四、美国英语课程跨学科整合设计可资讨论的启示

纵观美国英语课程跨学科整合设计的思路，结合我国语文课程实施的实际，可以探讨出一些有价值的启示。特别是，兼顾学生的升学和就业要求，探明学科之间的有机联系，在学科整体育人的整合思想指导下，强化语文作为工具学科的基础地位，打通语文与其他主要学科的联系，明确课程整合的具体要求，并上升为课程标准，使之成为中小学的基本课程政策。

（一）通过跨学科整合设计丰富语文课程的学习通道

传统学科本位的语文课程往往主要关注语文学科本身的学习，正式的语文学习路径主要是开设语文课。但在科学技术和经济社会快速发展的今天，

学科之间的交流日益密切，大语文教育观指导下的语文教育改革越来越获得认同。的确，"广义上讲，培养语文能力既有语文课程通道，也有日常生活通道和其他科目通道"。[2] 为了更好地适应和促进学生发展，语文课程越来越需要打破以往单一的学科本位课程结构，打通跨学科的语文学习通道，促进学生综合语文素养的整体提升。

美国的英语课程的跨学科整合设计，注重加强英语与其他科目的联系，通过学科间的交叉渗透，打破原有学科本位的课程壁垒，在语文课程中潜移默化地融入跨学科知识，致力于实现"在语文中学其他科目"。与此同时，美国还专门建立《6—12年级历史/社会研究、科学和技术科目中的读写素养标准》，分别针对其他学科中的读写能力的培养。另外，基于年级细化要求，相关部门充分意识到其他学科中包含了丰富的语文知识与语文技能的运用，与英语课程共同承担了语文教育的责任。

相对而言，我国《义务教育语文课程标准》也有整合设计的思路，但在整合时趋向于语文向其他学科的单向整合，体现在课程标准中仅是原则性地提出某些要求，如"拓宽语文学习和运用的领域，注重跨学科的学习和现代科技手段的运用，使学生在不同内容和方法的相互交叉、渗透和整合中开阔视野，提高学习效率，初步养成现代社会所需要的语文素养"，[3] 并没有充分考虑在其他学科中培养语文素养的重要性，更没有落实为细化的专业标准和要求以指导教育教学实践。

因此，在我国语文课程整合设计中，可以考虑借鉴美国英语课程跨学科整合设计的思路，打破学科各自为战的课程壁垒，加强语文学科与其他学科的横纵关联，加强各学科教师之间的合作，积极探索语文学科与不同学科相结合的适当方式和途径，共同努力提高学生的语言文字运用能力和综合语文素养。不仅在语文课程中融入跨学科内容，更基于不同学科的特点设计相应的语言素养要求，在其他学科中融入对语文素养的培育。做到"在语文中学学科"与"学科中学语文"两条腿走路，语文与其他科目相互依托，共同发展，实现双向的科际整合，更有利于打破传统单科主义思想，打通语文学习的多种课程通道。

（二）为语文课程跨学科整合提供规范化的具体课程政策要求

英语课程标准虽然名义上带有民间性质，但实质上却具有相当强的专业性和课程政策意义，因而跨学科的英语课程标准实际上是为美国各州语文课程的跨学科整合实施提供了重要的政策要求和专业规范。

与此相对照,我国的语文课程标准虽然也强调语文素养的重要性,亦对语文课程的跨学科整合提出了原则性的要求,但与美国的语文课程标准相比,仍显得过于宽泛笼统,没有具体明确的专业设计和政策要求,缺乏可操作性。事实上,我国的课程标准并有真正形成统一的跨学科规范,语文素养与各学科关系尚不明确,在实践中更多地需要学科教师自发落实,很容易导致学科与学科之间仍趋向于各自为政。

而美国的语文课标准在设定 K—5 和 6—12 两大学段的同时,按照不同板块分条目制定了细化的年级标准,通过建立"英语语言艺术课程标准"以及专门的"历史/社会研究、科学和技术科目中的读写素养标准",明确规定 K—12 年级的学生在不同的年龄阶段应该知道什么、做些什么,并在附录中配套给出了阅读与写作的示例。这样就从课程政策层面将语文素养的跨学科培养落地。与此同时,英语课程标准并没有对教师的教学与评价做出统一的规定,这也为课程开发人员和一线教师留下了足够的自主空间,以便在课程标准的统一规范下,学校和教师根据自身需求制订课程计划,决定如何开展有效教学。

因此,在我国语文课程标准的进一步修订过程中,建议考虑在语文素养目标、内容、培育等课程专业领域进一步细化语文课程的跨学科整合设计。不仅要在整体语文素养的指导下,提供不同学段要求的学段整合设计,更要落实到具体年级,制定详细的跨学科整合年级细目内容要求和标准,对整合什么、如何整合等问题做出明确、清晰的政策要求和专业表述;在标准层面的规范化与具体化方面赋予课程标准更多的可操作性,以建构灵活有效的整合型大语文课程实施体系。

参考文献:

[1] Initiative CCSS. Common Core State Standards for English Language Arts & Literacy in History/Social Studies, Science, and Technical Subjects [J]. Common Core State Standards Initiative, 2010 (2): 4, 10, 11, 12, 18, 22.

[2] 朱洁如. 语文学科特性及其教学意义 [J]. 全球教育展望, 2016 (6): 120 – 128.

[3] 中华人民共和国教育部. 义务教育语文课程标准 [M]. 北京: 北京师范大学出版社, 2012.

美国中学物理教材中"跨学科实践"栏目的编排特点和启示
——基于对美国《物理：原理与问题》教材的分析

骆 波[①]

跨学科实践活动与日常生活、工程实践及社会热点问题密切相关，是发展学生物理核心素养的重要途径之一。《义务教育物理课程标准（2011年版）》在"教学建议"中明确指出："通过开展阅读资料、观察调查、实践体验等课外实践活动，加强物理学与生产、生活的联系。"

随着《义务教育课程标准（2011年版）》修订工作的逐步推进，新物理教材修订工作也即将展开。为更好地在教材中体现综合性和实践性，加强与生产生活的联系，笔者以钱振华教授等翻译、浙江教育出版社出版的美国理科教材——《物理：原理与问题（第二版）》为研究文本，简析本套教材中跨学科实践栏目的编排特点及对我国物理教材建设的启示。

一、美国物理教材的变化背景

美国麦格劳-希尔（McGraw-Hill）教育出版公司出版的《物理：原理与问题》是全美主流理科教材，其第一版于1987年出版。随着1996年《国家科学课程标准》及2013年《新一代K-12科学教育标准》的颁布，倡导综合和重视实践成为美国科学教育的改革方向。据此，该教材进行了大幅改编。新版[1]（以下简称"美国物理新教材"）的显著变化是每章后重新撰写了一个"物理学前言"或"生活中的物理学"等新科技小品，并在每个科技小品之后布置了"进一步探索"的综合实践活动。这些活动多为跨学科实践，具有综合开放等特点。

（一）教材中增加跨学科实践活动的背景

《美国国家科学教育标准》明确指出："不建议在规定的课堂时间内进行调查研究活动，不建议使用演示实验和验证实验来进行科学内容的学习，推

---

① 骆波，江苏省锡山高级中学实验学校教师。

荐在课堂时间外继续延续对知识的调查和研究，强调探索和分析来解决科学问题"。[2]

《K—12科学教育框架：实践、跨领域概念和核心概念》中将"实践"纳入课程内容，成为课程的3个维度（图1）之一，强调以实践为途径建构并深化对核心概念、跨领域概念的理解。同时，它还将"实践"界定为：描述科学家在研究和建构有关自然世界的模型及理论时的行为，以及工程师们在使用设计搭建模型和系统时一系列关键的工程实践。具体而言，"实践"包含以下要素：提出问题和明确需解决的难题，建立和使用模型，设计和实施调查研究，分析和解释数据，利用数学和计算思维，建构解释和设计解决方案，基于证据的论证、获取、评估和交流信息。

图1 科学学习的三个维度：实践、跨领域概念和核心概念

（二）活动编排的主题分布

《物理：原理与问题（第二版）》全套教材共设30个实践活动，其主题类别及分布见表1。

表1 《物理：原理与问题（第二版）》综合实践活动主题统计

主题类别	主题名称
深入思考	①你了解时间吗？②黑洞③天空中的火球④穿戴假肢跑步⑤引力透镜⑥静电的危害⑦手机⑧生物磁性检测⑨智能电网⑩太空探测器
物理学前沿	①超音速跳伞②替代能源③寻找系外行星④蝴蝶的翅膀⑤量子触摸屏⑥发光纳米粒子⑦核聚变
工作原理	①高速离心机②弧线球③抗震建筑④自动体外除颤器⑤磁卡读卡器
生活中的物理学	①三维动画②游乐车③剧场声学④3D电影
物理工作者	①建筑师②赛车手③电工

从表 1 可知，在该套教材中，与"深入思考"有关的活动内容编排比例最大，这符合"以综合实践为途径深化对核心概念的理解"的课程主张。比如，《运动的描述》一章编排了实践活动"你了解时间吗？"，通过研究高速运动的 GPS 卫星上时间的修正，形成对"时间的相对性"的初步认识，体现运动描述的进阶实质就是时空观的进阶。

该套书的另一大主题特色是"物理工作者"的引入，回应了"从物理学习者到物理工作者""学习为未来生活"的教育呼声。比如，《二维力》一章编排了实践活动"建筑师"，引导学生通过分析"密苏里州圣路易斯市地标——拱门"各处受力的情况，感受力学在建筑设计中的重要应用。

（三）活动编排的体例

每个活动编排遵循以下体例：导入性情境＋指导性材料＋实践任务布置。"导入性情境"通常基于真实问题，图文结合导入活动的主题。其所创设的情境既与核心概念高度关联，又趣味性十足，易于调动学生的实践欲望。"指导性材料"则根据实践需要提供了术语解释、原理说明、应用介绍等辅助材料。"实践任务布置"给出了实践的具体内容与成果形式，在任务分解、实践步骤等方面未作说明，体现较大的开放性。

以教材中《加速运动》一章的"游乐车"实践活动为例，我们来感受其编排体例。导入性情境：当你从 100m 的高度突然下落时，你的胃就会感觉很不舒服。当过山车通过弯道时，游客会有紧张刺激的感觉。（另附摄像照片，展示过山车通过弯道和海盗船摆动的情境。）

指导性材料：加速度、自由落体运动实践任务：在网络上查找设计游乐车的原理。自己设计游乐车，向同学们展示你的设计，并说明在游乐车运动的过程中，坐在哪些位置的游客会加速。

二、教材编写特点分析

（一）跨学科实践活动内容丰富、数量多

在美国物理新教材中，综合不仅体现在单元间的综合、经典物理与现代物理的综合，更体现在跨学科综合。笔者对全套教材中实践活动项目所涉及的学科数量和各学科所涉及的项目数量分别统计如图 2、3 所示。

- 物理 47%
- 物理+X 50%
- 物理+X+Y 3%

图 2　跨学科融合项目占比

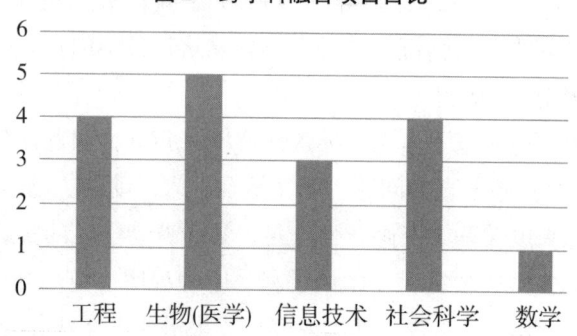

图 3　跨学科所涉及项目数量

由图 2 可知，跨学科项目占比过半（53%），且多为两个学科（物理 + X）的融合，这反映了学科融合的课程趋势。以《电流》一章的"智能电网"活动为例，来感受其如何用多学科知识、方法或思想解决现实问题（表2）。

表 2　"智能电网"活动的学科融合分析

学科	拟解决的问题
物理	根据智能电网的需求，进行电路的设计或改进
数学	分析影响发电、输电及用电成本的因素，构建智能电网评价的数学模型

（二）实践活动有较大的开放性

当前，转变学生的学习方式是课程与教学改革的关键。在传统的物理学习中，往往理论探析偏多而实验探究较少、习题训练多而实践应用少。重视实践、加强实践已成为共识。跨学科实践在目标、过程、评价等环节都呈现出很强的开放性，为师生自主选择活动和创造性地设计、组织、实施、评价活动留下了必要的空间。[3]因此，增强实践的开放度是转变教学方式，提升学生动手实践及创新能力的关键。

美国物理新教材中的跨学科实践活动，在开放性的设计上表现出以下两个特点：

1. 实践过程不是按方抓药，实践方案自由度大、生成性强。比如，《热能》的关键术语是"热力学"，综合实践活动"行人动力学"就需要仿照热力学思想建立"社会力"模型。可将人群视作一个多粒子系统，运用均质气体中的粒子运动方程来描述和预测人群的运动。活动要求学生在建构人群行为模型的基础上，研究学校的疏散计划，并提出改进建议。无论是原始问题的表征与建模，还是问题解决方案的选择与评估，均留给学生很大的生成空间。

2. 实践形式多样化、选择空间大，有力促进学生综合素养的培育。教材中的实践形式包括设计制作、调查探究、访谈辩论、信息检索等多种实践形式，其中部分活动学生有选择性。比如，《转动》一章设置了综合实践活动"高速离心机"，学生可以"采访"一位大学病理学实验室的教师，也可以在该实验室实际"操作"离心机分离样品，还可以从该实验室获取资料，深度"探究"离心机的工作原理。

（三）选题紧跟科技发展前沿，时代感强

1. 反映现代物理学的迅速发展，实现经典时空观念的修正。比如，几何光学《折射和透镜》一章，在学习"透镜使光发生折射，并形成了像"后，设置了综合实践活动"引力透镜"。学生通过资料检索，了解到"远处物体发出的光在靠近巨大的物体时，会发生弯曲，近处的物体就如同引力透镜一样"，以迁移和演绎的视角去感知现代物理，并在实践中体悟物理思想的巨大张力和内在美感。

2. 反映物理学相关技术在现代生活中的广泛应用，为创新素养的培育搭建平台。比如，声学是物理学中一门古老而又不断与时俱进的分支，美国物理新教材中设计的综合实践活动"剧场声学"就体现了这一特色。学生首先通过自主探查，分析古希腊埃皮达鲁斯剧场的神秘现象——没有话筒但最后一排观众也能听见演员的声音；而后的实践任务是"制作一张家庭影院声学系统的海报，解释应该如何摆放音响"。活动设计指向了学生在现代生活实践中创造性地解决问题的能力培养。

（四）重视信息素养的培育

信息素养是备受全球关注的21世纪核心素养。[4]美国物理新教材中对信息素养的重视成为其跨学科实践的特色之一。教材中多项实践活动都需要依托互联网等资源开展信息的检索和深度加工。比如,《反射和平面镜》一章在"所有表面都反射光,但是光滑的表面能产生像"等知识介绍之后,设置了综合实践活动"寻找系外行星"。具体的实践任务是:"访问美国国家航空航天局(NASA)开普勒太空望远镜的网站,研究最近发现的系外行星;总结其特点以及有机体在这些行星上生存下来的特征。"

(五)强调科技写作能力的培养

在物理教学中重视科技写作,对学生综合素养的提升大有裨益:一方面,为学生的整体思考和完整表达创造了机会,有利于养成良好思维习惯和发展批判精神[5];另一方面,"沟通与合作素养""科技素养"和"语言素养"被纳入多个国际组织或国家的核心素养框架,科技写作是促进上述素养落地的有效载体。

在美国物理新教材中的实践活动,如按成果形式分类如表3所示。

表3 实践成果分类表

成果形式	成果体例	活动数量
科技写作	小论文、实验报告、意见书、辩论稿等	21
作品制作	模型制作、海报制作、网页制作等	5
其他	访谈记录、信息收集、样品采集等	4

由表3可见,科技写作的成果形式占比高达70%,无论是实验探究还是调查研究,最终都需要以科技写作的方式来表达成果,并在同伴间交流与展示。科技写作训练有助于学生从"探究"迈向"研究",并掌握一些基本的学术规范。比如,《功、能量和机械》一章在形成"对一个系统做功改变了这个系统的能量"的观念后,设置了综合实践活动"穿戴假肢跑步"。该活动对成果类型做了明确说明:"围绕体育赛事中一些参赛者穿戴假肢比赛引起的争议,对假肢的能量转化效率优势、假肢的起跑和发力劣势等进行综合分析并写一篇文章,内容是如何使双腿健全的跑步者与单腿或双腿截肢的跑步者进行公平的跑步比赛。"为支撑自己的观点,学生需要从能量角度开展大量研究,收集可靠的证据。这样的学术训练,使学生体会到学术表达应基于扎实的实证研究。

(六)突出公民责任与社会参与

美国物理新教材中跨学科实践编排的另一个特点是突出了公民责任与社

会参与能力的培养，特别是在以下项目中体现得更为显著（表4）。

表4 突出公民责任与社会参与能力的物理综合实践活动

序号	章节	活动名称	公民责任与社会参与的具体体现
1	功、能量和机械	穿戴假肢跑步	写一篇文章，内容是如何使双腿健全的跑步者与单腿或双腿截肢的跑步者进行公平的跑步比赛
2	能量与能量守恒	替代能源	研究各种替代能源的利弊，然后对未来可能采用的能源展开讨论
3	热能	行人动力学	研究你们学校的疏散计划，提出改进意见
4	静电	静电的危害	写一篇关于安全使用油泵的报告，说明怎样防止油泵发生爆炸
5	电场	自动体外除颤器（AED）	制作一张你的学校或其他某个公共场所周围存放有自动体外除颤器（AED）的地图
6	磁场	生物磁性检测	选用树叶对本地区的机动车尾气情况做一次生物磁性检测的研究
7	电磁现象	手机	手机和其他无线设备被禁止在飞机上和医院里使用。研究一下，在这些地方使用手机有什么危险？
8	原子	发光纳米粒子	写一篇短文简要描述一种方法，即如何使医生在病人体内安全使用有毒物质

三、启示与建议

国际比较是教材建设的重要途径。美国教材《物理：原理与问题（第二版）》中关于跨学科实践内容的编写，有许多值得我国借鉴之处。为此，提出以下参考建议：

（一）增加跨学科实践活动内容的数量，扩大选择空间，完善编排体系

科学教育为什么强调"综合"和"跨学科"？从科学视角看，科学的本源是综合的，科学是以多样统一的自然界为研究对象的探究活动，而自然界或物质世界的原型都是以综合形态呈现的。从教育视角看，教育的本质是促进人的发展，提高受教育者的科学素养是教育的核心目标，其中综合素养和实践素养是影响人长远发展的重要方面。[6]从课程视角看，学科融合是学科教学的品质诉求。纵观每一门学科，都不是孤立存在的，而是蕴含着其他学科的潜质，并在自身学科体系中发挥着不可或缺的作用。鼓励学生突破学科界限进行多视角的思考和研究问题，善于利用多门类学科知识解决现实中的问

题，是学科发展的要求，也是学科建设的重要品质。[7]

目前，国内中学物理教材中都不同程度地设置有综合实践活动，但教师使用情况实际并不乐观。2018年10月，江苏省组织了第七次义务教育学生学业质量监测工作，本次质量监测同时对省内初中物理实验教学进行了专题调研，并对苏科版八年级物理教材中的5个物理综合实践活动开设情况进行统计分析。调研结果显示：尽管各区域略有差异（图4），但在5个物理综合实践活动中，有5.5%的教师完全没有开展，有8%的教师仅做了1个，有20.1%的教师仅做了2个。[8]

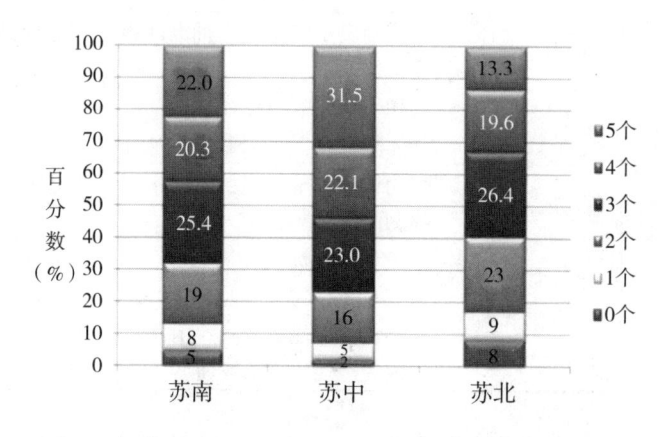

图4 江苏省八年级物理综合实践活动开设情况统计图

现有教材中综合实践活动未能落实的原因和情况是多样且复杂的，除了教师观念，还有学校办学条件、师资能力等多方原因。因此，建议今后教材中应进一步增加综合实践活动的数量，特别是跨学科实践的数量。同时完善编排体系，根据各地、各校条件和能力的不同，适当增强选择性。如每册教材的综合实践活动编排可由必修活动、选择性必修活动、选修活动等组成，以保证最核心重要的实践活动能得到落实。

（二）引入科技前沿知识和最新技术成果，注重多学科的有机融合

反映社会、经济和科技发展的需要，使教材具有鲜明的时代气息，是教材编写需要把握的原则之一。教育部发布的《关于加强和改进中小学实验教学的意见》明确指出：拓展创新，不断将科技前沿知识和最新技术成果融入实验教学，丰富内容，改进方式。[9]新物理教材应最大限度引入科技前沿知识和最新技术成果，并体现时代性。有些现行教材的时代性仅体现在阅读材料层面，教师对此不够重视。一些教师仅让学生自主阅读这部分内容，并未设

置具体的任务或问题驱动让学生实践或思考。还有一些教师把"物理综合实践活动"等同于"课外物理实验",这种观念必须纠正。综合实践活动以真实问题的解决为导向,同时内容要有一定弹性,以保证具有不同潜质和能力倾向的学生都能得到较好的发展。引入科技前沿知识和最新技术成果,可以为实践活动创设情境、创生问题,基础与前沿间的较大跨度也赋予实践内容较大的弹性。这些优势是常规拓展性实验所不具备的。

(三) 渗透科学态度与责任,彰显学科育人价值

学科育人价值的开发,不只局限于学科内容的深度研发,还包括围绕着学科教学进行的实践过程。[10]为提升教师的学科育人意识和能力,教材中可增设例如"安全提示""科学家故事""科学史探究",以及"交流反思"等导引性模块,引导教师和学生了解学科发展、关注学科本质,在实践中培养学生的安全意识、环保责任、可持续发展观念等学科思想。另外,也应关注学生研究报告的撰写和物化作品能力的培养,引导学生在活动中探讨实践成果的评价标准。制作物化成果或撰写研究报告,有利于学生形成知识结构层级、增进符号理解和对物理学科的理解,提升其发现问题和解决问题的能力。

教材建设是一个动态的系统工程,教材修订是教材建设的一个关键环节。当前,物理课程进入一个新的阶段,即以形成和发展学生的物理学科核心素养为目标的课程改革阶段。期待新一轮教材修订在跨学科实践的编写上取得新的突破,在体系的建设、时代性的体现、开放性的彰显、学科的融合等方面形成特色,从而为一线教师探索课程育人注入新的动力。

参考文献:

[1] 保罗·齐泽维茨. 物理:原理与问题(第二版)[M]. 钱振华,徐在新,黄燕萍,译. 杭州:浙江教育出版社,2018.

[2] 国家研究理事. 美国国家科学教育标准[M]. 戢守志,译. 北京:科学技术文献出版社,1999.

[3] 田慧生. 综合实践活动的性质、特点与课程定位[J]. 人民教育,2001(10):34-36.

[4] 师曼,刘晟,刘霞,等. 21世纪核心素养的框架及要素研究[J]. 华东师范大学学报(教育科学版),2016,34(3):29-37,115.

[5] 骆波. 为学生的整体思考和完整表达创造机会[J]. 物理教学,2014,36(10):44-45,8.

[6] 刘炳昇. 再论"物理综合实践活动"设置的意义与实施策略[J]. 物理之友,2019

（1）：1-5，9.

［7］陆启威.学科融合不是简单的跨学科教育［J］.教学与管理（小学版），2016（32）：22-23.

［8］江苏省基础教育质量检测中心.江苏省初中物理实验教学专题调研报告［R］.2019.

［9］中华人民共和国教育部.关于加强和改进中小学实验教学的意见［EB/OL］.（2019-11-20）［2022-04-01］http：//www.moe.gov.cn/srcsite/A06/s3321/201911/t20191128_409958.html.

［10］叶澜.融通"教""育"，深度开发学科的育人价值［J］.现代教学，2016（12）：1.